Ítala dos Anjos

RIQUEZA DIÁRIA

365 dias
para enriquecer

CARA LEITORA,

O que você tem em mãos é mais que um diário, um mapa. Mais que um livro, um guia. Mais que uma leitura, um espelho.

Você poderá usar este livro de três formas:

1. Como ritual diário, iniciando cada manhã com uma intenção viva;
2. Como oráculo, abrindo ao acaso em busca de uma resposta;
3. Ou como um livro tradicional, percorrendo as páginas no seu próprio ritmo, com pausas e devaneios.

E o que você pode esperar encontrar aqui? Sorrisos: seus, do mundo, da vida. Lágrimas: de reconhecimento, de superação, de reencontro. Práticas: porque a riqueza também se constrói no movimento. Mas, acima de tudo, provocações. Chamadas diretas para que você ocupe o seu lugar na construção da própria liberdade financeira e na edificação longeva da riqueza coletiva.

Este diário é um breve — mas profundo — compilado de mais de dez anos de lições práticas, de falhas, de conquistas & de recomeços reais. Escrito por alguém que não nasceu herdeira, mas ousou se comprometer a construir para si e para outras a liberdade financeira que sempre sonhamos ter herdado.

Você é convidada, aqui, a despertar seu poder pessoal, a reconhecer sua potência, a multiplicar sua luz. E, página após página, a dar mais um passo rumo à sua riqueza. O mundo precisa da sua abundância.

Seja muito bem-vinda e não se esqueça: quanto mais mulher rica no mundo, melhor. E repita: “A começar por MIM!”

Com amor,
Ítala dos Anjos

JANEIRO

1º

Quem você será?

Dia 1 de 365

Hoje é o Dia Mundial da Paz. E é também o dia do ano em que muitas de nós acordamos com ares renovados, cheias de resoluções e energia para fazer um ano melhor.

Mas, antes mesmo de pensar em metas financeiras ou marcos materiais, me diga: que paz você quer encontrar neste novo ano? E quem você quer ser para viver essa paz?

Como você será um ser humano melhor para você, para sua família, para suas amigas, para suas clientes, para o seu país e, por que não, para o mundo?

Se AINDA te parece prepotente demais acreditar que seus atos impactam o mundo inteiro, pense apenas no seu interior & no seu lar.

Como você pode ter valores humanos mais nítidos, mais fortalecidos? Como você pode tornar o seu interior e o seu lar espaços de refúgio, segurança e riqueza?

Não há como querer que o mundo mude ou que o ano seja melhor sem antes pensarmos em ser essa mudança de que o mundo e nós tanto precisamos.

Então sua primeira atividade do ano é registrar o seguinte: quem você quer ser este ano? Em quais pontos da sua personalidade, saúde, espiritualidade, conduta financeira, vai colocar seu foco este ano para SER melhor?

Agora, repita: "Quanto mais mulher rica no mundo, melhor! A começar por MIM!".

2 janeiro

Sonhe em paz!

Dia 2 de 365

Hoje quero te convidar a olhar para o novo ano & sonhar. Mas, antes de sonhar, é preciso pavimentar o terreno que vai garantir nossa paz nessa empreitada.

A pergunta que te faço agora é: quanto custa a sua paz? Não em metáforas, mas em números. Sim, precisaremos olhar para eles. Financeiramente, qual é o valor que asseguraria sua tranquilidade mesmo diante de momentos sensíveis?

Pense nos seus custos essenciais. Aqueles que, mesmo diante de mudanças, você escolheria preservar: a escola dos filhos, o plano de saúde, o pilates que sustenta sua sanidade física e emocional? Não precisa justificar seus essenciais a ninguém. Eles só precisam ser recorrentes e inegociáveis para você.

Agora some tudo. O valor encontrado é o número mágico que deve guiar a criação da sua Reserva da Paz. Sua reserva precisa cobrir de seis a doze meses desses custos essenciais. Então, se o valor que você encontrou ao somar os seus custos essenciais foi mil reais, a sua Reserva da Paz precisa ter de 6 a 12 mil reais investidos, protegidos e trabalhando para você. Esse é o valor que vai garantir que você avance pelo seu novo ano com leveza e tranquilidade.

Lembre-se: reserva é construção. É hábito. E pode começar com um real! Um lugar de tranquilidade a ser construído para você e para quem você ama.

✦ REGISTRE

Quanto custa a sua paz? Você já tem sua reserva ou precisa começar hoje?

3 janeiro

Sua nova vida vai custar
a sua vida antiga.

Dia 3 de 365

Pode ser desconfortável ouvir isto, mas a verdade é que mudar dói.

Não porque a nova vida seja pesada demais, e sim porque ela exige que a gente solte aquilo que já não faz mais sentido — mesmo que ainda pareça mais fácil ou seguro.

Se você deseja uma nova realidade, vai precisar deixar para trás o que a mantém estagnada: as histórias que conta sobre si mesma e sobre tudo que viveu.

A sua nova vida clama por novas escolhas.

E ela exige que você se trate como quem já merece tudo isso.

Não dá para viver algo extraordinário insistindo em hábitos antigos.

O preço é alto e não é monetário. Mas a recompensa é proporcional: liberdade, satisfação & um profundo sentimento de integração à vida que você veio viver.

Você está disposta a pagar esse preço? Porque ele é o que separa o sonho da realização.

✦ REGISTRE

O que você se compromete a deixar
para trás para viver a sua nova vida?

4 janeiro

A questão não é ganhar mais.
É valorizar o que você já tem.

Dia 4 de 365

É comum ouvir por aí que o problema está na falta de dinheiro.

Mas, na maioria das vezes, o problema real está no desperdício. Desperdiçamos tempo com quem não soma, energia com o que não importa, dinheiro com aquilo que não tem real valor.

Certamente você já fez mais dinheiro e nada mudou. Ele sumiu, ou apareceu um imprevisto. Isso nos prova que não se trata de ganhar mais — e sim de usar melhor o que você já tem. E isso começa com consciência.

O que você está fazendo hoje com os recursos que já estão disponíveis para você? Será que suas escolhas financeiras estão alinhadas com a mulher que você quer se tornar? Quando você cuida bem do que tem, seu cérebro entende que você está pronta para receber mais.

Riqueza não começa com um aumento de renda, mas com um aumento de presença. Atenção é o primeiro passo para a abundância. E a forma como você trata o dinheiro que tem hoje diz muito sobre o que está pronta para receber.

✦ REGISTRE

Qual pequena ação você pode tomar hoje
para valorizar mais o seu dinheiro?

5 janeiro

Você não tem que ser perfeita.
Tem que ser constante.

Dia 5 de 365

A ideia de perfeição paralisa mais do que faz crescer. E essa busca se infiltra em pequenos detalhes. A cobrança para fazer tudo certo, todos os dias, com zero falhas e com cem por cento de acertos é uma armadilha disfarçada de disciplina.

Muita mulher trava porque acredita que, se for para errar, é melhor nem tentar. "Eu não vou conseguir fazer esse curso todo, então melhor nem começar", "Eu não vou conseguir seguir essa dieta, então melhor nem tentar melhorar minha alimentação", "Eu não vou conseguir ir à academia todos os dias, então melhor nem me matricular". Mas não é assim que a vida muda.

Não é o dia impecável que transforma, e sim a sequência de dias comuns, vividos com constância. E veja que graça: até mesmo com uma certa constância de falhas!

Você não precisa acertar sempre, só precisa continuar — mesmo depois do tropeço. Mesmo com medo. Mesmo quando parece que ninguém está vendo.

A constância é silenciosa, mas poderosa. É ela que constrói. Por isso, não pare porque ontem deu errado. Recomece. E siga.

✦ REGISTRE

Qual hábito você se compromete a começar hoje &
seguir avançando, mesmo sabendo que não será perfeita?

6 janeiro

A riqueza acorda cedo!

Dia 6 de 365

A riqueza é matutina. Ela gosta das manhãs, da energia fresca, da mente limpa, da lucidez da alvorada.

Não é força de vontade que te falta. É ajuste na agenda. A neurociência nos mostra que a força de vontade é como um músculo: quanto mais você a usa ao longo do dia, mais ela se fatiga. É o que afirmam estudos conduzidos pelo psicólogo Roy Baumeister, que cunhou o termo "esgotamento do ego". Ou seja: quanto mais decisões tomamos, mais nossa capacidade de foco & criação se desgasta. E é por isso que tentar construir algo importante — como um novo projeto, um negócio, uma nova fase financeira — no seu "terceiro turno" é decretar o adiamento disso.

Foi essa percepção que mudou minha história. Quando comecei a Multiplique, escolhi criá-la nas manhãs. Eu acordava cedo, meditava, me sentava ao computador e começava: texto, estratégia, estudo. O mundo em silêncio. A mente limpa. É assim até hoje, com tudo que me exige potência criativa ou estratégica. E não sou só eu.

Uma pesquisa publicada pela *Harvard Business Review* mostrou que 90% das líderes de alta performance acordam cedo. Oprah Winfrey começa o dia por volta das seis da manhã, com meditação e leitura. Indra Nooyi, ex-CEO da PepsiCo, começava seus dias às quatro da manhã. Elas entenderam o que muitas ainda ignoram: o dia precisa começar pela prioridade. E a prioridade precisa vir *primeiro*.

Não estou dizendo que você precisa virar a "louca do milagre da manhã". Estou lembrando que, se algo é inegociável, precisa estar no início do seu dia. Seus sonhos valem o seu despertar!

✦ REGISTRE

Qual projeto importante você tem deixado para o fim do dia? E se, nos próximos sete dias, você o colocasse como primeira tarefa da manhã? Como seria?

7 janeiro

Gratidão multiplica!

Dia 7 de 365

Minha mãe tinha o costume de dizer: "Primeiro a obrigação, depois a diversão!". Mas, diferente das demais sabedorias matriarcais, feito o "Você não é todo mundo", nesse caso minha mãe estava errada! Segundo estudos registrados no livro *O jeito Harvard de ser feliz*, de Shawn Achor, a alegria precede o sucesso financeiro. Bem diferente do que nos ensinaram, não é mesmo?

E se a alegria vem antes da riqueza, a gratidão é o seu combustível mais potente. Ser grata não é apenas uma gentileza emocional — é uma estratégia de inteligência financeira. A gratidão nos torna mais lúcidas, criativas & centradas. E tudo isso é essencial para gerar, gerir e multiplicar o seu dinheiro com maestria.

É por isso que, no meu método, criei, inseri e validei o uso do Diário da Gratidão Financeira. Sempre antes de dormir, para melhorar seu sono e desenvolver ainda mais sua cognição, registre três coisas que geraram valor no seu dia. Não necessariamente valores monetários, mas que te fizeram se sentir grata!

Não é misticismo. É neurociência. Gratidão é treino de percepção, é uma forma sutil e poderosa de desenvolver a mente para encontrar sempre o que a vida tem de melhor. Inclusive, mais dinheiro.

✦ REGISTRE

Quais foram os três acontecimentos do seu dia — por menores que pareçam — pelos quais você pode se sentir grata financeiramente? Comece hoje seu Diário da Gratidão Financeira.

8 janeiro

Onde o seu dinheiro está dormindo?

Dia 8 de 365

Talvez o seu dinheiro esteja parado, esquecido na conta-corrente, na poupança ou ainda em alguma gaveta — sem gerar nada, sem crescer, sem trabalhar por você. E sabe o que isso significa? Oportunidades sendo desperdiçadas.

Porque dinheiro gosta de movimento, de propósito, de utilidade. Quando você começa a olhar para ele com mais atenção, carinho e estratégia, percebe que ele não é só um meio para pagar boletos, mas uma ponte poderosa para construir sonhos.

Já parou para pensar em quantas realizações estão sendo adiadas por falta de organização ou de ação? Hoje, o convite é para despertar o dinheiro que está adormecido na sua vida. Podem ser dez, cem ou 10 mil reais — o valor não importa. O que importa é a atitude.

Comece pequeno, comece com consciência, mas comece. Dinheiro parado é vida congelada. E VIDA não combina com estagnação.

✦ REGISTRE

Como você vai colocar seu dinheiro para trabalhar por você hoje?

9 janeiro

Dinheiro é diálogo.

Dia 9 de 365

Por muito tempo, ensinaram às mulheres que falar de dinheiro era desnecessário, desrespeitoso ou constrangedor. E, por causa disso, muitas cresceram silenciadas — sem coragem de conversar sobre o que geram, o que gastam ou o que sonham. Mas a verdade é que dinheiro é conversa. E conversar muda tudo.

Quando você evita olhar para sua vida financeira com coragem, acaba se colocando num lugar de invisibilidade. E dinheiro odeia ser invisível. Ele gosta de direção, de intenção, de propósito.

Já parou para conversar com você mesma? Para olhar seus números com honestidade? Para escrever suas metas com coragem? É nesse tipo de conversa — mesmo que desconfortável no início — que você começa a mudar sua vida. Falar de dinheiro não é ameaçador. É libertador. Dinheiro não é tabu. É ferramenta. E ferramentas só funcionam nas mãos de quem decide usá-las.

✦ REGISTRE

Com quem você vai falar sobre dinheiro hoje?

10 janeiro

A conta chega.

Dia 10 de 365

Você pode tentar adiar, ignorar ou maquiar, mas a conta sempre chega. E não estamos falando só do cartão de crédito ou dos boletos do mês. Estamos falando da conta emocional, da conta da procrastinação, da conta das decisões financeiras que pareciam inofensivas, mas que, acumuladas, têm um impacto real na sua vida.

Cada escolha feita hoje constrói o seu amanhã — inclusive aquelas que parecem não importar por serem pequenas demais.

Por isso, responsabilidade financeira não se trata de fazer planilhas. Trata-se de consciência; de saber dizer "não" ao impulso e "sim" ao futuro que você deseja viver.

A boa notícia é que toda decisão nova reescreve um capítulo da sua história. Você pode começar agora. E, se quiser, pode começar por algo simples: uma escolha mais alinhada com a vida que você realmente quer viver.

✦ REGISTRE

Qual decisão você estava adiando & quer resolver hoje?

11 janeiro

Quanto custa a sua paz?

Dia 11 de 365

Talvez o custo mais alto que você esteja pagando hoje não esteja estampado no extrato bancário, mas no divã, nos remédios para dormir ou no aperto que vem carregando no peito. Eu sei bem.

Quando enfrentei meu período de superendividamento, não eram apenas os juros compostos que me sufocavam. Era a vergonha diante dos meus pais, que, com salários mais modestos, geriam suas vidas com dignidade, enquanto eu, jovem, sem filhos, sem grandes responsabilidades, naufragava em dívidas.

O preço da imaturidade financeira raramente se resume ao saldo devedor. Ele se infiltra na alma. Um bônus vira culpa. Uma bolsa vira pranto. Um objeto de decoração vira a viagem que nunca aconteceu para o filho. Cada deslize financeiro, por menor que pareça, acumula-se como uma mágoa, até tornar-se ansiedade, frustração ou depressão.

A verdade inegociável é que a paz tem preço. E, frequentemente, a vendemos barato: por modismos, por impulsos, por um prazer tão efêmero quanto o brilho de uma vitrine. Construir riqueza — a verdadeira, sólida, sustentável — exige mais do que disciplina técnica. Exige coragem emocional. Coragem para dizer "não", sobretudo a si mesma. Coragem para escolher hoje a serenidade de amanhã.

✦ REGISTRE

Qual decisão financeira recente trouxe inquietação?
E qual escolha, hoje, pode te devolver a paz?

12 janeiro

O que é penoso não tem mais valor.

Dia 12 de 365

É muito comum ouvir que "Sem suor, não há conquista". O dinheiro é *suado*. Uma posição de trabalho legal foi suada. Uma dieta legal é *suada*. E o problema com isso é a ideia antiga, quase silenciosa, de que a felicidade só vem depois do sacrifício, da exaustão, do esforço. Ou seja, *do suor*.

Ainda é muito forte em nossa mente a ideia de que só é merecedora quem sofre. Mas não precisa ser assim.

O prazer também pode ser um caminho para a prosperidade. Na verdade, é o que um artigo publicado no *Psychological Bulletin* comprova! Nosso cérebro tem mais sucesso em tudo na vida se exposto a uma jornada feliz & prazerosa!

Você não precisa se esgotar para ter valor. Você já é valiosa. A sua jornada de enriquecimento não precisa valer a pena. Ela pode apenas ser valiosa. Muito valiosa. A verdadeira riqueza está em saber viver bem enquanto se constrói. É não se punir por ser ambiciosa. Hoje, faça algo por você. Sinta que é merecedora agora, e não só "depois de cumprir a pena".

Porque o agora já pode ser rico. E você não precisa sofrer para se sentir pronta para desfrutá-lo.

✦ REGISTRE

Qual atitude prazerosa você pode ter hoje antes de começar uma atividade que vai te levar até os seus sonhos mais ambiciosos?

13 janeiro

Qual é o seu número?

Dia 13 de 365

Toda mulher rica sabe: nitidez é poder. E isso começa com uma atitude simples, mas que a maioria evita: colocar número nos sonhos.

Você sabe quanto custa a vida que quer viver? Já parou para calcular quanto precisa guardar por mês para fazer aquela viagem dos seus sonhos? E a reserva financeira, o valor que deseja ter investido até o final do ano? Se ainda não sabe, tudo bem. Mas chegou a hora de descobrir.

Sonho sem número é desejo vago. Sonho com número vira plano. E plano, com prazo & estratégia, vira realidade. Hoje, seu desafio é escolher um sonho e buscar seu valor. Pode ser um curso, uma viagem, a compra de um bem ou mesmo o início da sua liberdade financeira.

O importante é começar. Porque a mulher que tem nitidez realiza. E quem realiza não vive de promessas. Vive o que deseja!

✦ REGISTRE

Quanto custa a sua vida hoje? E aquele próximo cenário de vida ideal que você vai realizar, quanto custa?

14 janeiro

Ninguém enriquece sozinha.

Dia 14 de 365

Existe uma ideia equivocada de que independência é fazer tudo sozinha. Mas isso não é força — é exaustão. A mulher verdadeiramente rica entende que construir uma vida abundante também envolve apoio, troca e conexão.

Ela sabe pedir ajuda, sabe aprender com outras mulheres e sabe que dividir os desafios torna a jornada mais leve.

Quem te inspira a crescer? Quem te lembra do seu valor quando você mesma esquece? Se você ainda não tem essa rede de apoio, que tal começar a criá-la? Talvez o seu próximo passo não seja fazer mais, e sim fazer o que já faz, mas com o apoio de outras mulheres.

Cultivar relações que te impulsionam, que validam os seus sonhos & que te acolhem nos dias difíceis também é um ato de riqueza. Hoje é dia de lembrar: juntas vamos mais longe. E você merece caminhar ao lado de quem acredita na sua capacidade de prosperar.

✦ REGISTRE

Quem hoje pode ser sua rede de riqueza? Onde você pode encontrar mais mulheres que desejam prosperar, que estão dispostas a falar sobre dinheiro e compartilhar a jornada de enriquecimento com você? Faça um primeiro contato ou fortaleça relações!

15 janeiro

A ferramenta financeira que sussurra.

Dia 15 de 365

Descobri, com uma ferramenta de mapeamento comportamental, que tenho um sabotador chamado "hiperracionalidade": tento explicar tudo com lógica. Medir. Racionalizar. Mas também trago uma alma curiosa, sensível, quase mística. Ávida por entender o que não se vê, mas se sente. Por muito tempo, tentei escolher um lado: razão ou emoção. Ciência ou espiritualidade. Dados ou intuição. Mas descobri que prosperidade é um "&", nunca um "OU".

Nas escolas, nas empresas, nas certificações, somos incentivadas a olhar para gráficos e pesquisas. Sim, isso importa. Mas a ciência é lenta em conceder explicações. E sabemos que não é porque algo não foi "comprovado" que não existe.

Como seriam nossas vidas se desenvolvêssemos nossa intuição como desenvolvemos qualquer outra habilidade? A neurociência já reconhece a intuição como uma forma legítima de processamento inconsciente baseado em padrões. E grandes líderes a consideram um guia. Steve Jobs dizia que sua intuição era mais poderosa que seu intelecto. Angela Merkel já declarou confiar profundamente na própria "voz interior". Warren Buffett comentou algumas vezes que, em várias decisões de investimento, confia mais no que seu estômago lhe diz do que em relatórios.

Intuição também é ferramenta que se afina com prática & atenção. Aquela voz suave que sussurra antes de cada decisão. Quando eu a ignoro, a vida me mostra que ela estava certa. Hoje, use seus dados, seus gráficos, seus aprendizados. Mas escute também o seu corpo. O frio na barriga. O calor no coração. Aquela voz serena. Porque enriquecer também é aprender a ouvir o que só você pode escutar.

✦ REGISTRE

Quando foi a última vez que você se arrependeu de não ter ouvido sua intuição? Que decisão precisa ser tomada agora — e o que a sua voz interior está dizendo?

16 janeiro

Normalize a mudança!

Dia 16 de 365

Tem algo que a gente precisa aprender a normalizar: a mudança.

Mudança de ideia, de opinião, de caminho. Você não precisa ser a mesma mulher que foi ontem. Nem nos seus relacionamentos, nem no seu trabalho, muito menos nas suas escolhas financeiras.

Uma boa vida convida à constante atualização de si. E, muitas vezes, esse convite vem disfarçado de crise, demissão, término ou inquietação. Não fuja disso.

A mudança pode até doer no começo, mas é ela que te aproxima da sua próxima fase. Celebre quando perceber que o que antes fazia sentido já não faz mais. Isso é sinal de que você está crescendo.

Evoluir também é abrir mão da versão antiga de si mesma. Hoje é dia de se permitir mudar, com firmeza e compaixão. Porque a mulher que você sonha ser só vai nascer quando você tiver coragem de deixar a antiga para trás.

✦ REGISTRE

Quais áreas da sua vida estão te convidando a mudar?

17 janeiro

A sua zona de conforto
não é confortável.

Dia 17 de 365

É curioso chamarmos de “zona de conforto” uma situação que tantas vezes nos gera ansiedade, frustração e estagnação. A verdade é que não tem nada de confortável nesse espaço. O que existe ali é familiaridade, segurança territorial. O nosso cérebro, sobrevivente como é, se apega ao que já conhece, mesmo quando isso nos adoece.

Você já se deu conta de quantas oportunidades perdeu por medo do desconhecido? Quantas vezes deixou de investir, de começar algo novo ou de dizer “sim” para você mesma apenas por parecer mais seguro deixar tudo como estava? Mas, se é realmente seguro, por que o coração pesa quando você se deita à noite? Se é confortável, por que você se sente exaurida?

A vida acontece fora da zona de “conforto” — fora da zona de segurança. É na zona de crescimento que existe mais dinheiro, saúde, amor, liberdade — mas você só acessa isso se estiver disposta a atravessar o desconforto temporário que leva até lá. O medo, muitas vezes, é só um sinal de que você está prestes a romper uma barreira.

✦ REGISTRE

Qual decisão financeira corajosa você pode tomar
hoje para entrar na sua zona de crescimento?

18 janeiro

Liberdade financeira não começa no saldo bancário!

Dia 18 de 365

Muita gente acredita que só se sentirá livre quando tiver uma certa quantia guardada, quando alcançar um número específico na conta. Mas a liberdade financeira começa muito antes disso. Começa na mente.

Começa no jeito como você se relaciona com o dinheiro, nas suas escolhas diárias, na forma como se posiciona diante das decisões. Você pode ter investido seus primeiros 500 mil reais e, ainda assim, sentir-se frustrada financeiramente. Pode ter um salário excelente e não conseguir gastar com o que ama por culpa. Pode conseguir poupar sempre, mas continuar com medo de investir e seguir perdendo poder de compra na poupança.

Liberdade financeira não se trata de saldo bancário — mas de atitude mental. É uma questão de entender que o dinheiro está a serviço da sua vida, e não o contrário.

No início da minha virada financeira, enquanto estava saindo das dívidas e criando minha reserva, lembro-me de muitas vezes sofrer com as restrições que vinha fazendo, depois de anos de autoindulgência. Até que fiz minha primeira viagem internacional, sem dívidas, com tudo pago antecipadamente. E, do alto das imponentes montanhas de Machu Picchu, pude compreender o real valor de ter uma reserva, de não ter dívidas, de poder poupar e realizar os meus sonhos com tranquilidade. Era por aquela paz & por aquela liberdade que eu seguiria gerando, gerindo e multiplicando meu dinheiro.

✦ REGISTRE

Sendo profundamente sincera consigo mesma,
o que de fato você quer sentir ao ter mais dinheiro
na conta?

19 janeiro

Um tesouro de vó.

Dia 19 de 365

Hoje é aniversário da minha avó materna. E o bolo no forno parece que assa até na memória. Dá para sentir o cheiro da maisena misturada com carinho, da massa levedada na fé, do fermento que crescia junto com a esperança.

Minha avó — ou Voinha, como a chamamos — foi a primeira mulher rica da nossa família. Não a rica dos cifrões, mas daquelas que alimentam a casa, sustentam as pontes, seguram a estrutura com o corpo & com o coração. Trabalhou desde menina para sustentar os irmãos. Ainda jovem, encontrou meu avô, casou-se e construiu com ele um lar alicerçado no trabalho honesto e nos momentos à mesa, que era como seu coração: sempre cabia mais um.

Se de dia ela cuidava do lar, à noite cuidava do caixa do bar. Criava filhas e netas no intervalo entre um turno e outro. Foi minha segunda mãe, quando a primeira precisou estudar. Foi colo, foi coberta, foi biscoito e pudim, que nunca deixava faltar. Sem ensino médio completo, fazia contas de cabeça como quem conta estrelas. Era o cérebro por trás de cada recibo. A guardiã do dinheiro. A mulher que me ensinou pelo exemplo que números não são só "coisa de homem". Foi ela quem, já com netas no colo, se permitiu o primeiro perfume importado. Quem me levou às minhas primeiras viagens. Quem me proporcionou o luxo de voar — no avião e na vida. Foi a primeira a provar que a prosperidade começa mesmo é no amor que a gente cultiva.

Hoje, celebro você, Voinha. Pela força, pelo amor, pelo legado. Pela fartura em cada prato. Pela mulher extraordinária que começou, sem saber, a revolução da nossa família. Que sua vida siga longa, feliz e rica.

✦ REGISTRE

Quem é a mulher da sua família que iniciou o ciclo de prosperidade na sua vida? O que você aprendeu com ela? Como pode honrar esse legado hoje e expandi-lo para as próximas gerações?

20 janeiro

Como é o dia dos seus sonhos?

Dia 20 de 365

Constantemente as pessoas me questionam: "Ítala, qual foi o ponto de virada? O que você acha que fez diferença para mudar a sua vida?".

E, de verdade, não tem um ponto de virada ÚNICO.

Mas considero que um exercício que conheci em 2018 mudou e segue mudando a minha vida.

Durante um processo de *coaching* focado em transição de carreira, minha *coach* me sugeriu escrever o dia dos meus sonhos.

Lembro-me de símbolos muito marcantes: eu acordava junto com o sol, ao lado do meu marido e soltava os cachorros num gramado com coqueiros de frente para o mar.

No momento que escrevo para você, meus cachorros estão brincando na grama com meu marido. O sol acabou de nascer, são 6h06 e os coqueiros estão carregados. A bem da verdade, a praia foi trocada por uma piscina e uma banheira de hidromassagem.

Poderíamos dizer que foi uma forma criativa de o meu cérebro criar o mar? Sim, foi, nosso cérebro age através de símbolos!

✦ REGISTRE

Como é o dia dos seus sonhos? Escreva nos mínimos detalhes um dia típico da sua semana. Inclua o planejamento do fim de semana e da próxima viagem (se você gosta de viajar). Descreva seu saldo bancário, sua saúde, como você gera renda, como se relaciona com as pessoas, com sua carreira & com seu dinheiro. Descreva o máximo que puder. Não esqueça de incluir a pessoa que você gostaria de ser!

21 janeiro

Dinheiro também é uma questão de emoção.

Dia 21 de 365

Talvez ninguém nunca tenha te dito isso, mas a forma como você lida com o dinheiro também revela como você se trata — e se permite ser tratada.

Se você se coloca sempre em último lugar, se gasta com todos ao redor, mas nunca investe em si, talvez esteja repetindo um padrão emocional. Muitas mulheres enfrentam dificuldades em construir riqueza não por falta de capacidade, mas por feridas emocionais ligadas ao afeto: medo de parecerem egoístas, culpa por desejarem mais, vergonha de parecerem ambiciosas.

Elas sabotam suas finanças tentando provar que são boas. Mas o dinheiro, quando bem usado, pode ser um gesto de amor: com ele você cuida da sua saúde, compra tempo, protege quem ama & cria novas possibilidades.

✦ REGISTRE

Quais eram as reais intenções por trás de cada uma das suas últimas três compras? Havia medo, culpa, tentativa de receber amor, afeto?

22 janeiro

O medo mente!

Dia 22 de 365

Nem todo medo é vilão, mas muitos medos contam histórias distorcidas. Dizem que você não está pronta, que é melhor não tentar, que as pessoas vão te julgar, que é arriscado demais, cedo demais, tarde demais.

E o pior é que muitas vezes você acredita. O medo veste a fantasia da prudência, se disfarça de bom senso, quando, na verdade, está ali só para te manter no mesmo lugar. Alguns desses medos foram aprendidos na infância, outros foram treinados por milênios por um cérebro ancestral sobrevivente. Se antes era o medo do tigre-dentes-de-sabre, agora é o medo ameaçador dos boletos ou do investimento nunca realizado! Então, por hoje, experimente desconfiar do medo.

Coragem só existe na ação que atravessa o medo. Ele pode até falar alto, mas não precisa mais decidir por você. Você não nasceu para sobreviver! Parafraseando Clarice Lispector, a vida acontece depois do medo! Permita-se VIVER!

✦ REGISTRE

Do que, de verdade, você tem medo quando o assunto é dinheiro? Pergunte-se: "Isso é real ou só uma proteção exagerada, uma história passada, uma narrativa herdada?".

23 janeiro

Dinheiro precisa de direção.

Dia 23 de 365

Você acredita que "mais dinheiro" é a solução dos seus problemas? Mas quantas vezes você já gerou mais dinheiro e ele "magicamente" sumiu?

Eu também já achei que mais dinheiro resolveria minha vida. Até me tornar policial federal, dobrar meu salário, mas não ver qualquer diferença no final do mês! Eu só havia ampliado minha margem consignável e minha capacidade de aumentar minhas dívidas!

Não adianta desejar mais dinheiro se você não sabe para onde destiná-lo. Dinheiro sem direção é vendaval, parafraseando o poeta. É dinheiro com propósito que se multiplica. Cresce, expande, realiza.

E mais: quando você começa a dar direção, mesmo com quantias inicialmente menores, seu cérebro entende a nova programação & reage com autoconfiança.

Porque a questão não é quanto você ganha, mas o que faz com o que já tem. Direcionar o dinheiro é respeitá-lo — e quando você respeita o dinheiro, você passa a dar atenção a ele. E tudo a que seu cérebro dá atenção se multiplica.

✦ REGISTRE

Se 10 mil reais caíssem na sua conta agora, você saberia o que fazer? E se fossem 100 mil reais? E se fosse 1 milhão? Sua resposta revela quanto você se sente pronta para receber mais.

24 janeiro

Quem sabe o que planta
não teme a colheita.

Dia 24 de 365

Vejo muitas mulheres inquietas com a aposentadoria. E com razão. A previdência pública, em permanente estado de alerta, já não assegura dignidade. As previdências privadas, isoladamente, tampouco garantem qualidade de vida. Não é alarde. É diagnóstico.

A mudança nas regras da aposentadoria, que acompanhei de perto enquanto servia na Polícia Federal, foi o meu ponto de virada. Percebi que esperar por um Estado frágil seria condenar meu futuro à mediocridade. O medo que senti não me paralisou — me moveu. Fui buscar alternativas. Encontrei.

A matemática é clara e democrática: se você investir, por exemplo, quinhentos reais por mês, a uma taxa média de 0,7% ao mês (aproximadamente 8,7% ao ano), em trinta anos terá acumulado cerca de 700 mil reais. E isso sem considerar aportes crescentes ou oportunidades extraordinárias. Se ampliar aportes, estudar, diversificar ativos, esse número se multiplica exponencialmente. Essa é a realidade de quem planta.

Não há tempo para ingenuidade. Não há espaço para amadorismo. Dinheiro não é mistério: é autorresponsabilidade e método. Previdência pública pode ser um complemento, um bônus. Nunca a base. Você é a responsável direta pela construção da sua própria segurança. Erga-se contra a cultura da espera. Contra a ilusão do amparo estatal. Contra a narrativa de que "é irrelevante começar com pouco". A independência financeira não é apenas possível — é necessária. E começa hoje. Comece com o que tem. Multiplique com inteligência. Proteja a mulher que você se tornará. E pare de temer. Porque quem sabe o que planta não teme a colheita.

✦ REGISTRE

Qual passo você pode dar hoje para ter um futuro tranquilo & com qualidade de vida?

25 janeiro

Seu cérebro quer uma cena.

Dia 25 de 365

Decidir é uma das atividades mais desafiadoras do ser humano. Diante das infinitas possibilidades que temos todos os dias, e ainda mais na hora de projetar nosso futuro, nosso cérebro sempre pode paralisar ou pegar o caminho mais conhecido, voltar ao piloto automático e deixar que o mundo decida por nós.

É nesses momentos que você passa a acreditar que o sonho da casa própria é seu. Que você precisa de um carro novo para ser feliz. Que quando tiver um saldo bancário robusto, aí então será livre.

Não vai! A verdade é que o gato da Alice estava certo, e, se você não sabe para onde está indo, qualquer caminho serve. E o marketing de consumo vai usar isso contra sua paz financeira.

Seu cérebro será um incrível aliado da vida dos seus sonhos quando você der nitidez a ele. Caso não faça isso, ele seguirá economizando energia e seguindo a manada. Lembra do dia dos seus sonhos? Quais símbolos estavam ali? Sol, saúde, viagens, relacionamento saudável, grama, cachorros, coqueiros, saldo bancário?

✦ REGISTRE

Quais imagens refletem o dia dos seus sonhos? Sugiro que faça um papel de parede para seu celular ou use revistas e monte um mural físico para ficar no seu escritório, closet ou até no banheiro. Seu cérebro vai amar esse direcionamento imagético!

26 janeiro

Não deixe a inspiração virar comparação.

Dia 26 de 365

A inspiração e a comparação são duas faces da mesma moeda. E você precisa estar vigilante para não escorregar para o lado errado dessa linha.

Sim, é importante ter referências do que você quer experimentar ou das possibilidades disponíveis para se viver. Inspiração e admiração são bons sentimentos.

O problema é quando você começa a se comparar. Porque aí você tira o foco do seu próprio caminho para se perder no caminho do outro. Você se diminui. E sabe o que é pior? Começa a desvalorizar o ouro que você mesma minerou em cada escolha da sua jornada.

Lembre-se: são jornadas diferentes. Siga avançando na sua.

✦ REGISTRE

Quais referências deixaram de ser inspiração e se tornaram comparações injustas que você vem fazendo em relação a sua vida financeira? O que você se compromete a fazer para ter os resultados que vislumbra como referência?

27 janeiro

Como você faz uma coisa,
você faz todas as outras!

Dia 27 de 365

Muita gente acha que abundância tem a ver com milhões na conta ou com conquistas grandiosas. Mas, na verdade, ela começa na postura diante da ordinariedade da vida.

Abundância é o estado de espírito que cria o cuidado, o capricho, o zelo com os detalhes. Ela está na forma como você serve sua comida, arruma sua cama, se veste pela manhã ou organiza sua rotina. Está na maneira como você trata as pessoas e a si mesma.

Quem vive a partir da escassez está sempre correndo, atropelando todos, improvisando em tudo. Quem vive a partir da abundância honra cada gesto. Vive em estado de presença!

Se você quer realmente ter uma vida rica, comece pelos detalhes do que já existe em seu dia a dia. Seu cérebro entenderá esse comando e começará a levá-lo a todas as demais áreas de sua vida, inclusive à sua conta bancária, à fatura do seu cartão ou até mesmo à sua planilha.

✦ REGISTRE

Olhe para as suas últimas 24 horas. Há zelo & capricho nas suas ações diárias? Ou você tem feito tudo de qualquer jeito e às pressas? Você vive dizendo que não tem tempo para nada ou prioriza o que realmente tem importância para você?

28 janeiro

Nem tudo que dói é seu!

Dia 28 de 365

Há dores que não são suas. Cargas que você aprendeu a carregar para ser aceita, reconhecida e até mesmo para "não dar trabalho". Há medos que te foram ensinados, como mero mecanismo de sobrevivência. Culpas foram plantadas & regadas, acabando por crescer como verdades. E, sem perceber, você foi assumindo cada vez mais responsabilidades, acreditando que precisava dar conta de tudo — dos boletos, das pessoas, dos problemas, do mundo.

Só que tudo que não é seu pesa. Cansa. Exaure. E, depois de anos de sobrecarga, você paralisa, adoece, desiste. Hoje, o convite é para você soltar. Reavaliar o que é seu de verdade e o que pode ser dispensado.

Você é responsável por tudo na sua vida. Mas nem tudo na vida precisa ser responsabilidade sua.

✦ REGISTRE

O que vem tomando seu tempo, seu dinheiro ou sua energia e não é responsabilidade sua? Qual ação você pode tomar hoje para interromper esse ciclo?

29 janeiro

Só o que é reconhecido pode ser modificado!

Dia 29 de 365

Toda grande dor um dia já foi um desconforto não reconhecido. Toda grande conquista um dia já foi um desejo identificado. Toda grande mudança é precedida de uma análise honesta da realidade inicial.

É assim com a saúde, com o trabalho, com o corpo, com os relacionamentos, com a alimentação — e, obviamente, com o seu dinheiro. O que não é reconhecido não pode ser transformado.

Se você quer mudar sua vida financeira, o primeiro passo não é gerar mais, é admitir com coragem o que já existe. É parar de fugir do extrato, da planilha, das faturas. É encarar seus números com verdade, com curiosidade, com responsabilidade. Assumir não é se punir — é se libertar.

Quando você observa com atenção, começa a perceber padrões. Começa a entender o que te prende e o que te aproxima do cenário de futuro que quer para si. Hoje, abrace seus números. Eles não são vilões. São bússolas. E toda mulher rica aprende a usá-las com maestria.

✦ REGISTRE

Qual ação você vai tomar hoje para reconhecer seus padrões financeiros? Vai preencher sua planilha? Levantar os valores dos seus empréstimos? Relacionar a rentabilidade dos seus investimentos?

30 janeiro

A riqueza também acontece no descanso.

Dia 30 de 365

Rezam as escrituras que, após a obra, no sétimo dia, houve descanso.

Eu sei que existem muitos sonhos e desejos em seu coração. Mas e espaço para o descanso, tem?

O mundo estimula em nós a produtividade e a alta performance. E, muitas vezes, esses estímulos nos fazem sentir culpa no descanso e no desfrute. "Trabalhe enquanto eles dormem." Aposto que você já ouviu isso por aí, mas não, esse não é o segredo da riqueza.

O descanso e o repouso são necessários em qualquer jornada de alta performance. Uma atleta precisa de treino, de direcionamento e de descanso.

Hoje é um bom dia para o seu descanso, ainda que precise trabalhar. Separe um momento do dia para descansar. Ter uma atividade de lazer. Praticar o ócio. Fazer "vários nadas". Inclusive, nesses cenários é que costumam surgir as melhores soluções para as questões que estavam nos angustiando há dias!

Descanse & desfrute. Permita-se!

✦ REGISTRE

Qual atividade de lazer, prazer, descanso ou desfrute você vai praticar hoje?

31 janeiro

Perder-se também é caminho!

Dia 31 de 365

Encerramos o primeiro mês do ano! Se você fez todos os registros até aqui, certamente sua vida financeira está melhor! Mas, se falhou, não se entristeça, hoje também é um bom dia para recomeçar!

Os erros ensinam! Perder-se no caminho pode gerar uma nova rota. Só fracassa quem desiste! E, se você está aqui, posso afirmar com convicção: você não desistiu. Logo, não fracassou!

Manter-se expondo seu cérebro a novos estímulos de riqueza, como você faz a cada dia que realiza esta leitura, já é um avanço. Se você, feito eu, não nasceu imersa em um ambiente de ampla riqueza financeira, saiba que cada pequeno passo conta muito! E digo mais: eles serão a fundação das suas grandes realizações, porque, na verdade, não estão reconstruindo apenas sua conta bancária, mas tudo que você é!

Por isso, parabenize-se! Celebre o erro. Aproprie-se das lições!

✦ REGISTRE

Quais lições financeiras você conquistou neste primeiro mês do ano?

FEVEREIRO

1º

Você não é preguiçosa.
Só está exausta.

Dia 32 de 365

Tem dias em que o corpo pesa, a mente falha e a culpa bate com força, dizendo: "Eu sou preguiçosa". Mas deixa eu te contar uma coisa: você não é. Você está cansada. Exausta, talvez. Porque tem segurado o mundo com as próprias mãos, muitas vezes sem nem parar para respirar.

Tem cumprido funções, atendido a demandas, sustentado a casa, talvez até o relacionamento, dado conta das crianças, dos pais, dos avós, de tudo. A conta não fecha. O cansaço chega.

A realidade não fala de preguiça, mas de excesso. O excesso de cobrança, de expectativas, de jornadas duplas ou mesmo triplas para a maioria das mulheres.

Hoje, se o cansaço estiver batendo, te convido a acolhê-lo com um abraço de gentileza. Antes de se cobrar mais produtividade, restaure sua energia.

Você é, sim, potente & cheia de vida, mas, para acessar essa energia, precisa de nutrição e autocuidado. O corpo é sábio — e, quando ele para, é porque algo dentro de você precisa mudar. Riqueza também exige vitalidade. Respire. Acolha-se. Depois recomece.

✦ REGISTRE

Que ações você pode tomar hoje para se cuidar,
se acolher e se reenergizar?

2 fevereiro

O seu futuro está esperando que você assuma o volante.

Dia 33 de 365

Lembro-me com nitidez do primeiro dia que meu pai me colocou no volante do carro da família e me ensinou os primeiros comandos da direção. Eu tinha dezesseis anos. Mais tarde, assim que recebi meu primeiro salário, aos dezoito anos, busquei rapidamente uma autoescola para começar a pagar o parcelamento da minha primeira habilitação.

Não era o desejo de ter um carro que me movia. Era o desejo de poder guiar a minha vida nos meus próprios termos. E, acredite, todo ser humano clama por realizar esse desejo.

Não adianta seguir querendo uma vida nova se, na prática, você continua entregando a direção da sua história para os outros. Ficar parada, esperando alguém te dar a resposta, o caminho, a permissão, é o mesmo que estacionar no acostamento enquanto a vida segue. Seu enriquecimento começa quando você assume o volante da vida. Mesmo sem GPS. Mesmo com medo de errar o caminho.

Ninguém vai te conduzir até a vida que você deseja. Não aceite ser passageira da sua própria história. Escolha o destino, busque novas rotas, ainda que se sinta perdida em alguns momentos. Com o tempo, a confiança cresce — não porque alguém te validou ou fez por você, mas porque você ousou guiar a sua história.

✦ REGISTRE

De quais partes da sua vida ou das suas decisões financeiras você vem deixando a direção na mão de outras pessoas? O que você pode fazer hoje para assumir o volante da sua própria vida?

3 fevereiro

Fé sem ação é só fantasia.

Dia 34 de 365

Você acredita em milagres? Eu acredito. E já vivi vários. Meu marido é um deles. Minha saída da Polícia Federal, outro. Meu enriquecimento, mais um! Tem uma frase, frequentemente atribuída a Einstein, que amo: "Só há duas maneiras de viver a vida: a primeira é vivê-la como se os milagres não existissem. A segunda é vivê-la como se tudo fosse milagre".

Como boa sagitariana que sou, cheia de fé, certamente a minha maneira é a segunda. Mas aprendi, na prática, que fé sem ação é apenas uma esperança ingênua e ressentida.

Muitas mulheres pedem em silêncio por uma vida financeira melhor. Mas, depois da prece, permanecem paralisadas. Continuam presas ao medo de abrir uma planilha, à vergonha de negociar o valor do seu trabalho, à resistência em dar o primeiro passo.

A fé verdadeira não espera ter certezas ou garantias. Ela é quem rega o invisível da semente com a confiança de que o milagre do fruto um dia virá. Ela que faz cada investimento com a convicção de que ele mudará toda a sua vida, não pelo resultado prático, mas pelo hábito.

Fé que não se move vira frustração. Fé que age vira força criadora. Hoje, eu te convido a dar um passo concreto — pequeno, mas real. Talvez seja estudar sobre dinheiro. Talvez seja fazer uma ligação difícil. Talvez seja dizer "não". O que importa é que você aja com fé. Porque só assim os milagres têm espaço para acontecer.

✦ REGISTRE

Qual ato de fé você vai praticar hoje?

4 fevereiro

O dinheiro que você deseja está do outro lado da vergonha.

Dia 35 de 365

Quantas vezes você já escondeu o seu valor, se diminuiu ou aceitou alguma coisa que não queria por medo do julgamento? Você sente vergonha de cobrar, de aparecer, de vender, de pedir, de errar, de se mostrar.

Pense comigo: qual é a pior coisa que pode acontecer se você for vista? Se cobrar um dinheiro que alguém te deve? Se você se mostrar vulnerável e pedir ajuda?

Será que essa vergonha é real? Pense em algo que você fez e que te deixou muito envergonhada. Não sendo algo antiético ou imoral, você acredita mesmo que alguém ainda se lembre disso? Ou foi apenas a sua mente criando histórias sobre o que poderiam pensar sobre você?

Percebe que, a longo prazo, a vergonha deixa de ser real? Ela é apenas uma defesa momentânea contra o medo do julgamento. E, muitas vezes, é um sinal de que algo importante está acontecendo, você está cruzando um novo território e precisa seguir em frente.

E tem mais: quem está fazendo algo realmente importante jamais vai te julgar. O julgamento que faz você sentir vergonha vem daqueles que gostariam de ter a sua coragem.

Portanto, coloca a vergonha embaixo do braço & vai fazer o dinheiro que você tanto deseja!

✦ REGISTRE

Você sente vergonha de ser rica? E de falar sobre a sua situação financeira? Por que sente vergonha? Ela é real ou apenas seu ego esperneando por você não ser perfeita?

5 fevereiro

Riqueza não é apenas uma questão de dinheiro.

Dia 36 de 365

Tem gente com muito dinheiro e alma vazia. E tem gente com poucos recursos financeiros, mas abundante em recursos emocionais. Não, não estou dizendo que dinheiro não é importante. Mas ele não é importante sozinho!

Como eu mesma diria: "Prosperidade é um &, nunca um OU!".

É preciso reconhecer a beleza da jornada, agradecer pelo agora, valorizar quem caminha com você. Claro que o dinheiro importa — e aqui falamos sobre enriquecer, sim. Queremos que você gere mais, invista melhor, construa sua liberdade financeira, mas que essa maratona não atropele ninguém, muito menos você mesma. Que sua humanidade jamais seja sacrificada na pressa pelo acúmulo. Que sua conta cresça, mas sua paz permaneça.

Riqueza de verdade é quando o SER precede o TER!

✦ REGISTRE

Quais são seus valores humanos mais caros? Do que você não abre mão por coisa alguma? Que virtudes você vai prosperar em si enquanto prospera sua conta bancária?

6 fevereiro

Expectativa descalibrada
mata sonhos.

Dia 37 de 365

Outro dia uma seguidora me escreveu: "Ítala, o que fazer quando a gente já tentou de tudo, mas as vendas não vêm?". Fazia três semanas que ela havia começado um negócio. Respirei fundo. Três semanas? Já tentou de tudo?

A questão aqui, minha cara, não é o tempo. É a expectativa mal calibrada. É a imaturidade de quem espera colher antes de plantar. Você está iniciando um negócio, um hábito, um estilo de vida e quer que em 21 dias tudo esteja resolvido? Isso não é ambição. É fantasia.

Uma das principais causas de frustração não é o fracasso em si, mas o descompasso entre o esperado e o que você realmente constrói. Você quer resultados maduros com uma postura infantil. Reconhecimento sem consistência. Estabilidade financeira com três dias de investimentos. E quando o mundo não te entrega o que você acha que merece, você reclama e desiste. Acha que não é para você. É para você, sim. Mas só se você quiser crescer.

Negócios, investimentos, relacionamentos, saúde, vida boa — tudo isso exige uma coisa que a maioria tenta evitar: maturidade emocional. E ela é medida pela sua capacidade de sustentar o processo antes do resultado. É essa ingenuidade, ou pior, ganância, que faz muita gente cair em promessas milagrosas de "invista mil e tenha um milhão". A culpa não é só do golpista. A ganância se alia à ignorância e vira o terreno perfeito para a tragédia.

Hoje eu te convido a assumir uma postura adulta. Porque a vida real não te dá, ela devolve. Não subestime o tempo. Nem superestime seu merecimento. Estude. Corrija. Recomece. Persevere. E calibre sua expectativa antes de crucificar o processo.

✦ REGISTRE

Em que área da vida você tem exigido colheita
sem preparo? O que precisa ajustar hoje para agir
com mais maturidade & menos ilusão?

7 fevereiro

Toda mulher deveria ter uma reserva de coragem.

Dia 38 de 365

Uma reserva de coragem não tem nada a ver com dinheiro. Sim, uma reserva financeira é essencial. Ter um valor guardado para aproveitar oportunidades ou para lidar com as adversidades da vida é, sim, uma prova de autocuidado.

Mas existe uma reserva ainda mais importante, que nenhuma planilha consegue calcular: a reserva de coragem. Coragem para dizer "não". Coragem para sair de relações que adoecem. Coragem para recomeçar quando for preciso. Coragem para ser quem você é, mesmo que incomode. Coragem para ser ambiciosa. Coragem para viver os seus sonhos. Coragem para mudar a rota! Coragem para mudar a si!

Nenhuma conta bancária suporta uma vida que perdeu o sentido. Então, enquanto você cuida do seu dinheiro, cuide também da sua força interna. Nutra-se de inspirações, de histórias reais de mulheres que decidiram romper padrões.

Cultive coragem todos os dias, mesmo nas menores escolhas diárias. Porque vai chegar uma hora em que só ela vai te sustentar. Vou te contar um segredo: quando você tiver todo o dinheiro que precisa e merece, só a coragem de seguir seus sonhos, seu coração e sua verdade vai sustentar uma vida feliz & com significado.

E, quando isso acontecer, você não vai precisar recomeçar o caminho da felicidade, porque já o terá construído ladeando o caminho da riqueza.

✦ REGISTRE

Como você vem nutrindo diariamente sua reserva de coragem?
Em quais pequenos atos você pode treiná-la?

8 fevereiro

Se você quer ser bem-paga, precisa aprender a se pagar primeiro.

Dia 39 de 365

Você trabalha com dedicação, cumpre prazos, entrega tudo que pode — mas continua deixando o seu próprio nome por último na fila das prioridades. A primeira conta é a da casa. Depois vêm os boletos da família, escola, mercado, financiamento do carro e, se sobrar, você pensa em si. Mas quase nunca sobra.

Permita-me dizer: se você quer ser bem-paga, precisa aprender a se pagar primeiro. Não importa quanto ganha hoje. Importa a decisão. Ela cria um novo padrão neural, que, por sua vez, muda tudo! Separar um valor, mesmo que simbólico, para investir em você, no seu futuro, na sua aposentadoria, na sua independência financeira, é a chave para essa mudança.

Quando você faz isso, comunica ao seu cérebro — e à sua própria mente — que se respeita. E quem se respeita colhe reconhecimento. Quem se prioriza colhe oportunidades. Porque como você se trata é como o mundo te trata!

✦ REGISTRE

Você vem se pagando primeiro? Qual valor você pode investir hoje na sua reserva, na sua aposentadoria ou nos seus sonhos?

9 fevereiro

A vida que você quer está te testando agora.

Dia 40 de 365

Toda vez que você declara que quer mudar de vida, que está pronta para mais, que deseja uma nova realidade, seu cérebro escuta. E ele responde. Mas não com presentes embrulhados em laços. Ele responde com testes. Testes de coerência. Testes de resistência. Testes de integridade.

Seu cérebro não quer gastar energia com "fogo de palha". Ele sabe que, no fim, crescimento e realização não são necessários à sobrevivência. Mas você veio aqui só para sobreviver?

Então, ele começa a te testar. Primeiro com tentações: o gasto por impulso, o velho padrão emocional, a proposta que parece boa, mas não está alinhada com seus valores humanos ou monetários.

E aí você precisa decidir: vai ceder ao antigo padrão ou sustentar o novo? A vida que você deseja já existe, mas antes de entregá-la, seu cérebro quer saber se você realmente está pronta para ela.

O que ele está fazendo na verdade é te tornar a pessoa que é capaz de sustentar, honrar & viver a nova realidade. Se reparar com luz nos olhos, esses testes são bênçãos!

✦ REGISTRE

Quais testes você vem encarando que mostram que você está no caminho certo para se tornar a pessoa que tanto deseja ser? Agradeça!

10 fevereiro

Pare de temer a riqueza.

Dia 41 de 365

Muitas vezes me perguntam como acelerar a riqueza. Mas nunca ninguém me perguntou como parar de retardá-la.

Se você simplesmente parasse de negar os resultados que quer, talvez já estivesse com eles bem aí em sua vida.

Por todo o contexto sócio-histórico-cultural, fomos muito mais estimuladas a acreditar que não há nobreza na riqueza e que os ricos são corruptos e inescrupulosos.

E aí vem a culpa por ser (ou ambicionar ser) mais rica que as demais pessoas da família. Vem a raiva de viver em uma sociedade desigual. Vem o ressentimento em relação a quem enriqueceu mais rápido. Vem o temor de se perder diante do dinheiro. E mais tantos outros sentimentos ruins que associamos ao dinheiro.

Apenas pare e entenda: dinheiro é lupa. Ele só vai ampliar o que já existe em você.

Então, se hoje você ainda teme a riqueza, trate agora mesmo de se tornar um ser humano cada vez mais íntegro & virtuoso. Vá ser rica, sim, porque, com dinheiro na mão, podemos construir um mundo melhor para todas.

✦ REGISTRE

Se você tivesse todo o dinheiro que quisesse, quem você seria?
Quais virtudes gostaria de edificar a partir de agora?

11 fevereiro

O dinheiro gosta de maturidade!

Dia 42 de 365

Você já percebeu que, quando começa a gerar mais dinheiro, surgem mais convites, mais gastos inesperados, mais "oportunidades imperdíveis"? Não é coincidência. É teste de maturidade.

O dinheiro, quando chega, não transforma a sua vida de forma automática. Primeiro, ele revela. Revela os seus padrões, os seus hábitos, a sua maturidade. Por isso vemos muita gente fazendo mais dinheiro, ampliando salário, recebendo prêmios da loteria e depois voltando ao antigo padrão, como se nada tivesse acontecido. O antigo padrão foi revelado. Não existia maturidade. O dinheiro foi afugentado.

No livro *Os segredos da mente milionária*, T. Harv Eker traz um exemplo maravilhoso para essa questão: se uma criança de quatro anos não sustenta uma casquinha de sorvete de duas bolas, o que acontece se você der uma casquinha de três bolas? O que seria mais prudente e saudável: dar à criança uma casquinha de uma bola ou de três? E você já entendeu que não estamos falando de sorvete, né?

Antes de buscar gerar mais renda, desenvolva a habilidade de sustentar o que já tem. Com maturidade. Sendo capaz de multiplicar & preservar. Porque, como diria o dito popular: "Quem não honra o tostão tampouco honrará o milhão!".

✦ REGISTRE

Você consegue sustentar o que já tem? Quais ações revelam que você já é capaz de lidar com mais dinheiro?

12 fevereiro

Não é restringindo.
É se divertindo!

Dia 43 de 365

Muitas vezes nos dizem que, para chegarmos ao marco de um grande saldo bancário, será necessário fazer cortes dramáticos, ainda mais se você estiver superendividada, como já estive um dia.

Mas, a bem da verdade, a mente humana não funciona em sua máxima potência diante de longos períodos de restrição.

Se você quiser ir mais rápido, cultive o hábito de desfrutar a jornada.

No seu orçamento, separe uma parcela para lazer e diversão. Permita-se ter atividades semanais de descompressão, quebra de rotina e desfrute. Vá ao cinema, faça uma pequena viagem. Vá ao teatro ou monte um quebra-cabeça. Vá a uma biblioteca ou a um estádio de futebol. Não importa a atividade, desde que seja prazerosa para você, feita com intenção de lazer e diversão.

É nesses momentos que sua mente relembra o porquê do plano, da dedicação e daquelas outras pequenas decisões diárias. Cérebro feliz é cérebro engajado! Aproveite seu dia. Divirta-se!

✦ REGISTRE

Qual microação você pode tomar hoje para desfrutar a jornada & o processo?

13 fevereiro

O que você tolera hoje se torna abismo amanhã!

Dia 44 de 365

Tudo aquilo que você aceita em silêncio começa a ganhar força dentro da sua rotina. O emprego que não te valoriza, o relacionamento que te sufoca, os atrasos que você engole calada, o desrespeito que finge não ver. Nas finanças, não é diferente: o desdém do gerente de banco, as más decisões do assessor de investimento, a negligência com o saldo do cheque especial. Cada concessão vira uma nova regra no seu mundo.

Você diz que é temporário, mas o tempo passa e o provisório vira permanente. Você nunca tem tempo para a mudança, mas segue tolerando o intolerável!

E, de repente, os desconfortos negligenciados começam a virar dores dilacerantes. Por isso, hoje te convido a colocar limites. Eles podem ser a ponte necessária para superar eventuais fronteiras que a impedem de chegar à vida dos seus sonhos.

✦ REGISTRE

O que você está tolerando que já deveria ter terminado?

Qual "não" você precisa dizer? O que não pode mais ser suportado?

14 fevereiro

Não existe riqueza
no encolhimento.

Dia 45 de 365

Hoje é Valentine's Day, o dia mundial do amor — e não só do amor romântico, mas de celebrar todas as relações de afeto.

Como andam as suas relações, sejam elas amorosas, familiares, de amizade ou profissionais? Elas te engrandecem ou te diminuem?

Uma relação que desdenha dos seus sonhos ou exige que você diminua seu brilho ou sua potência não é saudável. Qualquer laço que precise te apequenar para continuar existindo está longe de ser saudável. Relacionamentos edificantes te convidam a crescer. Te desafiam a ser ainda mais você. Te encorajam a ir além. Te apoiam.

Quando decidi fazer minha evolução de carreira, minha mãe questionou se eu deveria mesmo investir nessa nova profissão: "Não poderia ser um hobby junto à Polícia Federal, minha filha?". Eram apenas o medo dela e o instinto materno de proteção sendo expostos de forma gentil & humana. Foi um questionamento pontual. Depois, ela sempre me apoiou, assistiu a cada aula, esteve comigo em cada palestra presencial.

Por outro lado, tive "colegas de trabalho" que me chamavam de blogueirinha e questionavam: "Que palhaçada é essa que você tá fazendo?", "Tá maluca de largar a PF? Você vai morrer de fome". Percebe a enorme diferença?

Parafraseando Frida Kahlo: "Onde não puderes crescer, não te demores".

✦ REGISTRE

Você está se diminuindo para caber em algum lugar ou
em alguma relação? Quais limites precisam ser colocados?

15 fevereiro

O ponto de virada pode não estar nas respostas.

Dia 46 de 365

Durante muito tempo, sempre que me via diante de alguém que tinha resultados maiores que os meus em alguma área da vida, minha primeira reação era perguntar: "Onde estou errando?" ou "O que você está fazendo de diferente?". Era como se, dentro de mim, houvesse uma busca incessante por um botão secreto, uma técnica, uma ferramenta, um atalho.

Com o tempo, percebi que, embora essas questões sejam legítimas (e sim, devem ser feitas nos momentos certos, como em uma mentoria, um curso ou até a uma IA), elas não revelam a essência. A grande virada quase nunca está nas perguntas. Ela está na observação.

Hoje, quando estou diante de pessoas que admiro, não busco mais apenas as palavras que elas dizem. Busco o silêncio entre elas. Observo como se portam. O que toleram. O que evitam. O que fazem quando acham que ninguém está olhando. Como tratam as pessoas. Que pausas escolhem. Que conexões constroem.

Porque tem algo de sutil — e profundamente transformador — em observar a vida de quem já construiu o que você deseja. Há códigos comportamentais. Há sabedoria nas escolhas cotidianas. Há coerência em como se posicionam numa reunião e em como vivem o ordinário. Talvez o maior acesso que temos à abundância não esteja nas planilhas, mas na capacidade de observar como ela é sustentada. E de, a partir disso, moldarmos a nossa ação. Pare de buscar o atalho. Comece a praticar a atenção. Porque a verdadeira mestra não é só a que responde — é a que ensina por meio de suas ações.

✦ REGISTRE

Quem você admira hoje? Você tem observado a forma como essa pessoa vive? Que modelos mentais & comportamentos você pode começar a incorporar hoje na sua vida?

16 fevereiro

O seu estilo de vida está pagando ou sabotando seus sonhos?

Dia 47 de 365

Um café aqui, uma compra ali, uma promoção "imperdível" acolá. Quando você vê, o mês acabou e os sonhos também. Não porque você não tem capacidade, mas porque está sustentando um estilo de vida que não te aproxima da vida que deseja. A liberdade financeira não começa nas grandes viradas, mas nas pequenas escolhas diárias.

Ela está nos pequenos investimentos que você começa, na escolha desconfortável de preencher sua planilha, no momento em que você diz "não" para o impulso e "sim" para o que importa.

Sim, é importantíssimo manter os prazeres e celebrar as microconquistas na jornada. Mas sempre sabemos quando é autoindulgência, sabotagem ou celebração.

Não há como querer mudança sem mudar nada! Sim, você vai ter que passar pelo desconforto de construir novos hábitos, fazer algumas restrições, resistir ao incômodo. Como num projeto de reeducação alimentar ou construção de um corpo saudável, assim também é na vida financeira.

✦ REGISTRE

Quais gastos no seu dia a dia são momentos essenciais de desfrute & descompressão? Quais são autoindulgência e autossabotagem?

17 fevereiro

No muro nada prospera.

Dia 48 de 365

Reza a lenda que existia um muro. E nesse muro havia uma mulher sentada. De um lado, um grupo de pessoas sorria, chamava, acenava: "Desça, mulher! Aqui é lindo, aqui tem campo, lago, vida em abundância". Do outro lado, apenas o silêncio e a indiferença. Pessoas que seguiam seu caminho, sem insistências.

Curiosa, ela perguntou ao povo barulhento quem eram. "Somos o povo do céu", disseram. "Desça, venha conosco". Então, desconfiada, olhou para o outro lado e perguntou: "E vocês, quem são?". Um homem respondeu com calma: "Sou o diabo". "Mas... por que vocês não me chamam também?", questionou, assustada. E ele respondeu, simplesmente: "Porque o muro já é meu".

Forte, não é? E profundamente verdadeiro. Se você já viveu um conflito interno, uma dúvida que paralisa, uma bifurcação que te esgota, sabe que o muro é um inferno. Ele te consome. Ele te prende. Ele te impede de criar o novo. O que ninguém conta é que, se você ainda está em cima do muro, é porque sabe que o que tem já não é suficiente. Se estivesse feliz, em paz, em plenitude, não haveria muro algum. Mas a gente insiste em querer a certeza antes do passo. Queremos o céu, mas não queremos a morte. Queremos o novo, sem abrir mão do velho.

Só que a vida não negocia. Se você não escolher, ela escolhe por você. E a escolha dela sempre custa mais caro. Hoje, minha provocação é uma só: desça desse maldito muro. Escolha. Corra riscos. Mude de rota. Diga sim. Ou diga não. Mas diga alguma coisa. O muro é o lugar onde sonhos apodrecem. Onde relações viram ruínas. A riqueza exige posicionamento & fé na travessia. Porque não há perdas na vida: ou é bênção ou é lição.

✦ REGISTRE

Em que área da sua vida você ainda está sentada no muro?

Qual escolha já sabe que precisa fazer hoje para descer desse muro?

18 fevereiro

O dinheiro é o retrato
do nosso tempo.

Dia 49 de 365

Dizem por aí que o dinheiro é a raiz de todos os males. Mas eu discordo. O dinheiro, segundo o que acredito, vivo e ensino, é muito mais que um meio de troca: é o retrato do nosso tempo de vida. É a nossa energia vital materializada.

Pense comigo: como é que o dinheiro chega até nós? Através do trabalho, do estudo, do serviço. Através da inteligência, da decisão, da criação. Oferecemos ao mundo algo que só nós podemos oferecer. E, em troca, o dinheiro chega. Seja como salário, como lucro, como renda passiva. Até os investimentos — quando bem-feitos — são frutos de uma decisão consciente, de um olhar estratégico, de uma escolha calculada por quem também está gerando valor.

Por isso, dinheiro nunca deveria ser tratado como algo sujo, pecaminoso ou indigno. Não quando vem de nossas mãos. O dinheiro é a memória da nossa dedicação. É um pedaço da nossa história sendo devolvido em forma de infinitas possibilidades. É por meio dele que vivemos experiências, que realizamos desejos, que construímos sonhos.

Ao pagar por algo, lembre-se: você está trocando energia. Está trocando parte de sua história. E por isso o dinheiro deve ser respeitado, como respeitamos a vida. Porque, no fim, ele carrega dentro de si as marcas do que criamos, do que geramos, do que entregamos ao mundo.

Riqueza não é acúmulo. É fluxo. É troca contínua de valor. É a roda invisível que move a sociedade e nos convida a movimentar com consciência, integridade & propósito.

✦ REGISTRE

Como você tem tratado o dinheiro que passa pelas suas mãos?
Com respeito ou desatenção? O que sua relação com o dinheiro
diz sobre o valor que você dá ao seu próprio tempo?

19 fevereiro

A escassez é barulhenta.
A prosperidade é silenciosa.

Dia 50 de 365

Já notou como a escassez faz barulho? Ela grita nas propagandas urgentes, no impulso de comprar, na ansiedade de não ficar para trás. A escassez tem pressa, se justifica, se impõe.

Já a prosperidade é serena. Silenciosa. Ela não precisa provar nada. Ela sabe o que quer, escolhe com maturidade, confia no tempo. Prosperidade é a mulher que entra no ambiente e não precisa levantar a voz para ser notada, mas atrai todos os olhares. Ela é presença. Ela é paz.

Talvez seu próximo passo não seja correr mais, mas silenciar o que te distrai do essencial. Talvez o que você precise seja apenas de quietude e não de mais uma compra.

✦ REGISTRE

Qual voz tem falado mais alto na sua vida, a da urgência ou a do centramento? A da escassez ou a da abundância? Quais ações você pode tomar hoje para abrir espaço para o silêncio em sua vida?

20 fevereiro

Dinheiro é ato político!

Dia 51 de 365

Hoje é o Dia Mundial da Justiça Social e eu gostaria de te lembrar que cada escolha financeira é um ato político. Cada compra, um endosso. Cada investimento, um manifesto silencioso do mundo em que você acredita — ou que tolera. É fácil apontar o dedo para a corrupção dos grandes, para as tragédias ambientais, para a injustiça social que parece longe demais. Difícil é perceber que tudo isso se alimenta, também, da sua carteira. Do seu silêncio. Da sua distração.

O dinheiro que você movimenta todos os dias — seja no mercado, no cartão ou na bolsa de valores — pode tanto sustentar o velho mundo quanto financiar a construção de um novo. Se você acredita em justiça, como pode investir em empresas marcadas por esquemas ilícitos? Se sonha com um mundo mais sustentável, como pode enriquecer às custas de marcas que devastam ecossistemas inteiros? Se deseja mais equidade, mais mulheres liderando, mais diversidade representada — como pode continuar consumindo de empresas que negam tudo isso nos manuais e na prática?

O mundo não muda por discursos. Muda por ações coerentes. Muda quando você escolhe comprar do pequeno produtor, do negócio liderado por uma mulher preta, de editoras que publicam vozes plurais, de empresas que respeitam o meio ambiente, os corpos, os credos. Muda quando você tira o seu dinheiro de conglomerados predatórios & direciona para ativos que refletem seus valores. Muda quando você percebe que ética também é um critério de rentabilidade. A velha máxima de Gandhi segue sendo leme: "Seja você a mudança que quer ver no mundo".

✦ REGISTRE

O que o seu dinheiro tem sustentado? Que mundo você está financiando com as suas escolhas diárias? O que pode mudar, a partir de hoje, para que sua carteira também seja instrumento de transformação?

21 fevereiro

A inteligência artificial não vai te substituir — vai te libertar!

Dia 52 de 365

Quando a inteligência artificial começou a tomar conta dos noticiários, confesso: eu também senti medo. Assustei com o ritmo acelerado da tecnologia, com a ausência de regulamentações, com os riscos de uso indevido. Num mundo que ainda falha em proteger nossas crianças, nossas obras, nossas escolhas, era impossível não se preocupar. Mas hoje eu não quero falar sobre medo. Quero falar sobre possibilidade. Porque, quando usada com intenção & responsabilidade, a inteligência artificial não nos substitui — nos liberta.

Este livro que você tem em mãos é prova viva disso. Eu usei, sim, o ChatGPT durante a escrita. Ele me deu soluções criativas para bloqueios e planilhou a lista de títulos. Mas a criação, a essência, a alma de cada texto são minhas. As vivências são reais. As palavras nasceram de mim. As referências vieram do meu repertório pessoal. A IA apenas me deu velocidade, leveza e fôlego. E isso é um presente!

Sem essa tecnologia, talvez este livro ainda estivesse em construção. A IA (que ironicamente tem as mesmas iniciais do meu nome, Ítala dos Anjos) me ajudou a viver mais devagar. E é isso que desejo a você: que use a tecnologia a seu favor.

Não para pensar por você, mas para te liberar tempo de vida. Tempo para escrever. Para investir. Para viver. Aprender a usá-la não é mais uma questão de SE, é uma questão de QUANDO. Ela pode ser sua assistente, mas você continua sendo a criadora da sua própria riqueza.

✦ REGISTRE

Como você pode usar a inteligência artificial para liberar tempo na sua agenda? Que área da sua vida poderia se beneficiar dessa tecnologia?

22 fevereiro

Você está construindo herança ou sobrevivência?

Dia 53 de 365

Fazer o dinheiro durar até o fim do mês é uma habilidade. Mas fazer o dinheiro render por toda a sua existência é um legado. Uma decisão que não só ultrapassa a sua vida, mas alcança gerações.

Muitas mulheres foram educadas para controlar danos, apagar incêndios, manter a casa de pé. Mas você pode mais. Você pode fazer do seu dinheiro instrumento de transformação. Criar raízes. Cultivar segurança e estabilidade emocional.

Deixar herança não tem a ver apenas com bens, mas com valores, exemplo, possibilidades. Quando você escolhe sair do modo de sobrevivência e adotar um estado de espírito construtivo, tudo muda.

Você não se torna mais refém do acaso ou das escolhas alheias. Você se autorresponsabiliza pela vida que quer viver até seu último momento nesta terra. Mas, muito mais que isso, você deixa um caminho de paz e verdadeiro amor para quem ama.

Cuidar da sua vida financeira, construir sua aposentadoria, blindar seu patrimônio é prova de amor a si e às pessoas que você ama! Negligenciar isso é egoísmo!

✦ REGISTRE

Suas escolhas financeiras estão revelando um legado & o amor por quem você ama ou estão construindo uma ruína familiar?

23 fevereiro

O dinheiro que você quer está no desconforto que você evita.

Dia 54 de 365

Você quer ter mais dinheiro na conta, mas tem evitado olhar para o seu extrato com sinceridade. Evita estudar, perguntar, negociar. Evita dar um preço adequado, evita pagar por excelência. Evita a terapia, evita a conversa difícil com o marido.

A verdade é que, na maioria das vezes, não é a falta de dinheiro que te impede de prosperar — é o desconforto que você sente ao confrontar verdades.

É mais fácil ignorar a planilha do que admitir que estamos gastando com o que nem queríamos. É mais cômodo não investir do que se reconhecer ignorante e ter que se tornar novamente aprendiz.

Você já sabe, mas nega: todo crescimento passa por algum desconforto. E todo desconforto enfrentado é um novo caminho que se abre.

✦ REGISTRE

O que você vem evitando? Qual atitude pode tomar hoje para quebrar esse padrão?

24 fevereiro

Disciplina não é rigidez.
É liberdade.

Dia 55 de 365

Ser disciplinada é ser discípula de si! Você já é disciplinada, mas, muitas vezes, para o que não deseja! Chegou a hora de ter disciplina para o que você realmente quer ser!

Disciplina financeira não é anotar cada centavo ou viver uma vida sem prazer. Não tem a ver com rigidez — tem a ver com presença. Quando você está presente, percebe para onde seu dinheiro está indo, por que está indo e se isso está alinhado ao que você quer viver.

Ter disciplina com seu WhatsApp da Riqueza (uma atividade do método Multiplique em que realizamos o controle financeiro com a mesma frequência com que abrimos o aplicativo de mensagens), com sua planilha ou com qualquer outra forma de monitoramento é libertar-se das distrações externas e das exigências alheias. Ser disciplinada com seus investimentos é comprometer-se com seus sonhos & com seu futuro.

Disciplina não te prende — te protege. Ela não te enrijece — te liberta!

✦ REGISTRE

Como você pode organizar sua rotina para se tornar discípula da pessoa que quer ser?

25 fevereiro

Ser rica não é o objetivo.
É o caminho.

Dia 56 de 365

Muita gente vê a riqueza como um ponto de chegada, mas a mulher rica não nasce no momento em que atinge determinado saldo bancário. Ela é concebida nas pequenas decisões diárias. Ela se forma quando você aprende a multiplicar o que gera, quando escolhe intencionalmente cada gasto, quando investe com propósito.

Ser rica é uma forma de viver, de pensar, de se posicionar. É você decidir que merece mais do que sobreviver. É se olhar no espelho com dignidade, mesmo que o extrato ainda não esteja no número idealizado.

Porque a riqueza real começa antes de o dinheiro chegar — ela começa quando você se comporta com a maturidade de quem se fez pronta para recebê-lo. Hoje, aja como essa mulher. Escolha com consciência, cuide do que tem com carinho e não tenha vergonha de sonhar grande. Riqueza é uma jornada. E você já começou.

✦ REGISTRE

Como pensa, sente & age a mulher rica que você quer ser? Para além do saldo bancário, como ela lida com dinheiro nas pequenas decisões, como sente o dinheiro? Como fala dele? Para ela, dinheiro é um problema a ser enfrentado ou um momento prazeroso a ser vivido?

26 fevereiro

Para enriquecer, coloque os pés na grama.

Dia 57 de 365

Antes de sermos humanas, somos natureza. Nos regulamos com ela. Mas, em meio ao concreto das cidades e à pressa da vida moderna, esquecemos de algo essencial: tocar a terra.

Colocar os pés descalços na grama, prática conhecida como *grounding* ou *earthing*, é mais do que um gesto simbólico. Estudos, como os publicados no *Journal of Environmental and Public Health*, indicam que essa conexão direta com o solo pode reduzir inflamações, melhorar o sono e equilibrar os níveis de cortisol, o hormônio do estresse. Ao nos conectarmos com a terra, absorvemos elétrons livres, que atuam como antioxidantes naturais, neutralizando os radicais livres em nosso corpo. Isso não apenas promove a saúde física, mas também equilíbrio mental & emocional.

E o que isso tem a ver com dinheiro? Tudo. Uma mente tranquila toma decisões financeiras mais sábias. Um corpo equilibrado não compra por impulso. E uma alma conectada reconhece o verdadeiro valor das coisas.

Praticar o *grounding* é simples: caminhe descalça na grama, sente-se sob uma árvore e medite, toque a terra com as mãos enquanto cuida de plantas. Se não for possível estar ao ar livre, existem alternativas como tapetes e lençóis condutivos que simulam esse contato.

Lembre-se: enriquecer não é apenas acumular bens, mas também nutrir o corpo e a mente. E, às vezes, tudo começa com um simples passo descalço na grama.

✦ REGISTRE

Quando foi a última vez que você tocou a terra? Como se sentiu? Que tal reservar um momento hoje para se reconectar com a natureza e, quem sabe, com você mesma?

27 fevereiro

Vida é luta? Só se você quiser!

Dia 58 de 365

A vida não é um mar de rosas... Sério? Não me diga! Acho que, a esta altura de nossa vida, já sabemos muito bem que não é um mar de rosas, mas tenho certeza de que você já constatou que tampouco é "só luta".

(E se a sua for, sério, precisamos conversar mais sobre isso!!!)

A verdade é que sempre podemos escolher como encarar nossa vida. O dr. Viktor Frankl, em seu livro *Em busca de sentido*, aponta que nossa real liberdade está em dar sentido à nossa vida, mesmo diante de acontecimentos desumanos, como os que ele experienciou enquanto sobreviveu ao campo de concentração durante a Segunda Guerra Mundial.

Sua vida pode ser só luta se você quiser. Ou você pode achar sentido até na dor, se assim decidir. Tudo depende de como você está olhando para ela.

Monitore seu dia. Perceba as reclamações que saem da sua boca. Num segundo momento, impeça que elas saiam. Num terceiro momento, monitore-as em sua mente. Num quarto momento, quando elas chegarem à sua mente, perceba por que chegaram e troque-as por um agradecimento.

Só assim você vai conseguir treinar a sua mente para ver riqueza & oportunidade em tudo.

✦ REGISTRE

Quais são suas principais reclamações diárias?
Elas pedem por mudanças ou são apenas murmúrios ambulantes de um padrão mental viciado em crítica?

28 fevereiro

Dinheiro não traz felicidade. Mas pode comprá-la!

Dia 59 de 365

A felicidade não está num extrato bancário, mas o dinheiro certo, na hora certa, nas mãos certas, pode bancar paz, dignidade e escolhas conscientes.

Os dicionários definem felicidade como um estado de espírito alegre. No entanto, estudos em psicologia positiva indicam que o bem-estar subjetivo é influenciado por saúde física, apoio social e condições de vida. Para alcançarmos um bem-estar mental pleno, é essencial também cultivarmos o bem-estar físico e social. Esses três aspectos são interdependentes e fundamentais para uma vida equilibrada. A Organização Mundial da Saúde (OMS) reforça essa visão ao definir saúde como "um estado de completo bem-estar físico, mental e social, e não apenas a ausência de doença ou enfermidade".

Dinheiro pode não comprar felicidade embaladinha e exposta numa prateleira! Mas pode comprar tempo, uma boa cama e uma casa bem-iluminada, arejada e segura. Dinheiro sustenta a terapia, o plano de saúde, o curso que te ajuda a desenvolver habilidades e deixa a vida mais fácil. Dinheiro pode te permitir dizer não ao que te adoece e te tirar de meios sociais tóxicos.

A mentira de que dinheiro não traz felicidade faz parte da narrativa de que ele seria o problema. Histórias que fizeram as pessoas sentirem culpa por desejar mais, vergonha por prosperar, medo de parecer "gananciosas". Assim, ficava fácil manipular a sociedade para que o dinheiro continuasse nas mãos de alguns poucos escolhidos. Mas você pode reescrever essa narrativa.

O dinheiro pode destruir ou construir. Hoje, faça as pazes com ele. Veja-o como uma ponte, não como um vilão. Dinheiro é aliado e, com ele, podemos construir novos mundos!

✦ REGISTRE

Quais narrativas te contaram sobre dinheiro? Com mais dinheiro, como você pode melhorar sua vida & o mundo?

29 fevereiro

Aproveite o tempo que você achava que não tinha.

Um dia a mais. Um presente raro que a vida só entrega de quatro em quatro anos. Um lembrete de que, como calculou Einstein, o tempo é relativo, sim. E de que talvez o que você achava que não tinha — tempo, energia, chance, coragem — esteja mais disponível do que parece.

A vida surpreende. Às vezes, ela te dá um suspiro entre ciclos, uma fresta no caos, uma pausa improvável. Hoje é esse dia.

Não desperdice esse presente raro correndo no automático. Use esse tempo para fazer algo que você vinha adiando. Pode ser um sonho antigo. Uma conversa pendente. Um plano financeiro. Ou até um descanso merecido.

O que importa é viver esse dia com ainda mais intenção. Porque o tempo certo nem sempre é planejado — às vezes, ele chega como uma surpresa. E, quando chega, é sábio agarrar com as duas mãos.

✦ REGISTRE

Qual atitude surpreendente você pode ter hoje? Algo que adiava, que já não achava mais possível ou que não se dava permissão para realizar? Faça hoje. Crie esse registro de permissão, ousadia e coragem na sua mente! Ele vai abrir portas para novos caminhos!

MARÇO

1º

Você desistiu do seu milagre?

Dia 60 de 365

Determinados sonhos estão tão distantes da nossa realidade que passamos a acreditar que precisamos de milagres. Outros acontecimentos não estão sob nossa capacidade de decisão, como o estado de saúde de alguém que amamos ou mesmo a mudança de atitude das pessoas com quem nos relacionamos. Muitas vezes, a solução que buscamos está em não fazer nada além de pedir com fé e seguir acreditando com alegria no que foi pedido! É o tempo de exercer nossa fé!

Todos os anos, quando estabeleço minhas metas, também registro os milagres que quero viver. Acontecimentos que dizem respeito à vida de pessoas que amo, metas que não dizem respeito a mim. Outras, metas pessoais, são tão fora da minha realidade que, a olhos céticos, parecem impossíveis.

É no "setor de milagres" do meu planejamento de metas que registro para o meu cérebro: "Não tenho a mínima ideia de como fazer isso, mas quero viver! Busca uma solução criativa pra mim?".

E com toda a potência & excelência dessa ferramenta incrível que é a nossa mente, muitos dos meus "milagres" se tornam reais. A bem da verdade, alguns demoram muito mais que um ano para chegar, mas chegam, quando tenho coragem de seguir crendo, mesmo ao longo do tempo.

Hoje é primeiro de março. Último mês do primeiro trimestre. Peça. Permita-se ser surpreendida. Permita-se viver milagres!

✦ REGISTRE

Você ainda consegue acreditar nas suas metas de Ano-Novo e em milagres? Você vem tendo coragem de pedir, sem diminutivos, sem exceções, sem melindres? Seus pedidos vêm sendo inteiros, abundantes, fartos? Quais milagres você vai ter a ousadia de pedir hoje?

2 março

Riqueza é não se esconder de si.

Dia 61 de 365

Outro dia, durante uma entrevista, me perguntaram: "Ítala, para você, o que é ser mulher?". E confesso: travei. Não por falta de palavras — mas pela vastidão da pergunta.

O que é ser mulher? Que moldura pode conter algo tão vasto, tão múltiplo, tão indomável? Se olharmos para a história, veremos que o que esperam de uma mulher mudou tanto quanto os ventos — ditado por nações, modas, guerras, costumes, interesses. Cada época tentou esculpir um modelo de mulher ideal, ora submissa, ora forte, ora invisível, ora heroína. Mas todas essas tentativas falham diante da realidade: não há uma forma única de ser mulher. Assim como não há uma forma única de ser humano.

Para mim, ser mulher é me descobrir a cada dia. É reconhecer que habito um corpo biológico que me foi dado — com hormônios, ciclos, potência & limites —, mas que minha existência ultrapassa tudo isso. É permitir que cada experiência — o amor, a dor, a maternidade (biológica ou simbólica), o trabalho, a arte, o dinheiro, a riqueza — me revele mais de quem eu sou. Ou do que posso vir a ser. Sem a pretensão de caber em molduras. Sem a pressa de me definir.

Ser mulher, então, é ser livre para ser humana. Para assumir vários papéis ao longo do dia. Para mudar de ideia. Para amadurecer. E talvez, acima de tudo, ser mulher seja reconhecer que cada uma de nós carrega histórias que não sabemos, lutas que não vemos, escolhas que não nos cabe julgar. Não existe forma certa de ser mulher. Existe apenas a coragem de ser. De existir. Ainda que com o compromisso diário de evoluir. Que possamos dar essa permissão a nós mesmas e umas às outras.

✦ REGISTRE

Quem você é hoje, além dos papéis que a sociedade tenta te impor? Que espaços você pode abrir em si mesma para descobrir novas formas de ser, sentir e viver? Como o dinheiro pode te ajudar nessa descoberta?

3 março

Você não nasceu para viver de migalhas.

Dia 62 de 365

Essa verdade dói, mas liberta. Em quantos momentos da sua vida você aceitou menos do que merecia? Uma compra da qual não gostou, mas não fez a troca por preguiça? Uma relação em que dava muito e recebia pouco? Uma venda em que abaixou o preço só para não perder a cliente?

Migalha não sustenta. Morremos por dentro por desnutrição. E a única forma de mudar isso é decidir, de uma vez por todas, que você não nasceu para se arrastar desnutrida pela vida. Você não veio a esse mundão lindo e abundante apenas para sobreviver!

Você nasceu para manifestar a honra e glória de ser "imagem & semelhança" da abundância divina! Mas, para isso, precisa parar de se contentar com o mínimo. Precisa reconhecer o seu valor. Colocar limites. E sustentá-los!

Porque o dinheiro — assim como a vida — respeita quem se posiciona. E se você quiser mais, vai ter que mostrar que realmente está pronta para viver o que merece.

Como registra um princípio da filosofia hermética: "Como é dentro, é fora. Como é acima, é abaixo". Da mesma maneira, como é no micro, é no macro! Como você quer ser tratada pela vida é como você se trata. Pare de admitir migalhas!

✦ REGISTRE

Quais migalhas você vem admitindo em sua vida?

O que você decide parar de admitir hoje?

4 março

Tudo começa no invisível.

Dia 63 de 365

Tem dias em que tudo parece travado. Você faz o que precisa ser feito, cumpre suas metas, se dedica, mas o retorno não vem. Sente-se estagnada, como se a vida tivesse atingido um platô.

Mas deixa eu te lembrar de algo poderoso: o invisível vem antes do visível. Nada nunca está parado. O universo é composto de átomos, energia em movimento. Nossa natureza molecular é o movimento & a expansão.

Porém, assim como a semente precisa de tempo para criar raízes no escuro da terra antes de brotar, os seus processos internos também estão germinando resultados agora, mesmo que você não veja.

A fundação de um arranha-céu é construída no oculto da terra. A raiz que sustenta a árvore mais frondosa e frutífera que já se viu é oculta! A mãe que gera uma vida confia na sabedoria de criação que há em seu corpo.

É na profundidade silenciosa que o invisível gera força para o visível. Sua coragem, sua persistência, suas escolhas diárias — tudo isso está se somando. Não é perda de tempo. É gestação.

Siga regando, adubando e fazendo o que precisa ser feito com sabedoria. Faça o que te cabe e confie no tempo do fruto. A vida está criando estrutura. E, muito em breve, você vai viver o que já está crescendo dentro de você.

✦ REGISTRE

Quais ações você vai realizar hoje que constroem a vida que você quer viver?

5 março

O mundo não vai te dar permissão. É você quem vai ter que se autorizar.

Dia 64 de 365

Ninguém vai aparecer e te dizer: "Agora, sim, você pode ser rica".

Essa permissão não vem de fora. Vem de dentro. Vem do momento em que você se levanta e diz para si mesma que merece uma vida diferente. Que merece conforto, tranquilidade, segurança. Que merece, sim, viver com mais leveza & dignidade. O mundo vai continuar esperando você se acomodar. Mas você não foi feita para viver aquém do que sonha.

A liberdade que você deseja começa no dia em que você se autoriza — a aprender, a mudar, a sonhar grande, a errar e continuar. Se autoriza a prosperar sem culpa. A viver uma vida rica em todos os sentidos.

O que você está esperando para se dar esse direito? A chave está com você. Sempre esteve. E hoje é um excelente dia para usá-la.

✦ REGISTRE

Quanto você realmente quer o que você DIZ querer? Qual ato inaugura seu tempo de permissão? O que você vai fazer hoje para registrar em seu cérebro que se permite viver a riqueza em sua vida?

6 março

Apenas pare de se enganar!

Dia 65 de 365

Talvez você esteja esperando o salário dobrar para começar a investir. Esperando o negócio crescer para finalmente organizar as finanças. Esperando o "dia certo" para começar. Mas deixa eu te contar uma verdade: não se espera ficar rica para começar, se começa para enriquecer!

Uma mente destreinada cria verdadeiras armadilhas. Reflita comigo: quantas vezes você já teve um aumento ou já recebeu um dinheiro inesperado e nada mudou? Logo você voltou a ver o dinheiro sumir, o saldo ficar negativo ou voltou a usar o cheque especial?

Questione-se: se você não conseguiu resolver sua vida financeira até agora, o que te leva a crer que, sozinha, sem nenhum conhecimento novo, você vai conseguir mudar essa realidade? Acorda!

Você está apenas adiando o seu sucesso porque, sim, ele dá trabalho, exige que você rompa com os antigos hábitos e atravesse o vale da mudança! Mas e aí: você está disposta a pagar o preço?

Enquanto você mente para si, está desperdiçando oportunidades valiosas. Tem gente que gera menos do que você, mas investe com consistência. Tem gente construindo aposentadoria mesmo sem a prometida estabilidade de um servidor público. O que as difere de você: CO-RA-GEM!

✦ REGISTRE

Que mentirinhas você vem contando para si mesma?

Qual ato de coragem você vai praticar hoje?

7 março

Coloque rosas no mar da vida.

Dia 66 de 365

Sabemos bem que a vida não é um mar de rosas. Porém, a filosofia egípcia ensina que o mundo é dual, então para tudo que nos acontece, sempre podemos escolher entre reclamar ou agradecer.

Há um conto atribuído a Confúcio que nos convida a um exercício: "Por que compras arroz e flores? Compro arroz para ter como viver e flores para ter por que viver".

Por que não romantizar o seu dia? Por que não acrescentar beleza ao cotidiano? Por que reservar o encanto para as ocasiões especiais?

Hoje, meu convite é para que você romantize o seu dia, sim. Traga flores. Monte uma mesa posta. Tome água na sua melhor taça. Vista-se com aquela roupa que te deixa deslumbrante!

Não dê ouvidos caso sua mente grite: "Mas vai acabar. Mas isso foi caro. É para celebrar ocasiões especiais". Tem motivo mais extraordinário que estar viva? Tem dia mais comemorativo que o hoje? Sua vida é o evento, você é a ocasião especial. Coloque rosas no mar da sua vida!

✦ REGISTRE

Como você pode romantizar o seu dia hoje?

8 março

"Seja você a mudança que quer ver no mundo."
— Gandhi

Dia 67 de 365

Quer um mundo mais justo para mulheres? Quer receber à altura do seu trabalho? Quer reconhecimento? Quer respeito? Comece sendo a justiça, a generosidade e a beleza que tanto sonha ver no mundo. Aja com integridade e honra. Contrate mulheres. Pague sem pechinchar. Respeite o seu tempo e o de outras. Jamais desvalorize outra mulher.

Pedir por mudança é fácil. Toda criança é capaz de espernear pelo que quer. Mas apenas as adultas conseguem sustentar quereres e colocar as mãos na fria argila interna que molda a realidade!

Tenha audácia & coragem de se tornar o ser humano que você tanto adoraria encontrar no mundo. Isso é coerência!

Hoje, desejo que você receba muito além de GIFs de flores e vídeos motivacionais. Desejo que você seja florescimento na vida de outra mulher! Esse é o mundo em que eu quero viver. E você?

✦ REGISTRE

Que mulher você quer ser para o mundo?

9 março

Se é sonho, não tem preço!

Dia 68 de 365

Nós nos acostumamos a legitimar sem questionar sonhos como fazer um intercâmbio, escrever um livro, comprar a casa própria, se casar na praia, trocar de carro. Mas quando o sonho é ter jogos de lençóis de todos os fios, comprar um relógio de luxo, se tornar milionária, ter uma bolsa de determinada marca, aí é exagero!

Isso está errado! Não existe sonho ilegítimo! O dinheiro é seu? Então vá viver seus sonhos sem culpa!

Se disserem que há desperdício em uma maquiagem que custa caro, também há desperdício em uma viagem para o destino tão sonhado! Se não existe valor na mobília assinada por um designer, também não há valor na escola particular mais cara da cidade!

Percebe? Estamos apenas falando de valores pessoais! Da forma como cada pessoa percebe a vida. Superada a sobrevivência, tudo é futilidade. E se tudo já é futilidade, escolha a sua e não se preocupe com o julgamento alheio!

Nem tudo dá retorno financeiro mesmo! Nem tudo se multiplica por juros compostos! Às vezes, o investimento será negativo para rentabilidades financeiras, mas exponencial para rentabilidades existenciais!

Se é sonho, não tem preço! Tem valor. E esse valor só precisa existir para você, ninguém mais. Tendo valor para você, seu dinheiro sempre se multiplica!

✦ REGISTRE

Quais sonhos você não vem se autorizando a viver por medo do julgamento alheio, por culpa ou pela sensação de futilidade?

10 março

A vida não muda com um "quero";
a mudança sempre vem do "basta!"

Dia 69 de 365

Passei anos com medo de fazer uma mastopexia, a cirurgia de redução da mama. Dores e desconfortos diários não foram suficientes para me movimentar. Desejava, mas não decidia. Primeiro limitada pela falta de dinheiro, depois pelo medo dos riscos do procedimento. Apesar de todos os dias desejar a cirurgia, eu segui por quase vinte anos com um pequeno "quero", mas sem um grande "basta".

Até que um dia, depois do meu evento presencial de 2024, eu senti uma força interna sem precedentes até aquele momento. Decidi. Fui ao médico, marquei a cirurgia. Eu não admitia mais seguir daquele jeito. Quase que imediatamente, me questionei: "Por que demorei tanto tempo?". Eu nem me reconhecia mais no espelho, tão forte era a decisão. Eu não aceitava mais seguir com a lamentação. Depois da cirurgia, tive mais certeza: "Por que não fiz isso antes? Por que me torturei por tanto tempo?". E encontrei a resposta em uma frase frequentemente atribuída a Freud: "Quando a dor de não estar vivendo o que se quer for maior que o medo da mudança, a pessoa muda".

A verdade é que toda grande transformação começa com um "não admito mais". O "quero" é suave, já o "basta" é definitivo. Ele carrega a urgência da mudança, o ímpeto de quem está pronta para romper com tudo aquilo que apequena a alma.

DECISÃO. Do latim "*decidere*", que significa cortar, romper, cindir. É na "de-cisão" que o universo se movimenta. Porque o "quero" pode esperar mais um pouco, mas o "basta" não admite esperar nem mais um segundo.

✦ REGISTRE

Qual "basta" precisa ser dado em sua vida?

Qual de-cisão você toma hoje?

11 março

Respirar enriquece!

Dia 70 de 365

Diante de tanto barulho e estímulos, em alguns momentos, parece que nossa mente está desconectada do corpo. Nem habitamos mais nós mesmas. Ocas, ficamos sem energia para construir a riqueza que desejamos.

Até os 25 anos, eu me definia como "ansiosa". Tinha insônia antes de momentos importantes. Passava dias inquieta depois de uma crítica. Até que, no auge do meu descompasso financeiro, com a autoestima aos cacos, uma amiga me sugeriu: "Por que você não medita? Tem mudado a minha vida". Respondi imediatamente: "Isso não dá certo para mim! Sou muito ansiosa". Mas fiquei curiosa e fui estudar o tema. Entendi que meditar não se tratava de calar pensamentos, nem de me tornar uma monja. Era apenas sobre "estar presente".

Comecei com um mísero minuto. Errante. Inconsistente. Dia sim, oito não. Segui. Conheci outras formas de meditar. Observava velas. Respirava "no quadrado". Comecei a ver os efeitos no dia a dia. Pratico a meditação há mais de dez anos. Sou uma nova mulher. Quase nunca fico ansiosa. Mesmo empreendendo. Mesmo tendo problemas como qualquer outra pessoa. Mesmo diante de pandemias ou crises financeiras globais. Sei encontrar o meu centro. E isso se reflete na minha conta bancária. E pode se refletir na sua também!

Hoje, experimente. Inspire lentamente. Repita: "Eu estou aqui". Expire lentamente. Repita: "Eu estou agora". UM MINUTO! Apenas um minuto pode melhorar todo o seu dia. É comprovado. É ciência! E é nesse estado de presença que boas decisões financeiras são tomadas. Soluções assertivas são criadas. Vidas são transformadas.

✦ REGISTRE

Quando foi a última vez que você respirou com intenção?
Alguma vez ficou sozinha, em silêncio, habitando seu corpo?

12 março

**Esqueça as lutas.
Celebre as glórias!**

Dia 71 de 365

Na minha adolescência eu amava uma música que dizia: "Histórias, nossas histórias, dias de luta, dias de glória". Mas, se pensar bem, nossos dias não são apenas de lutas ou de glórias. Ora, se temos lutas diárias e avançamos, então esse mesmo dia já contém sua glória!

A verdade é que os grandes marcos da vida são construídos com pequenas vitórias. Tão singelas que mal cabem nos holofotes instagramáveis e, por isso, muitas vezes esquecemos completamente que essas conquistas também deveriam ser celebradas.

O dia que você acordou mais cedo para escrever aquele livro que sempre sonhara publicar. Aquele outro que não cedeu à sobremesa deliciosa do almoço em família. E quando, mesmo no frio, foi à academia. Nada disso ficou registrado em uma bela imagem! Quem não honra o pouco, tampouco honrará o muito. Quem não se alegra com o tostão, tampouco se alegrará com o milhão!

Nossa mente está sendo treinada todos os dias. Cada escolha reforça um caminho neural. Quem não treina a celebração, treina a ingratidão. "Como é no micro, é no macro." "Como você faz uma coisa, você faz todas as outras."

Meu convite hoje é para você esquecer a luta & ser grata pelas glórias. Para que celebre cada pequena conquista, cada pequeno passo.

✦ REGISTRE

O que você vai celebrar hoje?

13 março

A maturação acontece no caminho, não no ponto de partida!

Dia 72 de 365

Observe uma fruta no pé. Ela não nasce doce. Não nasce pronta. Ela amadurece com o tempo, com o sol, com a paciência do ciclo natural. E é assim com você também.

Talvez você esteja esperando sentir segurança para dar o primeiro passo. Mas segurança não nasce com você. Ela é conquistada. Vem depois — como resultado da prática, da persistência, da coragem de seguir.

É fácil olhar para a minha vida e dizer: "Mas para você é fácil! Você fala bem, tem confiança para investir, tem dinheiro sobrando". E essa é apenas mais uma mentirinha que você se conta. A verdade é que eu passei mais de um ano estudando e sem conseguir investir, porque ninguém ao meu redor investia. Eu já tive salário estável de servidora pública, mas ele sempre acabava no décimo dia útil do mês. Meu primeiro vídeo do YouTube segue disponível. Vai lá ver se eu falava bem!

Luana Carolina, uma mulher por quem nutro admiração virtual, tem uma frase da qual gosto muito: "Boa você se torna!". A prontidão não é um requisito. É uma consequência. Você vai se desenvolver no movimento. Aprende-se a nadar dentro da água, não fora dela. Aprende-se a dirigir dirigindo, não lendo pilhas de livros. Hoje, abandone a ideia de estar "100% preparada" e abrace a verdade mais libertadora: o processo te forja.

E você só vai saborear os frutos se compreender que "se tornar" é um verbo que só se conjuga em movimento.

✦ REGISTRE

Em que você gostaria de se tornar muito boa? O que você pode fazer hoje para desenvolver um pouco mais essa habilidade?

14 março

Não existe liberdade financeira sem autorresponsabilidade.

Dia 73 de 365

Liberdade & autorresponsabilidade são gêmeas siamesas: elas andam juntas, habitam o mesmo corpo. Você não pode esperar viver livre se ainda está presa à ideia de que há "culpados" em sua vida.

Em 2018, eu era policial federal. Apesar de apaixonada pela profissão, entrei em uma crise profissional. Um novo chefe assumira e o ambiente adoecia na velocidade da luz. Era fácil culpá-lo pela depressão em que caí. Até que entendi.

Autorresponsabilidade não era aceitação irrestrita. Não era tolerar o intolerável ou mesmo me culpar por perversões alheias. Era me reconhecer protagonista. Quando decidi buscar ajuda psicológica e psiquiátrica, pude entender que eu tinha opções. Eu não era vítima das circunstâncias. Eu podia escolher.

Não se trata de isentar pessoas das consequências de seus atos, mas de entender que sempre podemos escolher como agir diante do que nos acontece. Eu podia entrar na justiça, podia sair da PF, podia solicitar apoio médico, podia muita coisa. Bastava escolher! Escolhi mergulhar em mim, e foi aí que entendi que não era o tal chefe. Aquela profissão já não fazia sentido para mim havia alguns anos, mas eu negava. O chefe era apenas a gota d'água. Retomei o meu poder e decidi!

Quando você para de esperar que o governo mude, que o chefe melhore, que o mercado cresça ou que a família resolva a sua vida, você inicia a mudança que tanto sonha viver!

✦ REGISTRE

Quem você vem responsabilizando pelos seus resultados?

Que ações autorresponsáveis você pode realizar hoje?

15 março

Não existe riqueza solitária.

Dia 74 de 365

Para existir riqueza neste mundo e nos atuais modelos econômicos, é necessário que haja RELACIONAMENTOS. Desde os tempos dos escambos até a economia descentralizada das criptomoedas, precisamos trocar valores. Quando eu tenho algo de valor que te interessa e você tem algo de valor que me interessa, podemos realizar uma transação.

O dinheiro foi desenvolvido para facilitar as transações de troca. Então, no fim das contas, a construção de riqueza financeira fala muito sobre a capacidade de gerar valor para a vida de outras pessoas e também sobre a quantidade de trocas realizadas nesse processo, ainda que indiretamente.

Mesmo em investimentos no mercado financeiro, no fim da linha está a geração de valor na vida de outra pessoa ou a relação de troca com outros. Olhando por esse prisma, podemos dizer que muitas pessoas fizeram parte da construção da sua riqueza até aqui.

Por isso, meu convite hoje é que você relembre quem gerou valor na sua jornada. Seja porque te ajudou a administrar melhor seu dinheiro, seja porque contribuiu com o começo da sua carreira, ou até aquela amiga que sempre te apoiou nos momentos mais desafiadores. A vida é mais rica quando conseguimos nos sentir gratas a quem colaborou para sermos quem somos.

✦ REGISTRE

Quem foram as dez pessoas que mais geraram valor na sua vida até hoje? Mande uma mensagem agradecendo o valor gerado, ainda que não tenha sido monetário.

16 março

Você está *viva*?

Dia 75 de 365

Olhando o abismo que criei em minha vida, entre a mulher que sou hoje e aquela que já fui um dia, percebo que por muitos anos andei morta em vida. Eu sei. É uma afirmação forte. Mas é real. Eu me anestesiava com álcool, sexo, açúcar, ultraprocessados. Fugia do desconforto de cuidar da saúde todo dia, como estilo de vida, e não como uma meta qualquer a ser atingida. Eu me ocupava com as fofocas familiares semanais e minha maior diversão era me reunir com pessoas que só sabiam reclamar do governo ou do chefe.

Chego a ter arrepios só em escrever isso. Vivia ansiosa. Fugia da minha vida me ocupando da vida alheia! Terceirizava responsabilidades. Tinha todas as "ites": sinusite, rinite, gastrite, dermatite, cistite, vulvovaginite. Tinha ficha médica atualizada mensalmente. Não vivia, me arrastava. Não me desenvolvia, sobrevivia!

Mas foi para isso que viemos a esta terra linda de meu Deus? Sermos sobreviventes? O que te faz se sentir VIVA? O que faz seu coração queimar em paixão pela vida? Vá fazer isso! Vá viver! O maior arrependimento das pessoas em seu leito de morte, segundo a dra. Ana Claudia Quintana Arantes, é não terem vivido a vida que sonhavam. Você está viva ou já morreu?

Deixa eu te contar um segredo: a sua insatisfação financeira não vem da falta de dinheiro. Vem da falta de VIDA! Apresse-se em VIVER! O dinheiro prospera para quem se atreve a estar VIVA!

✦ REGISTRE

O que você pode fazer hoje para se sentir viva?

17 março

Novo investimento: passarinhar.

Dia 76 de 365

Hoje, durante nosso ritual vespertino de caminhar com os cachorros, Vinícius e eu fomos surpreendidos por um som ritmado: toque-toque-toque. Era um pica-pau-de-cabeça-vermelha batendo firme em uma árvore frondosa. Ficamos ali, em silêncio, observando. Um momento simples, mas profundamente restaurador.

Essa experiência me lembrou de uma passagem bíblica em que Jesus discursa: "Por isso, vos digo: não andeis ansiosos pela vossa vida. [...] Olhai para as aves do céu" (Mateus 6,25-34). Uma recomendação espiritual milenar que, hoje, a ciência também endossa.

Em um estudo conduzido por pesquisadores da King's College London e publicado na revista *Scientific Reports* em 2022, foi comprovado que ver ou ouvir pássaros melhora o bem-estar mental por até oito horas após a exposição. Os cientistas notaram que a simples presença de aves no ambiente foi associada à redução de sintomas de depressão, ansiedade e estresse.

Observar as aves, ou "passarinhar", promove atenção plena, reduz o estresse e melhora o humor. É uma forma de se reconectar com o presente, com a natureza e consigo mesma. Essa conexão pode trazer nitidez mental, essencial para tomar decisões financeiras mais assertivas e alinhadas com seus objetivos.

Por isso, meu convite hoje é simples e profundo: vá "passarinhar". Observe. Silencie. Respire. Reserve um momento para observar as aves e receba da natureza essa ferramenta poderosa de geração de riqueza.

✦ REGISTRE

Quando foi a última vez que você se permitiu contemplar a natureza? Como você pode incluir essa rotina em sua agenda? De que forma essa atividade, dentro do seu contexto pessoal, pode influenciar positivamente suas decisões & seu bem-estar?

18 março

Você não é um rascunho.

Dia 77 de 365

Talvez, em algum momento, algo ou alguém tenha feito você acreditar que era inacabada. Que precisava ter uma forma corporal diferente, que precisava ser mais rica ou mais produtiva. Que só quando mudasse seria digna de amor, sucesso e reconhecimento.

Mas deixa eu te lembrar: você já é. Você já é inteira, você já é obra perfeita, você já tem tudo o que precisa para viver o que quiser! Com todas as partes que ainda está ajustando, com todas as dúvidas, com todas as versões que já foi. Você não é um erro. Você não é um esboço. Não precisa de validação. Você é a obra completa, inteira.

Crescer não significa consertar. Significa experimentar o novo. A casa que passa por uma pintura, troca os revestimentos ou amplia um cômodo não deixa de ser casa. Não precisa mexer na fundação!

Crescer significa florescer, mudar, experimentar novas formas do que já é. A argila, em seus diversos formatos, não deixa de ser argila. O mármore esculpido em qualquer peça segue sendo mármore. Você em qualquer profissão, em qualquer papel social, com qualquer saldo bancário, segue sendo humana! Demasiado humana.

Por isso, ocupe o espaço que já é seu. Com mais confiança, com mais liberdade, com mais consciência do seu valor. Hoje, em vez de se olhar como um projeto inacabado ou defeituoso, olhe-se como uma mulher em evolução. Completa. Abundante. Potente.

✦ REGISTRE

Em quais espaços ou papéis você ainda se sente errada, inacabada, imperfeita? Como você pode mudar essa autopercepção?

19 março

Tem coisa que só você pode se dar.

Dia 78 de 365

Você pode receber elogios, ser aplaudida, ganhar reconhecimento no trabalho, ser admirada pela família. Mas, se dentro de você ainda existe um vazio de autovalidação, nada disso vai te preencher de verdade.

Muitas de nós crescemos achando que só teríamos valor diante do acerto na prova, do sorriso dos familiares, do "boa menina" dos pais! Levamos isso para nossos relacionamentos afetivos, conjugais e profissionais. Seguimos pela vida esperando o próximo *like* na foto perfeitamente editada!

Mas deixa eu te contar: depois que nos tornamos adultas, somos pais e mães de nós mesmas. Somos essa fonte de nutrição. Somos responsáveis por encontrar dentro a validação que nos ensinaram a buscar fora.

Existem coisas que só você pode oferecer a si mesma — e o amor-próprio é uma delas. Autoestima não se compra na "quitanda do seu Zé". Valor pessoal não está disponível para empréstimo no banco! Autorrespeito não se manipula em farmácia! São construídos no silêncio do mergulho interno. No tempo dedicado ao autoconhecimento!

Talvez você tenha passado a vida esperando que os outros enxergassem sua grandiosidade. Mas hoje é dia de virar essa página. É hora de olhar para si com mais generosidade, de se priorizar, de reconhecer seu imenso valor!

✦ REGISTRE

Quais são suas habilidades técnicas, emocionais & comportamentais? Quais conquistas você mais se orgulha de ter atingido em sua vida? Reconheça sua evolução!

20 março

Só enriquece quem empreende!

Dia 79 de 365

Sim, essa é a verdade! Só enriquece quem empreende. Se você é servidora pública, autônoma, profissional liberal ou CLT, se quiser construir riqueza, também vai ter que empreender!

Empreendi enquanto era policial militar, depois na Polícia Federal e, por fim, na Multiplique Educação Financeira. Empreendo na minha família, no meu casamento e na minha vida espiritual! Empreendo com minhas amigas e com minhas alunas. Empreendo meu saldo bancário. Empreendo a vida! E te convido a fazer o mesmo.

Empreender é um estado de espírito! É a capacidade de ver além do que já existe. É criar, contribuir, gerar valor! Seja lavando um prato ou escrevendo a quinta sinfonia, que o façamos empreendendo — tentando ser melhor.

Empreender vem do latim "*imprehendo*" ou "*impraehendo*", que significa "tentar executar uma tarefa". A raiz da palavra "*prehendere*" quer dizer "tomar a resolução de fazer algo".

Pergunto-me "Qual tarefa?". Encontro minha resposta depois de ler, em *Como superar seus limites internos*, de Steven Pressfield, que "o Todo-Poderoso [...] o criou com dons especiais para a finalidade única de fazer a humanidade se adiantar um milímetro no caminho de volta a Ele". A tarefa, portanto, é levar a humanidade um centímetro mais próximo da imagem e semelhança de Deus. Deus que somos!

✦ REGISTRE

Em quais áreas da sua vida você ainda não vem empreendendo?
Como pode passar a empreender nelas a partir de hoje?

21 março

Que esqueleto você guarda no armário?

Dia 80 de 365

Muitas pessoas lidam com o dinheiro de forma inocente. Ingênua. Outras, com ganância. Com esperteza maldisfarçada de inteligência. Apontam para os políticos, julgam os sistemas, denunciam a corrupção institucionalizada. Mas se esquecem de uma coisa simples & essencial: os políticos não vieram de outro planeta. A sociedade não é formada por ETs. É feita de gente. Gente como nós.

Reclamam da dívida pública, da saúde sucateada, das escolas desestruturadas. Mas, na vida privada, cometem os mesmos delitos que tanto criticam. Deixam de pagar o licenciamento do carro porque acham "um absurdo" o valor da taxa. Omitem renda, criam caixa dois, sonegam impostos. E tudo parece normal, porque "todo mundo faz" e "o governo abusa do cidadão de bem". Compram produtos piratas, rateiam cursos, copiam posts, apossam-se até de frases! Mentem ao parceiro sobre as compras. Distorcem gastos. Escondem dívidas. Riem das próprias pequenas fraudes, mas não percebem: estão construindo um porão pessoal cheio de corpos.

Como num filme de terror, vivem tensas, torcendo para que ninguém descubra. Mas o cérebro já sabe. E, diante dessa incoerência, ele gera perda. Gera culpa. Gera destino. Por isso o dinheiro some. A reserva evapora. O investimento dá errado. Os imprevistos aparecem. Não é azar. É incoerência.

Quer enriquecer de verdade? Tire o esqueleto do armário. Olhe com coragem para seus pequenos crimes financeiros. Admita. Corrija. Recomece. A integridade é o solo onde a verdadeira riqueza frutifica. Você pode até errar, mas que nunca falte integridade para reparar.

✦ REGISTRE

Existe alguma incoerência entre o que você diz e o que faz com seu dinheiro? Que "esqueleto" precisa ser tirado do armário hoje para que sua vida financeira possa finalmente prosperar?

22 março

Água ou oceano?

Dia 81 de 365

Soul, da Disney, é um dos meus filmes preferidos da vida. De forma lúdica, ele toca em questões que a filosofia e a espiritualidade muitas vezes não conseguem explicar.

Uma das cenas mais emblemáticas acontece quando o protagonista realiza um grande sonho. Em vez da euforia esperada, sente-se vazio. Em meio à decepção, escuta uma metáfora que traz profunda reflexão: um peixinho, em uma jornada pessoal em busca do oceano, se aproxima de um peixe mais velho e pergunta onde encontrá-lo. O mestre sorri e responde: "Ora, ora, meu jovem. Você já está no oceano". Mas o jovem peixinho, incapaz de reconhecer a grandiosidade que o envolve, insiste: "Isto? Não, senhor. Isto é apenas água".

Quantas vezes fazemos o mesmo? Passamos a vida perseguindo marcos futuros — um aumento de salário, um diploma, um relacionamento, um saldo bancário — e, quando eles chegam, logo os banalizamos. Não celebramos. Não reconhecemos que já estamos mergulhadas no oceano de milagres que um dia ousamos sonhar. Nosso estado de espírito, como mostram diversas pesquisas, tende a orbitar em torno de um "ponto de ajuste" emocional. Podemos ter picos de felicidade ou tristeza, mas invariavelmente retornamos à nossa média habitual. Por isso, trabalhar intencionalmente para elevar essa média é sabedoria prática — e financeira também.

Cuidar do seu dinheiro, do seu tempo e do seu estado de presença é cuidar da sua riqueza. E, quanto mais alto for o seu patamar de percepção & gratidão, mais abundante será o oceano onde você nada todos os dias. A vida é breve demais para você navegar distraída. Hoje, antes de buscar mais, pare por um instante. Reconheça em gratidão: você já está no oceano.

✦ REGISTRE

Qual conquista você tem tratado como "apenas água"? Como pode, hoje, celebrar e se encantar com o oceano onde já vive?

23 março

Cada escolha, uma renúncia — isso é liberdade!

Dia 82 de 365

A gente cresceu achando que liberdade é fazer tudo que se quer. Mas liberdade real é saber o que se quer e ter coragem de decidir. Toda escolha carrega uma renúncia. Isso não é fracasso. É nitidez. É maturidade. É compromisso com a vida que você deseja construir.

O problema é que muitas mulheres tentam abraçar tudo ao mesmo tempo — e acabam paralisadas. Foram educadas para agradar a todos, menos a si! Não conseguem dizer "não" em paz! Vivem sobrecarregadas, ansiosas, sem saber por que se sentem tão perdidas. Escolhem a viagem dos sonhos, mas cedem a cada pedido de doação no grupo da família! Escolhem trocar de carro, mas cedem a cada convite das amigas para uma nova confraternização! Escolhem começar a investir, mas cedem a cada ímpeto de deixar para depois! E nem estou falando só sobre dinheiro. Nossa energia e tempo de vida, esses, sim, são realmente limitados!

Não se trata de fechar portas para sempre. De perder todo o resto. Trata-se de decidir experimentar uma nova realidade e só partir para uma próxima opção quando aquela escolhida já foi alcançada!

Decidir é se libertar. É diminuir o excesso. Ter serenidade de direção. Nitidez para a ação. E quando você começa a escolher com consciência, começa também a viver o que realmente deseja.

✦ REGISTRE

O que vem te distraindo dos seus reais objetivos? Como você pode se manter atenta & direcionada aos seus sonhos?

24 março

Você não prospera porque não sabe receber.

Dia 83 de 365

Já fui protagonista e espectadora dessa cena dezenas de vezes. Alguém elogia uma mulher: "Amiga, que vestido lindo! Você está radiante". E a resposta vem com pressa, quase como uma defesa: "Imagina! Esse vestido é tão velho, foi tão baratinho!". Ou ainda: "Nossa, eu? Olha quem fala!".

Essa dificuldade de receber não é uma questão de modéstia, mas de merecimento. É como se, no fundo, uma voz interna bradasse: "Se enxerga. Você nem é tudo isso". E assim a riqueza escorrega como se você fosse de teflon. Você até toca o que é bom, mas não retém. Não sustenta.

Eu já fui essa mulher. Me justificava a cada elogio. Me constrangia a cada presente. Achava que precisava ser humilde, mas, na verdade, tinha medo. Medo de ser vista, de ser diferente, de reconhecer que sou digna do que é bom, belo e abundante.

Se você não aprende a receber, a vida não insiste em te ofertar, porque você repele aquilo que tanto diz querer. Receber exige graça. Um "Ah, obrigada!" firme, inteiro, sem culpa ou justificativa.

A solução é treinar a voz interior para repetir: "Eu mereço tudo de bom que me acontece". Porque merecer não é arrogância. É um ato de maturidade espiritual. É reconhecer que você tem muito valor, mesmo quando ainda está em construção.

✦ REGISTRE

Como você tem reagido aos elogios, presentes & bênçãos da vida? O que pode afirmar, em voz alta, para se tornar mais receptiva ao que já é seu?

25 março

Seu banho evidencia a forma como você lida com o dinheiro.

Dia 84 de 365

Um ato tão corriqueiro como tomar banho fala muito sobre a forma como usamos, investimos e desfrutamos o nosso dinheiro!

"O que for a profundeza do teu ser, assim será teu desejo. O que for o teu desejo, assim será tua vontade. O que for tua vontade, assim serão teus atos. O que forem teus atos, assim será teu destino." (Brihadaranyaka Upanishad IV)

Se seu banho é sempre corrido, se você não se permite um momento de calmaria e prazer, se não se possibilita usar um bom sabonete que te desperta os sentidos, possivelmente você perdeu sua capacidade de receber!

Receber dinheiro, receber os frutos dos seus investimentos, receber presentes, receber gentilezas, receber a vida! Para gerar e multiplicar dinheiro, precisará fazer o caminho de volta: aprender a receber. Sem culpa, sem desculpas, sem justificativas!

Tomar um banho com calma, permitir-se usar um sabonete cheiroso fala sobre seu tempo de respiro, seu autocuidado, seu tempo para si. Fala de um estado de permissão interno, sem ter que dar explicações, apenas pelo que se é! Seu banho não é apenas um momento de autocuidado. É um manifesto de como você se permite levar a vida!

✦ REGISTRE

Você se sente merecedora do bom & do melhor desta terra? Quando você recebe um elogio, agradece ou se justifica? Você gosta dos seus sabonetes? Você se permite tomar banho com calma?

26 março

Mais rápido não significa melhor.

Dia 85 de 365

Vivemos em um tempo em que ser rápido virou sinônimo de sucesso. Queremos fast food, retornos financeiros imediatos, amores instantâneos. Na boa? A essa altura da vida, já sabemos muito bem que isso não existe. Não leva a lugar algum. É apenas jogada de marketing. Ou pior, de golpistas!

Tocamos nossa vida como nos ensinam nas propagandas: produz, entrega, responde, corre, seja valorizada. Mas a pergunta é: valorizada por quem? E a que custo? Acelerar em direção ao abismo não faz crescer. Faz quebrar!

O excesso de velocidade rouba a paz, a presença, a lucidez. "Dirija com segurança. Respeite a velocidade!", dizem as placas. Qual a velocidade? A da sua sanidade mental!

Carro que corre o tempo todo funde o motor! Nem todo passo precisa ser largo. Há grandeza na pausa. Há sabedoria no descanso. Há criatividade no ócio!

Hoje, permita-se diminuir o ritmo. Faça uma coisa por vez. Caminhe em vez de correr. Ouça sua respiração. A prosperidade também mora na serenidade.

✦ REGISTRE

Você vem cultivando pausas? Tem reservado tempo na sua agenda para o descanso?

27 março

Riqueza tem gosto de quê?

Dia 86 de 365

Quando eu era criança, recordo que, em algumas sextas-feiras, meu pai me dava dinheiro para comprar lanche na cantina da escola. Nos demais dias, ou eu levava lanche de casa ou não comia. Fato é que, quando ele me dava dinheiro para o lanche, era sempre às sextas! Um real. "Traga o troco", ele sempre dizia!

Na cantina, meu pedido era sempre o mesmo: queijo-quente. Pão seda com manteiga (assim chamamos em Maceió (AL), no resto do Brasil é o "pão de hot dog"), assadinho na chapa quente, com queijo prato e maionese. Aquele singelo queijo-quente fazia eu me sentir a criança mais rica da escola! Ainda que nem de longe eu o fosse.

Em outros dias, minha mãe me pedia para ir à padaria. Um real comprava dez pães. Mas, às vezes, ela me dava umas moedas a mais e me deixava trazer salgadinho de queijo assado para casa.

Já quando ia passar férias na casa de meu tio-avô em Pão de Açúcar, no sertão alagoano, aquele um real que ele às vezes me dava pagava a rodada de picolés da criançada. Dez centavos cada. Isso era riqueza na minha infância!

Hoje, em minhas viagens, sempre tento me expor a diversas experiências. Cheiros, sabores, texturas. Ganho referência, expando repertório. Mas confesso que, em qualquer lugar que chegue, de Dubai a Londres, pedir um queijo-quente, um salgadinho de queijo assado ou um picolé adocicado me faz reencontrar aquela menina. Olho nos olhinhos felizes dela e digo, confiante: "Deu tudo certo, Tatá! Pode pedir o que quiser!".

✦ REGISTRE

O que te faz se sentir muito rica? O que era riqueza na sua infância? Como você pode se lembrar de quanto avançou na vida e que já vive as preces que fez um dia?

28 março

Querer desistir é um excelente sinal.

Dia 87 de 365

Ninguém pensa em desistir da Netflix. Ninguém considera romper com a torta de banana. A gente só pensa em desistir daquilo que importa. Daquilo que desafia. Porque o que não exige nada de você simplesmente se encaixa na rotina como mais uma distração — não como transformação.

Se hoje você está cogitando desistir de algo, pare e observe: talvez seja só porque isso está te levando além. Pode ser que, sim, o ciclo tenha se encerrado. Mas pode ser que ele esteja apenas te desafiando a crescer.

Eu pensei em desistir deste livro. Pensei em desistir de cuidar da minha saúde. De seguir com um projeto que amo e viver da renda dos meus investimentos. Já cogitei desistir do meu casamento. Já duvidei de mim muitas vezes — e talvez você também. Mas todas essas dúvidas carregavam, na verdade, um sinal: aquilo que me fazia pensar em desistir era exatamente o que exigia aperfeiçoamento.

Com o dinheiro também é assim. Você vai duvidar se tem mesmo vocação para enriquecer. Vai querer gastar tudo sem questionar nenhuma compra. Vai sentir medo nas crises, nas oscilações. Vai pensar que está sonhando alto demais. É mais fácil desistir. E se esse sintoma aparece, é porque você está em movimento, na zona de crescimento. A rota está ajustada. Continue!

Pensar em desistir não é fracasso, é sinal de avanço. Em dias assim, celebre. Descanse! Você só precisa de um respiro antes do próximo voo.

✦ REGISTRE

O que em sua vida te faz pensar em desistir — e por quê?
Será que você não está, na verdade, crescendo?

29 março

O crescimento não é linear.

Dia 88 de 365

Pelos contos de fadas ou pelos vlogs bem editados, nos fizeram acreditar que o crescimento é linear. Como um gráfico, que ponto a ponto vai elevando o nível de resultado. Mas não é bem assim!

Já empreendi várias jornadas nesta vida. Passar em vestibular, em concurso, em teste físico. Já fui bailarina, aprendiz de pianista e enxadrista. Sigo evoluindo a performance do meu corpo, dos meus investimentos e da minha empresa. Sigo me desenvolvendo como esposa, filha, amiga, professora, palestrante, escritora, empresária, mentora e tantas outras. E posso afirmar categoricamente: o crescimento não é nada linear!

Um fato que marca bem essa afirmação diz respeito à mudança do meu corpo físico. Eu me lembro de, em determinado momento, seguir rigorosamente a dieta e os treinos prescritos pelos profissionais que me acompanhavam e, ainda assim, não ver qualquer mudança nas métricas corporais, mas perceber total diferença no que via no espelho. Para mim, os sinais ali estavam nítidos. Em outros momentos, sentia que estava piorando, mas as métricas diziam que eu estava melhorando. "Só pode ser mentira", eu pensava!

A verdade é que o crescimento está mais para uma cadeia de montanhas do que para o lançamento de um foguete. Mais para um gráfico econômico do que para uma reta geométrica!

Crescemos entre quedas. Caímos entre picos. Ou você ajusta sua estabilidade emocional para lidar com o movimento natural de refluxo da vida, ou vai viver sempre amedrontada com os vales. Há riqueza & propósito no vale. Encare-os como parte do movimento natural da vida. Não se agarre ao medo. Não se apegue aos ápices!

✦ REGISTRE

Quais apegos estão impedindo o seu crescimento financeiro?

30 março

"Tudo aqui já foi um sonho."

Dia 89 de 365

Não, essa frase acima não é minha. Certo dia, ao chegar em um salão que frequentava em Limeira (SP), eu me deparei com ela escrita em um ladrilho. Gostei tanto que pedi o link de compra para a cabeleireira. Ela se tornou um mantra para mim, tanto que, depois de repeti-la inúmeras vezes em minhas redes, comecei a ganhar diversos quadros com a mesma frase.

Acredito que viemos a esta terra para desenvolver nossa potência criadora. Por isso, o sonho, para mim, é algo maravilhoso! É ele que cria mundos, que nos convida à criatividade & à experimentação.

Mas, num mundo em que se tornou normal manipular o desejo das pessoas para elas se sentirem menores, acaba sendo comum nos esquecermos de agradecer pelo que já conquistamos.

Desfrutamos a expectativa do sonho, mas não nos deleitamos com as realizações. Estas se tornam cada vez mais fugazes. Vemos pessoas eternamente insatisfeitas, porque, ao alcançarem uma meta, já estão vidradas na próxima.

Pense: se essa manhã você tivesse acordado apenas com aquilo pelo que agradeceu ontem, o que ainda teria?

Por hoje, lembre-se de que você já vive orações sussurradas em choros silenciosos! Milagres pedidos em dias sombrios. E promessas que jamais ousou imaginar! Seja grata! Caso contrário, qualquer riqueza que você vier a construir em vida será sempre insuficiente para sua mente desatenta!

✦ REGISTRE

Olhe ao seu redor: consegue numerar quantas bênçãos, sonhos e milagres você já vive? Pelo que você é grata hoje?

31 março

Fim de um ciclo — mas só para quem teve coragem de viver.

Dia 90 de 365

Noventa dias se passaram. Você ainda se lembra das metas que definiu para esse novo ano?

A rotina se instala, os dias nos comprimem, o barulho nos cala. Precisamos nos manter atentas ou nos perderemos de novo na dispersão alheia.

Já parou para pensar quem ganha com a sua distração? Quem ganha quando você se perde de si e dos seus reais sonhos?

Se você mantém um mapa de realizações por perto, talvez seja mais fácil se lembrar. Mas a verdade é que até uma imagem pode passar despercebida para uma mente exausta. Então precisaremos de aliadas para esta jornada. Pessoas que sejam guardiãs dos nossos planos, um ombro amigo ou um sacode necessário!

Hoje é um bom dia para você marcar um café com uma amiga querida e partilhar os seus planos. Um bom dia para dar este livro a quem também precisa voltar ao prumo. Hoje é um bom dia para encontrar aliadas.

✦ REGISTRE

Quem são suas aliadas nesta jornada de enriquecimento?

ABRIL

1º

Qual mentira norteia sua vida?

Dia 91 de 365

O Dia da Mentira, comemorado no primeiro dia de abril, surgiu na França no século XVI, quando o calendário juliano foi substituído pelo calendário gregoriano, que passou a comemorar o Ano-Novo em 1º de janeiro. Quem resistiu à mudança foi alvo de brincadeiras, como convites para festas que não existiam. Essas pessoas foram apelidadas de "tolos de abril".

A bem da verdade, não precisamos de ninguém para nos fazer de tolas! Fazemos isso muito bem sozinhas. Nenhuma mentira machuca tanto quanto aquelas que repetimos para nós mesmas. "Semana que vem eu me organizo." "Dinheiro não é meu forte." "Investir é arriscado demais." "Isso de riqueza não é para mim." Essas frases parecem inofensivas, mas te aprisionam no exato lugar do qual você afirma querer sair!

Mas sabe o que é pior? Você começa a acreditar em tudo aquilo que é repetido muitas vezes. Essas "mentirinhas" se tornam sua narrativa. Tatuadas em sua vida. Denunciadas por seus resultados! Ninguém está isento delas. Passei muito tempo dizendo que era descontrolada. Que organização financeira não era para mim. Isso para falar apenas das "mentirinhas financeiras". Se não vivemos a realidade que desejamos, é exatamente por conta das narrativas destrutivas que contamos a nós mesmas. Para a mudança acontecer, será preciso parar de se enganar.

Hoje, eu quero te convidar a olhar no espelho & ter coragem de dizer: "Eu me enganei até aqui, mas não vou continuar mentindo para mim". A sua liberdade começa quando você escolhe a verdade. Porque, como disse um homem sábio: "Conhecereis a verdade, e a verdade vos libertará".

✦ REGISTRE

Quais mentiras você tem contado para si mesma e que hoje decide parar de admitir em sua vida? Qual verdade você vai colocar no lugar de cada uma delas?

2 abril

Construa tua riqueza como quem faz uma oferenda.

Dia 92 de 365

Certo dia, em uma palestra da professora Lúcia Helena Galvão, por quem nutro muita admiração e gratidão, a ouvi relatar que, antes de começar cada palestra, aula ou curso que ela ministra, sempre oferece aquela obra à vida, como uma oferenda a uma entidade maior.

Achei esse relato tão poético & simbólico que meus olhos marejaram no mesmo momento. Pensei nos meus atos, na minha obra na Multiplique e como ela poderia ser uma oferenda a cada mulher que veio antes de mim. À minha mãe, que ainda menina começou a trabalhar para ajudar no sustento da casa. Às minhas avós, que passaram fome e medo se retirando do sertão alagoano. Às minhas bisavós, que sofreram violência, foram castradas pela sociedade e caladas, às vezes a tapas, por seus maridos!

Passei a oferecer cada ato do meu dia, inclusive a escrita deste livro, às forças que me guardam, à fé que me sustenta, ao bem que me guia! Passei a oferecer tudo a cada mulher que precisa de uma resposta, que deseja mais da vida, e a cada mulher que, em algum momento, já apoiou o meu trabalho.

Sua riqueza não precisa ser apenas por você. Cada escolha intencional, cada decisão desafiadora, cada renúncia silenciosa pode ser uma oferenda a um propósito maior.

✦ REGISTRE

Como seria seu dia se você tratasse cada ato como uma grande oferenda a algo ou alguém em que você acredita?

3 abril

Você tem a vida financeira que você tolera.

Dia 93 de 365

Por mais duro que seja reconhecer, a vida financeira que você tem hoje é um nítido retrato daquilo que você tolera. Não é castigo, é consequência. E você tolera exatamente o que sente que merece.

Em 2019, li *Os quatro compromissos*, de Don Miguel Ruiz, e senti um soco no estômago com a seguinte passagem: "Durante toda a sua vida, ninguém fez você sofrer mais do que você mesmo. E o limite desse autossofrimento é exatamente o limite que você irá tolerar nos outros. Se alguém faz você sofrer um pouco mais do que você mesmo, provavelmente você se afastará dessa pessoa. Mas, se alguém faz com que você sofra menos do que você costuma fazer, com certeza você permanecerá no relacionamento, sendo capaz de tolerá-lo infindavelmente".

Eu havia acabado de passar por períodos de assédio moral na PF. E, naquele momento, entendi que só suportei tanto tempo porque eu era ainda mais assediadora comigo mesma. Foi assim no meu primeiro casamento. Foi assim com amizades disfuncionais. Foi assim com meu período de descontrole financeiro. Eu não achava que poderia ser rica. Uma voz dentro de mim ria da minha cara. E ri da sua também: "Você, rica? Para! Olha só para você!", "Você, investidora? Você não sabe a tabuada depois do cinco. A quem quer enganar?". E quantas outras frases você jamais diria a ninguém, mas diz todos os dias a si mesma?

Não tolere mais! Mande essa voz se calar! Não lhe dê ouvidos. Ela se alimenta das ações que reforçam que ela está certa sobre você. Mas não está. É apenas uma narrativa alimentada por anos, talvez décadas. Às vezes, por toda a vida! Pare de tolerar! Construa bons diálogos internos.

✦ REGISTRE

Qual nova narrativa sobre si mesma você gostaria de construir? Como você pode nutri-la todos os dias?

4 abril

Pare de pedir permissão.

Dia 94 de 365

Quantas vezes você já deixou de fazer algo importante porque estava esperando alguém te validar? Pior, aguardando a confirmação de que "você está tomando a melhor decisão & vai dar tudo certo".

Deixa eu te contar: cada pessoa está lidando com seus próprios problemas. Inclusive aquelas muito próximas a você, como seu companheiro, seus pais ou suas melhores amigas! Ninguém vai te dizer quando o momento certo chegar. Até porque ele não chega — é criado. Por você! Se você vive esperando a autorização dos outros para agir, vai passar a vida toda presa num lugar que já não te serve mais. Além disso, ninguém tem todas as respostas. Na vida adulta, não há garantias! Viver envolve riscos. E investir também! Não existe isso de "100% de certeza".

A única certeza que temos é que o plantio pode até não resultar em colheita, mas 100% de todas as colheitas, um dia, foram plantadas! Vale muito plantar, mesmo que vente e haja tempestades. Esses são os riscos do mundo. Precisamos estar preparadas para eles. Isso é viver!

Hoje, dê a si mesma a permissão que tem esperado dos outros. Permissão para mudar, para errar, para crescer, para tentar de novo. A sua permissão é a única que importa. Você não precisa ser escolhida por ninguém. Só precisa se escolher.

✦ REGISTRE

Você tem esperado por validação na sua vida financeira?
Como pode desenvolver autoconfiança para dar a si mesma a validação, as garantias ou a permissão que busca fora?

5 abril

Ser destemida não é ter coragem.

Dia 95 de 365

Outro dia, recebi a seguinte pergunta numa rede social: "Te acho muito destemida. Como desenvolver essa coragem?". A primeira coisa que me veio à cabeça foi: "Mas quem falou que eu sou destemida?".

A construção da pergunta em si já é um paradoxo! Destemida, segundo a filosofia, é aquela que não tem ou que despreza o medo. E, definitivamente, eu tenho meus medos. Também ajo sem todas as certezas de que gostaria e, por vezes, temo o erro como qualquer pessoa treinada num sistema educacional que pune a resposta não gabaritada!

Por outro lado, ser corajosa é avançar e superar seus medos! Sim, eu me considero corajosa! Porque sempre tive um grande medo e agi para superá-lo: o medo de desperdiçar a minha vida. De viver uma vida distante de mim. Oca, distraída, frustrada!

Ser destemida pode ser não ter mais nada a perder. Pode ser ímpeto, fuga, hábito. Muitas vezes, imaturidade e falta de compreensão sobre o funcionamento da vida! A coragem, ao contrário, é lúcida. Ela vem mesmo quando há muito a perder. Mesmo quando o medo lateja nos ossos. Mesmo quando alguém segura sua mão.

Coragem é ação com consciência. Não é ausência de medo, é presença de propósito. A mulher verdadeiramente corajosa não se joga — ela escolhe saltar, mesmo tremendo. A coragem não é um superpoder. É um treino diário. É o pequeno "sim" dado com fé. É o "não" sustentado, mesmo entre lágrimas.

✦ REGISTRE

Você tem sido destemida ou corajosa? Que atitude de coragem financeira você pode tomar hoje?

6 abril

Só a prática não te aprimora.

Dia 96 de 365

Dizem que "a prática leva à perfeição", mas essa frase está incompleta e pode causar muitos danos. Inclusive, neste exato momento pode estar provocando diversas perdas na sua conta bancária.

Assim que recebi meu primeiro salário, em março de 2007, ganhei do banco um cartão de crédito, limite de cheque especial e uma margem consignável! Nunca ninguém me ensinou a lidar com aquelas ferramentas. E foi assim que, durante sete anos, eu pratiquei muito. Mas, longe de chegar à "perfeição", eu fui à ruína!

Quem fala há quarenta anos não necessariamente é uma excelente oradora! Quem corre há quinze anos não necessariamente vai ganhar uma medalha olímpica! A prática só não basta. É preciso de método. De aprimoramento contínuo! De intenção de melhoria. De acompanhamento de resultados. Não apenas "prática e repetição". Fazer do jeito errado não te edifica. Te destrói!

Na vida financeira, vemos isso o tempo todo. Mulheres que trabalham com dedicação há décadas, mas continuam estagnadas, nunca veem a cor do dinheiro. Sempre com uma parcela inexplicável. Sempre deixando o dinheiro na poupança.

Se ninguém te ensinou, se sua prática não está trazendo os resultados que você gostaria: peça ajuda. Vá aprender. Busque treinamento! Só assim a prática nos levará à satisfação!

✦ REGISTRE

O que você tem repetido em sua vida financeira que não está dando resultado? Como você pode refinar sua prática hoje?

7 abril

Desejo ou distração?

Dia 97 de 365

Encher o passaporte de carimbos, ter uma casa com lareira ou 1 milhão na conta pode parecer o ápice da liberdade financeira ou apenas uma forma sofisticada de prisão. Depende da origem do desejo.

Desejar é incrível. Eu acredito, inclusive, que o desejo nos aproxima de Deus, pois nos coloca em posição de criadoras da nossa vida. Mas o desejo que edifica é o desejo intencional! Nem toda viagem é sonho. Às vezes, é fuga. Nem toda meta é propósito. Com frequência, é prisão social. Tem gente comprando apartamento quando queria mesmo era ser "nômade". Tem gente ganhando promoção no trabalho, com saudade da época que dormia sem tarja preta!

Lembro-me bem de quando a vida me cobrou esse ajuste de conduta. Eu estava na PF, concursada, num cargo de prestígio social & estabilidade financeira. Recém-casada com o homem dos meus sonhos. Dois carros, dois cachorros, uma casa com grama. Reserva da Paz completa. Investindo para minha aposentadoria. Viajando para o exterior duas ou três vezes no ano. Fazendo de tudo para me distrair da infelicidade que assolava os meus dias. Profundamente desconectada dos anseios da minha alma. Desconectada de mim. Vivendo sem propósito.

A satisfação financeira vem quando nos permitimos parar de perseguir o que "dizem que é bom" e começamos a construir uma riqueza verdadeiramente nossa. Não se distraia. Dinheiro sem propósito é apenas um grilhão dourado.

✦ REGISTRE

O que você tem desejado só porque "todo mundo" diz que é bom? Alinhada com seus valores pessoais, o que você gostaria de experimentar, viver, realizar de verdade?

8 abril

"Meninas de orfanato
se contentam com pouco."

Dia 98 de 365

Essa frase me atravessou como um sussurro antigo enquanto eu lia *Água fresca para as flores*, de Valérie Perrin. Uma sentença simples, mas poderosa. Que, de alguma forma, parecia falar sobre mim. Talvez, sobre você. Sobre todas nós que não nascemos herdeiras — mas que carregamos em silêncio as marcas da escassez.

Não, eu não cresci em um orfanato. Tive o imenso privilégio de ter pais presentes e amorosos. Mas cresci ouvindo de diferentes pessoas: "Isso é coisa de gente rica, menina", "Melhor não criar expectativa", "Quem muito quer, nada tem" e "O importante é ter saúde". E assim, por muito tempo, segui convencida de que desejar mais era pecado. Que ser modesta era virtude. Que viver com pouco era sinal de nobreza.

Acontece que, aos poucos, essa humildade mal interpretada virou resignação. Aprendi a aplaudir migalhas. A aceitar relações medíocres. Trabalhos insuportáveis. Pagamentos pífios. Tudo porque, no fundo, acreditava que era no "pouco" que eu cabia e que pedir mais era pedir demais.

Mas deixa eu te contar: esse "se contentar com pouco" foi o maior roubo da nossa história, porque nos fez esquecer da abundância que é nossa por direito. Herança divina. "Imagem & semelhança!" Hoje, eu escolho desejar mais. Não por ganância. Mas por dignidade. Por honra a quem veio antes e nem sequer pôde sonhar. Mas, principalmente, por lealdade à mulher que nascemos para ser.

✦ REGISTRE

Você tem se contentado com pouco? Em que áreas da sua vida você sabe que merece mais — e está pronta para começar a pedir, agir e receber?

9 abril

"Nenhum dinheiro resolve o seu problema se você não resolver o seu problema com o dinheiro."

Dia 99 de 365

Essa frase é minha. Nasceu durante uma sessão de mentoria, enquanto eu explicava algo às minhas alunas — e, sem perceber, também revisitava a minha própria história. Já fui completamente desorganizada financeiramente. Já usei o consumo como escape. Já acumulei mais de 150 mil reais em dívidas.

Não é o aumento de salário que vai mudar sua vida. Não é a herança. Não é um contrato novo. Tampouco o prêmio da loteria. O que vai mudar de verdade a sua vida é a transformação do seu relacionamento com o dinheiro. É a criação resiliente dos hábitos que constroem a pessoa capaz de sustentar a riqueza que você deseja ter!

Já atendi mulheres com renda de seis dígitos mensais e dívidas de sete! Já vi outras, com um salário mínimo, construírem a Reserva da Paz e realizarem sonhos de família. Porque o problema nunca é só a quantia. É a incapacidade de gerir & multiplicar com responsabilidade o que já se tem!

Se o dinheiro chegou e foi embora — até mais de uma vez na sua vida —, talvez seja hora de parar de correr atrás do "mais" e começar a construir o "melhor". Porque dinheiro sem preparo é vendaval. E a verdade é que nenhum dinheiro resiste a quem resiste ao dinheiro.

✦ REGISTRE

Você tem buscado apenas mais dinheiro ou tem se construído como uma pessoa melhor para saber lidar com ele?

10 abril

Herdeiros do meu coração.

Dia 100 de 365

Escolhi, por opção, não ter filhos paridos por mim. Mas a vida, com seu senso de humor irônico, arranjou um jeito de me surpreender: me deu sobrinhos. Em 2014, o mesmo ano da minha virada financeira, nasceu a primeira, me arrebatando por completo. Depois, vieram meus outros amores, como uma constelação inteira nascendo no meu coração. Maduh, Estevão, Filipinho, Mel, Sol e Maria.

Ser tia é isso: ter a sorte de viver a melhor parte da infância de alguém. É ser refúgio, ser farol, ser festa. É viver a doçura da maternidade sem a exaustão das madrugadas. É responder às perguntas mais cabeludas sem precisar dar bronca. É pular na piscina de bolinhas, se esconder na cabana de lençol, fazer careta no espelho, rir com chocolate no dente — tudo com a leveza de quem não precisa limitar a hora de dormir.

É por eles que quebro o protocolo, que furo a dieta, que escorrego no tobogã e me perco na seção infantil da livraria. Por eles eu sonho mais alto, para que saibam sempre que a vida é possível. Cada passo que dou rumo à minha riqueza também é por eles — para que tenham referências, porque sei que referências reconstroem realidades. Para eles eu cultivo a minha melhor versão — para que cresçam sabendo que mulher pode ser rica, livre, sábia e amorosa. Que mulher pode ser tudo o que quiser.

Eles são meus herdeiros. Meu legado mais doce. Meu lembrete de que brincar é um ato sagrado. De que afeto também constrói herança. Aos meus irmãos, toda a gratidão por terem me permitido ser mãe no coração.

✦ REGISTRE

Qual criança desperta o melhor de você? O que você gostaria de deixar como herança para os pequenos que cruzam a sua vida — não só em bens, mas em valores humanos & memórias?

11 abril

Poupança é um grito de incoerência.

Dia 101 de 365

Se este diário chegou até você, não foi por acaso. Provavelmente você já tem algum contato com o universo da educação financeira. Já sabe que a poupança rende pouco, perde da inflação e, na prática, come o seu dinheiro! Mas vamos além do óbvio.

Poupança não é só um erro técnico — é um grito de incoerência. É a prova de que você até pode querer enriquecer, mas ainda não acredita que isso é para você. Quer fazer o dinheiro render, mas não se sente capaz de aprender como. Quer prosperar, mas continua nutrindo o que te limita.

Guardar dinheiro na poupança é como esconder um vestido de festa num saco de lixo. Você protege, mas não valoriza. E o que não é usado com intenção, apodrece: cria bolor, atrai traças, perde o brilho. Assim também é o dinheiro esquecido em lugar errado: míngua, se deprecia, perde a função. E é assim que muitas mulheres tratam o próprio dinheiro: sem zelo, sem apreço, sem respeito!

Eu já fiz isso. Durante anos, mantive meu dinheiro em produtos financeiros ruins. Porque, no fundo, achava que, só por estar guardando, já estava fazendo "muito mais do que a minha obrigação". Mas enriquecer não combina com desrespeito — é preciso investir com dedicação! Se você já superou o impulso de gastar tudo o que ganha, parabéns. Agora, a próxima etapa é aprender a fazer o seu dinheiro multiplicar. Isso é coerência. Isso é valorizar os frutos do seu trabalho! Isso é amar a mulher que você está se tornando.

✦ REGISTRE

Você ainda tem dinheiro parado na poupança? O que te impede de dar o próximo passo? Como você pode ser mais coerente hoje com a riqueza que diz querer viver?

12 abril

Você jamais viverá aquilo que critica.

Dia 102 de 365

Seu corpo sabe o que evitar. Ele se encolhe diante do perigo, acelera diante da ameaça, recua diante do que parece errado. E o seu cérebro? Ele comanda. Porque a função primordial dele é simples: te manter viva. Por isso, ele foge de tudo o que considera perigoso, vergonhoso ou repulsivo.

Quando você critica, ainda que em silêncio, alguém que ganha dinheiro com facilidade, o seu cérebro entende que *ganhar dinheiro com facilidade é errado*. Quando zomba da amiga que "pagou caro" num curso, ele grava: "pagar preços altos é vergonhoso". Quando olha para alguém que prosperou e pensa "mas se perdeu", você está dizendo: "dinheiro corrompe o caráter".

E se, no fundo, você acredita que não é certo ser essa pessoa... adivinha? Você nunca será. Você jamais viverá aquilo que critica, porque o cérebro evita o que você diz detestar. Você o programa em cada ato. E ele te obedece, ainda que você não esteja consciente.

Desejar riqueza e criticar quem é rico. Querer liberdade e julgar quem vive fora da "norma". Almejar sucesso e zombar de quem se destaca. Isso tudo é contradição. E contradição não constrói futuro — e ainda envenena o presente.

Lembre-se do que a sabedoria popular nos ensinou: "Quando Pedro me fala de Paulo, sei mais de Pedro do que de Paulo". Hoje, minha provocação é simples: observe o que você julga. Porque talvez o dedo que você aponta esteja revelando exatamente a direção do que deseja seguir — mas ainda não teve coragem de assumir.

✦ REGISTRE

O que você tem criticado em outras pessoas que, no fundo, também deseja viver? O que te impede de assumir essas verdades? Quem você teme desagradar ao decidir fazer diferente?

13 abril

Você está pronta para dar certo ou ainda está viciada em frustração?

Dia 103 de 365

Você sabia que o cérebro é viciado em padrões químicos?

Sim, minhas senhoras, ao longo da vida, fomos vivendo momentos que criaram padrões. E, por conta deles, nos acostumamos a uma determinada dinâmica cerebral, feito dependentes químicos!

Então, se você viveu por muito tempo imersa no estresse, em conflitos e rancores, a tendência é que sempre volte a criar estímulos que te levam a sentir essa química novamente. Como um vício!

Por isso, nem sempre o que nos limita é a falta de oportunidade, mas a abstinência do antigo padrão. É normal, quando inconsciente, entregar-se a pequenas distrações, procrastinação. Inventamos desculpas, fugimos do compromisso conosco. Mas saiba: você não é defeituosa! Está apenas viciada na sua química cerebral!

Ao tirarmos um carro da inércia, gastamos mais combustível. Assim também será com você. Ao iniciar qualquer projeto ou mudança de hábito, você enfrentará mais desconforto e resistência. Mas veja pelo lado bom: depois de construída a nova química, você será viciada no que edifica & enriquece a sua vida. Eu sou a prova viva dessa tese e posso garantir: com o tempo, fica mais fácil e infinitamente mais gostoso!

✦ REGISTRE

Quais atitudes você vai tomar hoje para construir sua nova química cerebral?

14 abril

Cretinos também envelhecem.

Dia 104 de 365

Algumas pessoas se surpreendem quando veem membros da família, artistas ou figuras públicas passando necessidades na velhice. Dizem: "Coitadinho, ficou sozinho", "Perdeu tudo", "Ninguém ajuda". Mas deixa eu te lembrar algo importante: cretinos também envelhecem.

Já vi isso acontecer na minha própria família. Pessoas que recebiam verdadeiras fortunas, gastavam tudo sem responsabilidade, nunca poupavam, sempre voltavam a pedir dinheiro emprestado a parentes! Em outras gerações, irmãos traíam irmãos, desviavam dinheiro, obrigavam crianças a trabalhar. Tudo em nome da ganância, sem quaisquer escrúpulos.

Talvez você também conheça alguém assim: que viveu trapaceando, dando calotes como estilo de vida, sempre se achando mais esperto que os demais. A conta chega. A conta sempre chega! Envelhecer não é se redimir. O tempo amadurece e prospera quem planta com responsabilidade. E denuncia quem viveu de atalho e oportunismo. E aí, minha amiga, não tem idade que esconda a colheita. O seu futuro é plantado hoje. Não só com o que você faz com o dinheiro. Suas escolhas, suas ausências e omissões, tudo será exposto mais cedo ou mais tarde. A velhice não esquece, expõe.

E se você tem sentido o cansaço de sustentar algo ou alguém, considere minhas palavras com carinho: você não precisa. Não é sua obrigação suportar quem, a vida toda, destruiu. Ofereça respeito. Compaixão, se puder. Mas a responsabilidade da vida financeira de alguém não é sua só porque essa pessoa envelheceu.

✦ REGISTRE

Quem você quer ser daqui a vinte, quarenta, sessenta anos?
O que pode fazer hoje para construir uma colheita mais leve, digna & próspera para o futuro?

15 abril

O problema não é o cartão.

Dia 105 de 365

Durante muitos anos, eu tive certeza absoluta: o grande vilão das minhas finanças era o cartão de crédito. Sempre que eu decidia "colocar ordem na casa", meu primeiro impulso era radical: quebrava todos os cartões. Rasgava, cortava, cancelava. Respirava, aliviada: "Agora vai!". Até precisar de novo deles. E eu sempre precisava! E lá ia eu pedir outro cartão. Um ciclo de culpa, impulsos e repetição.

Aprendi com o tempo (e com muito estudo): o problema nunca foi o cartão — o problema era a minha falta de responsabilidade com ele. Quando amadureci financeiramente, tornei o cartão uma das ferramentas mais importantes da minha jornada de enriquecimento. Não pago anuidade desde 2015, faço dinheiro com minhas compras, tenho acesso a salas VIP em aeroportos, seguro de compras, seguro-viagem e muitas outras vantagens. Com estratégia, dá até para proteger o dinheiro da inflação, parcelando de forma consciente!

Hoje tenho vários cartões — e cada um tem uma finalidade específica. Porque não existe "o melhor cartão de crédito do mundo". Existe o melhor cartão para cada intenção. E isso só se descobre com clareza, planejamento e estudo.

O cartão não é inimigo da sua vida financeira. Ele é neutro. É a sua maturidade que define se ele será uma ferramenta de riqueza ou um fator de endividamento. Dinheiro exige responsabilidade. Crédito também. E responsabilidade se constrói. Não com medo, mas com conhecimento.

✦ REGISTRE

Como tem sido sua relação com o cartão? Ele tem trabalhado a seu favor ou contra você? O que você pode aprender hoje para usá-lo com inteligência & prosperidade?

16 abril

Ninguém tem o direito
de limitar a sua grandeza.

Dia 106 de 365

Durante um tira-dúvidas com minhas alunas do Mapa da Riqueza, ouvi algo que me fez estremecer. Uma terapeuta disse que não estava conseguindo aumentar sua renda porque o grupo profissional do qual fazia parte havia estabelecido um teto para o valor que poderia ser cobrado pelas sessões: 330 reais!

Com todo carinho, mas com a firmeza que minha versão mentora exige, eu disse: "Deixe esse grupo agora! Que ideia é essa de estabelecer um teto que bloqueia o seu crescimento e infringe todos os princípios de precificação, diferenciação e excelência? O que você cobra deve refletir a qualidade da sua entrega, o seu nível de preparo e o impacto gerado na vida do outro. Além disso, deve incluir o custo do seu trabalho, dos impostos, dos seus sonhos, das suas reservas, da sua aposentadoria e do seu merecido descanso! Caso contrário, você paga para trabalhar!".

Não deixe que uma regra coletiva limite o seu potencial individual. Isso é pacto de mediocridade. Rompa com esses meios! Crie um método seu. Inove. Expanda. Valorize seu trabalho — e permita que ele faça sua vida prosperar, enquanto você faz o mesmo por seus clientes. Quem cobra menos do que vale, se exaure. Seca. Não consegue ajudar ninguém, porque é incapaz de ajudar a si mesma!

Se você supera as expectativas dos seus clientes, se você investe em desenvolvimento constante, se paga por um belo local para receber sua clientela, se oferece atendimento diferenciado, completo & transformador, absorva o ensinamento atribuído a Santa Teresa d'Ávila: "É justo que muito custe o que muito vale!".

✦ REGISTRE

Você tem permitido que o meio te limite? Com quais crenças ou acordos coletivos você precisa romper para crescer?

17 abril

Se você acha que investir é um cassino, talvez ainda esteja brincando de Banco Imobiliário.

Dia 107 de 365

Muita gente diz que tem medo de investir porque "é arriscado demais". Que "a bolsa parece mais um cassino". Sempre que ouço isso, penso que ainda tem muita mulher adulta brincando de Banco Imobiliário com o próprio dinheiro.

Eu entendo o medo. Um dia ele também foi meu. Mas deixa eu te contar uma coisa: hoje eu não sou nem um pouco arrojada nos investimentos. Não sou agressiva. Não faço apostas. Eu sigo princípios. Faço análise fundamentalista! Diversifico em moedas, setores, países & prazos. Invisto com responsabilidade, porque faço isso com conhecimento. Não com especulação.

Sabe o que era cassino? A minha vida antes da educação financeira. Quando, todo mês, eu sorteava qual conta ia deixar de pagar. Quando eu jogava em loteria clamando a Deus para acertar. Quando eu cedia a todos os meus impulsos. Isso, sim, era aposta. Isso, sim, era risco!

Investir não é loteria. É construção de futuro. Mais arriscado é viver sem reserva, depender de aposentadoria do governo ou deixar o dinheiro parado na poupança — que, aliás, já foi confiscada neste país. Medo se supera com conhecimento.

Você não precisa ser corajosa para investir. Precisa ser adulta suficiente para assumir que o seu futuro é responsabilidade sua, não de um golpe de sorte. Investir é criar a realidade que você deseja viver!

✦ REGISTRE

O que você tem feito com o dinheiro que ganha?
Está investindo com consciência ou segue jogando dados e torcendo para cair o número certo?

18 abril

A vida recomeça onde
parecia impossível.

Dia 108 de 365

Talvez o que esteja te travando hoje seja a falta de garantias. A insegurança diante do que ainda não vê. Mas te convido a aprender com a natureza. Nada na jornada da borboleta é lógico: a lagarta rastejou a vida toda; ela nunca poderia imaginar que, um dia, seria linda e iria voar.

Ela apenas sente o chamado e, então, se recolhe, entra no casulo, se dissolve por dentro e permanece lá, se reconstruindo em silêncio, sem saber o que vem depois. Imagino que deva ser assustador. Até porque um dia já fui lagarta.

Foi em 2014, quando encarei um divórcio, uma mudança de estado e de padrão financeiro. E, depois, em 2018, quando entendi que não queria mais ser policial federal. Em ambas as ocasiões, tive que me reinventar. Recebi o chamado de parar de rastejar pela vida. Fui convidada a entrar no casulo, sem saber o que viria depois.

E foi assim que descobri, na prática, que toda ressurreição começa no escuro. Jesus também passou pelo silêncio do sepulcro antes de ressurgir em luz. Esta época do ano, com a Páscoa se aproximando, sempre nos lembra de que o que parece fim pode ser renascimento.

A sua transformação também vai parecer confusa no começo. Vai ser sombria. Vai parecer que você está regredindo. Mas isso também faz parte do caminho. Confie. As asas não nascem sem antes você se permitir se metamorfosear. Eu sei que é assustador confiar nas suas novas asas quando se está à beira do precipício: "E se eu cair?", você pensa. Mas... e se você voar?

Eu voei. Espero que meu voo te inspire. É possível. E, como diria Jung: "Onde estiver teu medo, ali estará tua tarefa".

Que a Páscoa te lembre: a vida sempre recomeça onde parecia impossível.

✦ REGISTRE

Qual parte da sua vida está pedindo recolhimento, transformação & renascimento? Qual pequena atitude você pode tomar hoje com fé, seguindo o chamado do seu coração?

19 abril

O que os distraídos não têm!

Dia 109 de 365

Durante uma festa de bilionários, dois escritores conversavam. Um diz ao outro:

— Você sabia que o anfitrião desta festa fez mais dinheiro só neste ano do que você fará a vida inteira?

O outro respondeu, calmamente:

— Sim, eu sei. — E completou: — Mas eu tenho algo que ele jamais terá.

— O quê?

— O suficiente.

Essa história está registrada no livro *Suficiente*, de John Bogle, e também é contada por Morgan Housel em *A psicologia financeira*. E toda vez que a releio, ela me atravessa feito flecha certeira.

Vivemos uma era que idolatra o "mais". Mais dinheiro. Mais trabalho. Mais metas. Mais performance. Mais, mais, mais! Para quê? Por quê? Para quem? Até quando?

Para você, existe um "suficiente"? Quanto é o bastante para você viver com alegria? De qual valor você precisa para dormir em paz? Existe um saldo bancário que te permite parar de se comparar? Quando pode se permitir aproveitar? O que você quer de verdade? Mais reconhecimento? Mais dinheiro? Mais trabalho? Tudo bem querer. Desde que não seja para alimentar um sentimento de insuficiência.

Talvez o que te falte não seja dinheiro. Talvez falte apenas a serenidade de quem faz as próprias escolhas com intenção, sabendo que já possui o mais importante: o suficiente.

✦ REGISTRE

O que é suficiente para você? Como saberá que chegou lá?
E o que você está fazendo hoje que te aproxima — ou te afasta — desse suficiente?

20 abril

Consegue sentir esse cheiro?

Dia 110 de 365

A riqueza, cara leitora, não nasce nos dígitos — ela desperta nos sentidos. Treinar o cérebro para a prosperidade não é apenas uma questão de aprender a fazer bons investimentos, uma boa gestão de orçamento ou a gerar renda em abundância. É também uma questão de reaprender a sentir.

Riqueza tem cheiro. Tem tom. Tem textura. Tem sabor. Tem temperatura. A lavanda que exala do travesseiro arrumado. O aroma do café envolto na atmosfera dos primeiros raios da alvorada. O frescor do hidratante no rosto lavado após um banho quente demorado. O conforto da roupa limpa de tecido atoalhado. A brisa serena do fim de tarde. O cheiro contente da casa limpa. Pequenas ordinariedades que se perdem com olhares desatentos, mas denunciam gentilmente a riqueza de quem já entendeu o valor da jornada.

Não estamos falando de luxo, mas de presença. De se permitir saborear o agora, porque quem não treina o cérebro para se deleitar com as pequenas alegrias cotidianas, nunca será capaz de reconhecer — nem desfrutar — as grandes conquistas planejadas.

Muitas mulheres sabotam a própria prosperidade porque nunca se permitiram sentir. Estão imersas na pressa. Atropelaram os detalhes. Elas querem o prêmio, mas fogem do processo. Hoje, meu convite é simples: volte aos sentidos. Respire fundo. Esteja presente. Deleite-se com o aroma do seu "jardim". Porque só quem consegue sentir a fartura do hoje é capaz de suportar a travessia rumo ao amanhã.

✦ REGISTRE

Que cheiro, gosto ou sensação do dia de hoje fez você se sentir rica? Como pode imprimir mais experiências como essa no seu cotidiano?

21 abril

É muito difícil odiar de perto.

Dia 111 de 365

Michelle Obama escreveu em sua autobiografia uma frase que me acompanha há anos: "Aprendi que é mais difícil odiar alguém de perto".

Ela narra momentos desafiadores durante os anos de campanha presidencial do marido, Barack Obama, nos Estados Unidos. Muitos que a odiavam a distância, ao conhecê-la, acabavam se tornando admiradores. Porque o ódio, quase sempre, nasce da ignorância. A distância alimenta preconceitos. E sabe o que eu percebo? Com o dinheiro é exatamente assim.

Passamos anos dizendo que dinheiro é coisa chata. Que investimentos são complicados. Que planilha dá preguiça. Que riqueza corrompe. Que "isso não é para mim". Mas a verdade é que falta apenas uma coisa: *intimidade*.

Você não nasceu odiando matemática. Foi ensinada a temê-la. Você não nasceu achando que investimento é cassino. Aprendeu isso vendo pessoas desinformadas perderem dinheiro por imprudência. Você não nasceu achando que riqueza afasta. Você viu pessoas se perderem porque não estavam preparadas para sustentar o que conquistaram. A boa notícia? Você pode reescrever essa história.

Hoje, te convido a se aproximar do seu dinheiro. Criar vínculo. Ouvir seus recados. Como toda relação, essa também precisa de atenção, dedicação e constância. Você não precisa amá-lo hoje. Mas permita-se conhecê-lo melhor. Porque, de perto, é mais difícil odiar!

✦ REGISTRE

Como você tem alimentado seu relacionamento com o dinheiro? Que atitude prática você pode tomar hoje para se aproximar dele com mais respeito & intenção?

22 abril

O que te trouxe até aqui não vai te levar muito adiante!

Dia 112 de 365

Essa frase dói. Eu sei. Ela serve a todas nós! Porque bem sabemos que o próximo nível da nossa vida nos exige uma nova versão. Mais ousada, mais inteira, mais presente com quem desejamos viver.

Durante anos, o serviço público foi o meu lugar seguro. Tinha estabilidade, salário certo, status profissional. E, por muito tempo, isso me bastava. Até que começou uma inquietação. Uma sensação de que aquela estrutura, que antes me dava chão, tinha se tornado um teto muito baixo para os meus sonhos. O que me levou até ali já não era suficiente para o novo ciclo. Eu precisava romper. E romper, ainda que com medo, foi o ato mais fiel que pude fazer por mim.

Talvez você também esteja nesse ponto: se debatendo entre a gratidão pelo que construiu & o chamado insistente para seguir adiante. Deixe-me contar: esse desconforto não é fracasso. É grandeza. Você já percebeu que certos hábitos que antes funcionavam hoje te atrapalham? Que algumas rotinas antes confortáveis agora te limitam? Isso é um ótimo sinal. Significa que você cresceu. E crescer, muitas vezes, é sinônimo de soltar.

Soltar desculpas, medos, certezas antigas. Soltar a ideia de que "não se mexe em time que está ganhando". Soltar o controle de ter todas as garantias antes de agir. Hoje, olhe com amor para o que te trouxe até aqui. Honre quem foi um dia, mas se entregue com coragem ao que te espera. Porque a sua nova versão só existirá com novas escolhas.

✦ REGISTRE

O que precisa ser deixado para trás para que a sua nova versão possa nascer? Quais decisões você tem adiado por medo de sair do lugar confortável?

23 abril

Os livros me salvaram de uma vida medíocre.

Dia 113 de 365

Hoje é o Dia Mundial do Livro — eles que me deram o mundo. E não um mundo qualquer. Deram mundos inteiros, com magia, filosofia, devaneio, calor. Deram Hogwarts e suas cartas. Deram Macabéa, que não sabia que era triste. Deram "a mulher do médico", que nunca cegou. Deram Capitu, com seus olhos de ressaca. Deram Rowling, Clarice, Saramago, Assis. Deram a doçura nordestina de Socorro Acioli. O corte delicado de Carla Madeira. O mistério de Zafón.

Não sei como cheguei aos livros. Só sei que eles chegaram a mim. Ainda muito menina, os recebi como quem recebe visita nobre. Primeiro tímida, depois devota. Fui a primeira a levar literatura para casa, puxar a fila, abrir a porta do encantamento. Lembro as madrugadas em claro, os músculos travados, a coluna reclamando, porque eu não ousava mudar de posição para não interromper a travessia. Li como quem encontrava refúgio. Como quem conhecia um idioma secreto que me ligava a algo maior. E, talvez por isso, nunca me senti sozinha. Conversava com personagens. Brigava com autores. Me apaixonava por ideias. Sentia o cheiro das páginas como se fossem perfume francês. Ria alto, chorava baixo. Sofria por capítulos & renascia em epílogos.

Hoje, escrevendo um livro — este que você lê agora —, entendo que entrei para o time dos que me salvaram. E me emociono só de escrever isso. Nunca sonhei com palcos, mas desejei profundamente estar na prateleira de alguém. Não por vaidade, mas porque conheço o poder de um livro. Um único livro pode despertar um sonho. Provocar uma escolha. Criar uma nova vida. Os livros me salvaram de uma vida medíocre. E hoje, escrevendo a minha história, desejo que ela possa contribuir com a sua, mesmo que com uma única página.

✦ REGISTRE

Qual livro mudou a sua história? Qual história você está escrevendo agora e como você deseja que ela continue?

24 abril

O melhor investimento
é o conhecimento!

Dia 114 de 365

Sem dúvida, essa é uma das perguntas que mais chegam em minhas redes sociais: "Ítala, qual é o melhor investimento?". E a minha resposta pode ser frustrante para algumas pessoas: "Depende".

Não existe "o melhor investimento do mundo", afinal, se existisse, eu, você e o Warren Buffett estaríamos investindo tudo lá! Existe, sim, o melhor investimento para o seu momento, objetivo e para o nível de conhecimento que você se propõe a ter. O que é excelente para mim pode ser péssimo para você!

Antes de buscar o investimento "da moda", a pergunta mais inteligente é: para que você está investindo? Você precisa do dinheiro em uma data específica? Você já tem ou está construindo sua Reserva da Paz? Já tem blindagem financeira do seu patrimônio? Já investe? Se sim, como está a composição da sua carteira? Essas respostas mudam completamente o tipo de investimento a ser escolhido!

Investir sem estratégia é como embarcar numa viagem sem destino: você até se move, mas dificilmente chega a algum lugar interessante, isso quando não acaba em uma ilha deserta, sem combustível ou à deriva! Se você não paga com conhecimento e dedicação, vai pagar com tempo e frustração! Qual preço você prefere?

Mais importante do que a pergunta "Qual é o melhor investimento?" é ter coragem de fazer uma pergunta mais profunda: "Quanto estou disposta a aprender?". Porque, no fundo, o melhor investimento é sempre o conhecimento!

✦ REGISTRE

Você tem um plano financeiro claro? Seus investimentos estão alinhados com os seus objetivos ou você tem seguido recomendações soltas de redes sociais? Que passo você pode dar hoje para alinhar intenção & ação na sua jornada de riqueza?

25 abril

Quanto mais pressa,
menos resultado!

Dia 115 de 365

Vivemos em um tempo que idolatra a velocidade. Os desejos vêm com uma urgência infantil: emagrecer em sete dias, enriquecer em duas semanas, mudar de vida com um vídeo de quinze segundos! Me perdoe ser a pessoa que vai te arrancar da ilusão, mas vida adulta e equilibrada não se constrói assim! É preciso de tempo, paciência e constância.

Não é novidade para ninguém que me acompanha o quanto sou fã da professora Lúcia Helena Galvão. E lembro-me muito bem que, em dado momento, ela diz: "Se você tem uma Ferrari de alta velocidade, mas não sabe dirigir ou está rumando para um precipício, é melhor que você vá a pé". Direção é mais importante que velocidade.

O dinheiro é um carro de altíssima velocidade. Sensível ao mínimo desvio de angulação. Quanto mais você tiver, melhor motorista terá que ser! Precisa, lúcida, eficiente.

Tem pressa para enriquecer? Então desenvolva ainda mais suas habilidades de serenidade, estratégia e sabedoria. Se não quiser se aprimorar, melhor que vá com pouco mesmo! E esse é, inclusive, o motivo de muitas viverem frustradas financeiramente: gera-se muito, mas gerencia-se e multiplica-se pouco!

A arte do enriquecimento longevo é dominar a si mesma!

✦ REGISTRE

Como você pode desenvolver suas habilidades emocionais & práticas com o dinheiro a partir de hoje?

26 abril

Isso também passa.

Dia 116 de 365

Em agosto de 2014, me mudei para Ponta Porã (MS) e fui morar numa casinha simples, sem laje. Não conhecia ninguém na cidade. Estava a mais de 3 mil quilômetros da minha família, passando por um divórcio que tinha despedaçado minha autoestima, e estava me afogando num mar de dívidas.

Todos os poucos móveis da casa foram comprados do antigo morador. No meu quarto, uma cama usada, uma cômoda com quatro gavetas e uma mesa de plástico que fazia as vezes de mesa de cabeceira. Tudo de segunda mão. Aquela casa, quase sem móveis, ecoava meus choros de desespero e saudade. Mas era chegada a hora. Era o tempo da minha reconstrução.

Estava seguindo o sonho de ser policial federal, mas, por dentro, ainda me sentia em ruínas. Foi ali, naquele quarto simples, que escrevi uma frase num post-it amarelo e colei na parede ao lado da cama: "Isso também passa".

A frase, que já vi ser atribuída a Chico Xavier e a Marco Aurélio, virou meu mantra silencioso. E eu acredito muito nela. Porque passou. A dor passou. A solidão passou. O medo passou. E ficou a coragem. Ficou a força que eu nem sabia que tinha. Ficaram os frutos.

Se você está passando por um momento difícil, lembre-se: não se apegue à dor como se ela fosse permanente. Nem a tristeza e a alegria são estágios definitivos. Ambas ensinam. Ambas expiram.

Hoje, com a vida completamente transformada, eu ainda lembro com afeto daquele post-it. Porque mesmo os dias bons também passam — e é por isso que faço questão de ser grata & de saboreá-los.

✦ REGISTRE

Quais problemas você tem vivido que parecem não ter fim?
Como você pode acolher esse momento, lembrando todos os dias que "isso também passa"?

27 abril

Não empreste dinheiro. Doe.

Dia 117 de 365

Muitas das mulheres que atendo já se endividaram — não pelos próprios erros, mas por quererem "ajudar" alguém. Pegaram empréstimo, estouraram o cartão, exauriram a Reserva da Paz. Tudo isso por "compaixão". Mas deixa eu te contar: solidariedade que te leva à ruína não é virtude, é ingenuidade. E uma mulher à beira do colapso não ajuda ninguém. Médica doente não opera.

Se alguém da sua família ou do seu convívio não tem acesso a crédito, há um motivo. Falta de renda, de organização, de confiança do sistema. E, se o banco já disse "não", talvez seja hora de você também aprender a fazer o mesmo. Dizer "não" não é egoísmo. Limite também é amor.

Já passei por situações semelhantes: pessoas que pedem emprestado, mas não priorizam o pagamento. Outras prometem pagar no mês seguinte, mas somem sem maiores explicações. Geralmente, não por má-fé, mas por falta de responsabilização ou por acreditarem que tudo se resolve apenas com afeto. Mas amizade não paga boletos. E a frustração vem. Vem o ruído. Vem a culpa de cobrar. E o constrangimento se instala na relação. Se você quer manter um laço, não misture amor com parcela.

Se você deseja ajudar, faça com inteligência: não empreste, doe. Doe apenas aquilo de que pode abrir mão, sem gerar desequilíbrio no seu próprio orçamento. Porque o que é dado, constrói. Mas o que é emprestado, gera cobrança — com juros emocionais altíssimos. Doar liberta. Emprestar desgasta.

✦ REGISTRE

Você já se prejudicou ao tentar ajudar financeiramente alguém?
Como pode, a partir de hoje, estabelecer limites claros
& saudáveis para proteger sua vida financeira e suas relações?

28 abril

Toda escolha tem um custo. E não escolher também é uma escolha.

Dia 118 de 365

Tudo na vida tem um preço. Geralmente o monetário é sempre o mais barato. Paga-se por ter coragem de mudar ou por lidar com o arrependimento de ter se calcificado em paralisia. Paga-se pelo incômodo de uma escolha difícil ou pela dor de viver estagnada. Paga-se pelo desconforto de assumir responsabilidades ou pelo peso de entregar o protagonismo dos próprios dramas a mãos alheias.

Quando você decide não olhar para suas finanças, não investir, não aprender, esse "não" também tem um custo. Só que, nesse caso, o preço se apresenta em forma de frustração, impotência, ansiedade e falta de liberdade. Perde-se dinheiro. Mas muito mais caro é também perder tempo & sonhos.

Fingir que está tudo bem é uma escolha. E, como toda escolha, também cobra sua conta. Hoje é um bom dia para lembrar que você é adulta. E adultas tomam decisões difíceis.

Adultas escolhem com consciência, pagam preços intencionais e seguem na direção do que desejam viver.

✦ REGISTRE

Qual preço você está disposta a pagar hoje?
Qual ação vai provar isso?

29 abril

Pare de romantizar a pobreza!

Dia 119 de 365

Durante muito tempo nos ensinaram a aplaudir o sofrimento. A exaltar quem "ralou muito". A admitir "guerreira" como um elogio!

Fomos treinadas a olhar com desconfiança para quem alcança riqueza com saúde, com bom relacionamento, com integridade. Afinal, "não dá para ter tudo, não é?".

Existe uma narrativa comum, principalmente entre as mulheres, de que viver com pouco é mais nobre. Que quanto menos se tem, mais espiritualizada se é. Mas isso é uma grande mentira. Não há espiritualidade na falta. Não há nobreza na pobreza. Pode haver na escolha da abstinência. Na opção de abrir mão. Afinal, jejum, para quem não tem escolha, é fome!

Não há nada de errado em desejar conforto, em sonhar alto, em querer mais — desde que isso venha com consciência, propósito e alegria. Pessoas não são melhores ou piores por suas contas bancárias ou pelo sofrimento atravessado. Quem nasce herdeira não é menor do que quem passou fome. Existem cretinos e anjos com todos os tamanhos de saldo bancário!

O sofrimento não é obrigatório. Você não precisa pagar com dor para merecer uma vida próspera. Elimine o velho jargão de que "vale a pena". Nada vale a pena! Acabou-se o tempo da luta! Sua vida já pode valer muito sem ser penosa!

✦ REGISTRE

Quais penas você tem admitido em sua vida porque se acostumou com a ideia de que, sem elas, suas conquistas não teriam valor?

30 abril

Às vezes, tudo que você precisa é de um banho quente.

Dia 120 de 365

Tem dias que o mundo pesa nas ancas. A internet cai. A criança grita. O celular trava. O cachorro rosna! A gente clama por ordem, mas o caos parece rir de nós.

O cansaço acumulado esmorece no corpo, denuncia-se no humor, avança na alma. O saldo não anima, a planilha não fecha, o *feed* irrita. Tem dias que o medo grita. Que a dúvida paralisa. Que a estafa pesa tanto que até sonhar parece impossível.

Se hoje é um desses dias, por favor, não desista. Descanse! Desligue as notificações. Prepare um chá. Tome um banho quente. Respire fundo. Novamente!

Vista aquela roupa que abraça o corpo, que embala a pele feito colo de mãe. Chore. Saboreie um bolo quente. Vá dormir mais cedo.

A mulher rica que você está se tornando também se constrói nos dias silenciosos. O descanso também é uma escolha inteligente, porque pausa também é estratégia. Autocuidado também é produtividade. Silêncio também é resposta.

Você não precisa resolver tudo hoje. Talvez só precise desacelerar. Amanhã você recomeça — nova, nutrida, revigorada.

✦ REGISTRE

**O que seu corpo está tentando te dizer hoje?
Qual descanso você pode se permitir sem culpa como forma de autocuidado & prosperidade?**

MAIO

1º

Que o seu trabalho te liberte.

Dia 121 de 365

O Dia do Trabalhador surgiu como símbolo de resistência. Em 1º de maio de 1886, milhares de operários e operárias paralisaram suas atividades em Chicago, nos Estados Unidos, exigindo uma jornada de trabalho mais justa: oito horas. Na época, era comum trabalhar até dezesseis horas por dia em condições precárias e desumanas. Desde então, este dia é lembrado em todo o mundo como um pedido por mais dignidade no trabalho.

Mas e se, além de trabalhar com dignidade, a gente também pudesse trabalhar com propósito? E se, além de vender horas por dinheiro, a gente aprendesse a multiplicar o dinheiro para comprar tempo?

Porque, sim, o trabalho nos desenvolve, nos dignifica. Mas ele não pode ser uma prisão perpétua. Você não veio a esse mundo para viver correndo atrás de dinheiro. Você pode — e deve — descansar. Desfrutar! Você pode ganhar bem fazendo o que ama. Você pode construir liberdade, plantar bons investimentos e permitir que o dinheiro trabalhe por você também.

A verdadeira riqueza nasce quando você encontra o ponto de equilíbrio entre o propósito que te move, a renda que te sustenta, o descanso que te cura e o patrimônio que te liberta.

Hoje é Dia do Trabalhador. Celebre sua força, sua história, sua coragem. Mas que você também comece, a partir de agora, a escrever um novo capítulo: o da mulher que trabalha com amor, lucra com propósito & vive com liberdade.

✦ REGISTRE

Qual é a relação que você tem com o seu trabalho hoje? O que você pode começar a ajustar, hoje mesmo, para que o seu trabalho seja criador de liberdade e não armadilha de exaustão?

2 maio

Nós somos aquelas pelas quais tanto esperávamos.

Dia 122 de 365

No mês em que celebramos as mães, precisamos falar da força que cria mundos. A mulher que dá à luz não gera apenas filhos, mas uma sociedade. Ainda que nem toda mulher opte por ter filhos, todas que se dedicam a construir uma vida melhor estão gestando uma nova realidade — para si, para as próximas gerações, para o mundo. A bem da verdade, talvez até para as gerações anteriores! Minha mãe, por exemplo, me deu a honra de tê-la como aluna. Vi a transformação de sua vida, de sua carreira & de suas reservas. Tudo graças ao movimento que ousei parir um dia!

Nossas mães e avós não tiveram as oportunidades que temos hoje. Muitas não puderam estudar. Muitas viveram relacionamentos por necessidade, não por escolha. Muitas passaram a vida sem abrir uma conta no próprio nome. Algumas não puderam sequer sonhar. Mas nós podemos. Podemos investir em poucos minutos. Construir fortunas começando com um real. Empreender com liberdade. Ganhar dinheiro fazendo o que amamos. Criar filhos com educação positiva. E escolher, sobretudo, quem queremos ser.

Se somos livres hoje é porque antes alguém avançou por nós. Agora é nossa vez de andar com firmeza; de prosperar sem culpa; de assumir o bastão e dizer com altivez: somos aquelas pelas quais tanto esperávamos!

Que este mês seja um lembrete do nosso poder de criação. Que possamos enriquecer a nossa vida e a de todas as próximas gerações. Porque, como sugerem dois estudos importantes (um publicado no *Journal of Social Psychology* e outro do Instituto Geena Davis), uma mulher que enriquece transforma o mundo à sua volta. Por isso afirmamos: quanto mais mulher rica no mundo, melhor!

✦ REGISTRE

Qual herança você deseja deixar, não só em bens, mas em referências? Quem são as mulheres que se beneficiam do seu enriquecimento?

3 maio

O que está por trás do dinheiro!

Dia 123 de 365

Imagine: você acorda, pega seu café, abre o aplicativo do banco. Erro. Tenta o da corretora. Nada. "Deve ser a internet", você pensa. Mas o navegador abre normalmente. Pesquisa por curiosidade: *Problemas no banco azul*. E, então, a manchete aparece:

"O dinheiro sumiu. Todo o sistema financeiro mundial entrou em colapso. Como num fenômeno inexplicável, o dinheiro das contas desapareceu. O dinheiro em espécie evaporou. Todas as economias do mundo zeraram."

Surreal, eu sei. Mas e se isso realmente acontecesse? O que restaria em você? Quais habilidades poderiam ser permutadas? Qual valor você geraria ao mundo? Quais laços manteria? Qual comunidade te apoiaria?

A maioria das mulheres que atendo carrega o medo do colapso financeiro. "E se eu investir e perder tudo?", "E se a economia quebrar?", "E se der errado?". Mas deixa eu te contar uma coisa: mesmo que tudo quebrasse, ainda restaria o que você sabe. Quem você é. O valor que consegue gerar. O bem que você compartilha. A criatividade que pode manifestar. Sua capacidade de conexão. Seu serviço ao mundo. Isso nada nem ninguém pode tirar de você.

Essa reflexão me lembra o belíssimo filme *A teoria de tudo*, que nos confronta com uma história real, na qual muito foi tirado e, ainda assim, muito foi gerado. Vale muito assistir ao filme!

Dinheiro é consequência. Sempre foi. Se tudo mudasse amanhã, encontraríamos outro jeito de trocar valor. Porque quem sabe servir, pode enriquecer. Quem sabe multiplicar, sabe recomeçar.

✦ REGISTRE

Se o dinheiro sumisse hoje, o que restaria em você? O que gostaria de oferecer ao mundo como valor? Você tem investido nisso?

4 maio

Pode pular essa parte?

Dia 124 de 365

Lembro bem: todo domingo à noite, minha família se reunia para assistir ao *Fantástico*. Era quase um ritual. Volta e meia, lá vinha ela — a manchete que interrompia os quadros divertidos: "O Comitê de Política Monetária decidiu subir a taxa Selic...". Eu franzia a testa. Mudava de posição no sofá. Pensava: "Lá vem a parte chata...".

A verdade é que eu não fazia ideia do que aquilo significava. Selic, Copom, taxa básica da economia. Para mim, era só a vinheta do tédio. Nunca entendi o que aquilo tinha a ver com a minha vida — e talvez esse também seja o seu caso.

Mas deixa eu te contar uma coisa: a tal da taxa de juros é como aquele mordomo misterioso das novelas antigas, que parecia figurante, mas, na verdade, era quem puxava todas as cordas por trás do drama. Ela decide quanto o banco vai te cobrar no cartão, quanto você paga no financiamento, quanto rende (ou não) aquele dinheiro parado na poupança.

Quando a Selic sobe, pegar dinheiro emprestado fica mais caro; e quando ela cai, os investimentos mais conservadores de renda fixa rendem menos e você precisa buscar novas estratégias para fazer o dinheiro trabalhar por você. Ou seja: a taxa de juros é como o clima — se você não a entender, pode acabar saindo de biquíni no meio de uma nevasca!

Mas, calma, você não precisa virar economista. Só precisa entender que juros não são vilões. Nem heróis. São ferramentas. E, como toda ferramenta, podem ajudar ou prejudicar — depende de quem usa. Entender o básico da economia é como aprender a dirigir. Você pode até viver sem saber, mas desenvolver essa habilidade te traz autonomia & te leva aonde você bem quiser!

✦ REGISTRE

A taxa Selic influencia diretamente sua vida. Mas você já tinha parado para perceber esse impacto? Treine a sua percepção: quais pontos da sua vida hoje são mais afetados por essa taxa?

5 maio

"Pobre não pode ter nada mesmo..."

Dia 125 de 365

Em 2024, eu já tinha liberdade financeira, já investia havia quase uma década, dava aulas sobre finanças, investimentos e mentalidade havia pelo menos seis anos. Mas bastou um único episódio para que eu flagrasse uma velha conhecida passando pelos corredores da minha mente: a escassez.

Tinha acabado de comprar uma bolsa de luxo que vinha paquerando há meses. Dias depois, precisei ir ao hospital para um procedimento. Escolhi justamente a tal da bolsa para me acompanhar. Na sala de espera, saquei um livro. Me acomodei próxima a uma parede com textura. Coloquei a bolsa ali, entre nós. Quando fui convidada à outra sala, levei o susto: o fecho da bolsa — banhado a ouro — estava todo arranhado! A primeira coisa que me veio à cabeça? "Tá vendo? Pobre não pode ter nada mesmo."

Não, eu não era pobre. Não mais. E, sim, eu percebi o pensamento na mesma hora — quase como uma risada debochada da minha própria mente. Ri junto. Respirei fundo. E pensei: "É, ainda tem muito trabalho a ser feito".

Décadas de escassez não se apagam em poucos anos. Mesmo depois de tanto caminho percorrido, os antigos padrões ainda tentam nos visitar. Mas a diferença é essa: hoje eu percebo. Não dou palco à vergonha. Nem hospedagem à culpa. Apenas acolho: "Eu pensava assim, mas agora não mais". A cada novo nível de vida, revisitaremos percepções que estavam adormecidas, incrustadas nos becos da nossa história. Mas não para regredir. Só para relembrar quanto crescemos!

✦ REGISTRE

Você está consciente das suas percepções sobre dinheiro & riqueza? Quais pensamentos automáticos ainda te visitam quando você conquista algo bom? Como deseja reescrevê-los hoje?

6 maio

Você não enriquece porque não faz nem o básico.

Dia 126 de 365

Às vezes, o que falta não é foco. Nem disciplina. Nem estratégia. O que falta é o básico. É o autorrespeito.

Você não vai enriquecer se continuar se alimentando mal, dormindo pouco, se hidratando a conta-gotas, tratando o próprio corpo como uma casa abandonada, e não como um templo sagrado! Não existe riqueza longeva sem presença. E presença exige nitidez, energia, vitalidade. Nenhuma planilha ajuda o que a exaustão já consumiu.

Já fui assim. Na época em que era policial militar, vivia de plantão na madrugada. Dormia pouco. Me hidratava com refrigerante. Jantava fritura. Passava os intervalos à base de doces e cafeína. Vivia doente. Tive gastrite crônica. Vivia com candidíase de repetição. Cistite. Rinite. Sinusite. Não me surpreende lembrar que, naquele mesmo tempo, eu estava em um relacionamento abusivo — e me afundando em dívidas. Afinal, como fazemos uma coisa, fazemos todas as outras.

Eu não cuidava de mim. Por isso não conseguia cuidar do meu dinheiro, dos meus limites, da minha vida. Eu era hedonista: queria o alívio imediato. Era infantil: não queria me responsabilizar. Era desatenta: não percebia os sinais do corpo. E isso não era destino genético. Era desleixo.

Hoje eu vejo com nitidez: não é mais dinheiro na conta que resolve. É mais amor-próprio. Levante-se. Faça uma atividade física. Se organize para dormir uma boa noite de sono. Pegue um pouco de sol. Crie uma rotina. Tudo isso é gratuito — e transformador. Chega de culpar o saldo bancário. A riqueza começa já no primeiro litro d'água!

✦ REGISTRE

Avaliando seus últimos seis dias, se você repetisse essa rotina para sempre, estaria mais rica? Se a resposta for não, o que você pode fazer agora para começar (e sustentar) essa mudança?

7 maio

Quando você se compromete, o milagre acontece!

Dia 127 de 365

Desde criança, eu sempre amei escrever. Já participei de concursos de poesia, ganhei prêmios de redação. Mas, apesar do amor pela escrita & pela leitura, nunca achei que tinha motivos suficientes para escrever um livro.

Em 2020, com a Multiplique em crescimento, esse sonho voltou a me cutucar. Comecei a escrever. Fiquei esperando por uma editora. Esperei tanto que deixei o projeto de lado. De novo. "Tenho muitos projetos. Não vou priorizar um que não tem data para acontecer" — eu justificava. Acontece que a questão não era uma editora. Era eu. Era eu me tornar uma nova pessoa, me tornar escritora! E era isso que estava me travando. Eu temia. Então, me escondia escrevendo e-books para minhas alunas. Newsletters. Postagens. Palestras. Mas o livro seguia me cobrando em silêncio.

Então li o livro *Como superar seus limites internos*, de Steven Pressfield, e algo em mim incendiou. Entendi que estava diante de um dos projetos mais importantes da minha vida, e ele não precisava de validação externa. Ele precisava de mim. Foi nesse momento que decidi: esse livro vai existir. Mesmo que eu tenha que bancar cada detalhe. Mesmo que eu seja minha própria editora. E foi assim que surgiu o livro que está em suas mãos.

O curioso é que, no exato momento em que me comprometi com esta obra, uma força sobrenatural se comprometeu junto comigo. Quatro editoras diferentes surgiram. Sim, quatro! Quando eu decidi que faria por mim, as portas "magicamente" se abriram. Não espere a condição perfeita para se dedicar. Não espere certezas para se comprometer com seus sonhos. Apenas decida. E veja o milagre da decisão materializar o "impossível" em sua vida.

✦ REGISTRE

Qual sonho você tem adiado esperando a "aprovação de uma editora" (ou do que quer que você ache que precisa)? Qual escolha você pode fazer hoje para assumir o compromisso de trazer esse sonho à vida?

8 maio

Título de capitalização? Melhor gastar o dinheiro.

Dia 128 de 365

Se você ainda tem um título de capitalização, aqui vai um conselho honesto & direto: saque agora. Pior do que deixar o dinheiro na poupança, só deixá-lo preso em um produto que nem é investimento.

Muita gente ainda acredita que título de capitalização é uma forma de "guardar dinheiro". Eu também me dizia: "Só assim, sendo obrigada, para eu conseguir poupar". Minha ignorância nem me permitia perceber que eu não estava poupando nada! Estava pagando caro para participar de uma "rifa gourmet". Na prática, você paga parcelas mensais para, ao final de alguns anos, receber de volta menos do que pagou — sem correção, sem rentabilidade real, e ainda com risco de perder parte do valor se resgatar antes do prazo.

Funciona assim: o banco pega o seu dinheiro, investe em produtos que de fato rendem (como Tesouro Direto e CDBs) e te devolve um valor depois de alguns anos — enquanto você torce para ser sorteada e receber alguns prêmios. No fim, você fica com o mesmo dinheiro de antes, corroído pela inflação, enquanto o banco lucra com a sua falta de informação.

Também já tive título de capitalização, quando achava que o gerente do banco sabia mais sobre o meu dinheiro do que eu. Achava até "altruísta" quando ele dizia: "É uma poupança forçada", "Ajuda você a ter mais limite no cartão" ou "Colabora na aprovação do financiamento". Mentira. Venda casada. Se você tem um, não sinta culpa. Sinta-se feliz. Nunca mais ninguém te engana. Livre-se dele. Esse é só mais um lembrete de que não saber custa muito caro!

✦ REGISTRE

Você ainda tem algum produto financeiro que só está na sua vida por ignorância? O que pode fazer hoje para entender de verdade o que está acontecendo com suas reservas?

9 maio

Que sejam motivos, nunca desculpas!

Dia 129 de 365

Setenta por cento das mulheres no Brasil são mães. Algumas escolheram ser. Outras, foram escolhidas. Todos os dias, recebo em minha escola, nas minhas redes e em eventos, mulheres com os filhos nos braços ou no coração. E quase sempre com uma frase pronta: "É porque eu sou mãe...". E aí eu observo com atenção. Porque existem dois tipos de mães que chegam até mim.

O primeiro grupo é o das que dizem: "É porque eu sou mãe que eu preciso melhorar de vida", "É pelos meus filhos que eu quero fazer diferente". Essas mulheres têm o mesmo cansaço. A mesma sobrecarga. Mas elas decidiram transformar seus filhos em alavancas, não em âncoras. Elas não negam os desafios — mas recusam a estagnação.

O segundo grupo é diferente. "É porque eu sou mãe que eu não tenho tempo", "É por causa dos meus filhos que eu não consigo". E aqui, com toda empatia & responsabilidade, preciso dizer: seus filhos não merecem carregar o peso da sua estagnação.

Eu já vi mães solo sem pensão saírem de 2 mil reais por mês para 30 mil. Já vi mães que não tinham investimentos acumularem 1 milhão em menos de cinco anos. E tudo isso começou com uma decisão: não fazer os filhos de desculpa, e sim motivos. Eu sei que as estatísticas da maternidade são cruéis. Que há desigualdade e sobrecarga. Mas eu também já vi que é possível. E que existe uma escolha, silenciosa, que você pode fazer hoje: a de não colocar nos seus filhos a culpa por uma vida que é sua. Eles não merecem crescer ouvindo que foi por "culpa deles". Eles merecem crescer sabendo que foram o impulso que a mãe precisava para vencer.

✦ REGISTRE

Seus filhos são desculpas ou motivos? O que precisa mudar hoje para eles não herdarem os limites que você escolheu? Se você não tem filhos, tem encontrado desculpas ou motivos para enriquecer?

10 maio

"Morrer" não é sinal de amor!

Dia 130 de 365

Ouvimos com frequência: "Eu morreria pelos meus filhos". Mas a pergunta certa é: e viver, você viveria?

Morrer é o último ato. É renunciar. É desistir. E, por mais dramático que isso soe, morrer, às vezes, é fácil. Difícil mesmo é viver com intenção. Com disciplina. Com dedicação. Difícil é dizer: eu vou cuidar da minha saúde com total comprometimento para acompanhar o crescimento do meu filho. Vou fortalecer o meu corpo para carregar meus netos no colo. Vou me nutrir com zelo para dançar contente na formatura dos meus bisnetos. Difícil é dizer: vou cuidar do meu dinheiro porque quero deixar herança. Isso, sim, é prova de amor. O resto é demagogia!

Amar é fazer o que precisa ser feito, mesmo quando rompe com o confortável. Amar é dizer "não" para uma compra impulsiva & "sim" para a liberdade duradoura. Amar é se tornar herdeira de si mesma, para então construir herança para os outros.

Hoje, o convite é claro: não morra por quem você ama. Ouse viver! E viva bem. Cuide-se. Invista. Prospere. Não por vaidade, mas por legado. Porque você pode até não admitir, mas, como teria dito o filósofo Ralph Waldo Emerson: "Suas atitudes falam tão alto que ninguém consegue ouvir o que você diz".

✦ REGISTRE

Por quem você está disposta a se cuidar e viver melhor? Que atitudes concretas você pode tomar hoje para demonstrar, com escolhas — e não apenas com palavras —, quanto ama quem você diz amar?

11 maio

Tudo o que me acontece
me favorece & me enriquece.

Dia 131 de 365

Essa é uma das frases mais poderosas que carrego comigo. Não é apenas um mantra — é um modo de viver.

Já tive grandes vitórias. Mas também já enfrentei reveses inimagináveis: golpes, decisões equivocadas, erros que custaram mais de meio milhão de reais no caixa da minha empresa. O ponto é que, depois de colhidas as lições, esses mesmos erros somaram mais de 12 milhões de reais. Erros também podem dar retorno.

Repito para mim, especialmente nos dias mais desafiadores: "Tudo o que me acontece me favorece & me enriquece". Porque, sim, até as quedas podem trazer riqueza. Basta treinar nossa percepção.

Quando tudo vai bem, quando recebo muito além do que planejei, quando a vida me surpreende com abundância, eu me lembro: *isso também é parte do que me favorece*. Já nos dias de caos, busco a lição oculta, a musculatura que só o equívoco pode oferecer. E agradeço. Porque toda experiência me enriquece.

Essa crença não é ingênua, é treinada. A neurociência já comprova: o nosso cérebro age com base nas expectativas que alimentamos. É o chamado Efeito Pigmaleão — quando acreditamos que algo pode acontecer, nossas ações se alinham para concretizá-lo. A fé que temos no processo se torna uma profecia autorrealizável. Por isso, repito e ensino: "Eu vejo riqueza em tudo". E você também deveria treinar o seu olhar, porque sua prosperidade não nasce só do que se vê. Ela floresce na forma como escolhemos enxergar.

✦ REGISTRE

O que aconteceu com você recentemente que parecia um problema, mas pode esconder uma lição valiosa?

12 maio

Quer prosperar? Leve o dinheiro para almoçar!

Dia 132 de 365

Se você quer enriquecer, leve o dinheiro para o próximo almoço de família. Falar sobre dinheiro ainda é tabu em muitas mesas brasileiras — mas não deveria ser. Em vários países, é comum discutir salários, investimentos e planos financeiros em encontros sociais. Aqui, aprendemos o oposto: "não se fala sobre isso".

Lembro que, quando criança, se eu, curiosa, queria saber sobre salários, recebia como resposta: "Menina, isso não se pergunta". Dinheiro parecia um segredo sujo, um tema proibido. E assim, sem perceber, fui ensinada a evitar justamente aquilo que mais precisava aprender. Mas aquilo que se evita não se expande. O que se esconde não prospera.

Quer mudar a sua vida financeira? Comece normalizando o tema. Pergunte, escute, troque ideias. Falar sobre dinheiro vai despertar em você uma nova consciência, vai te provocar a olhar para ele com mais atenção, intenção e respeito.

Se quer ver seu dinheiro se multiplicar, precisa tirá-lo do porão. Precisa levá-lo à mesa. À sala. Ao escritório. À cama. Só assim ele deixará de ser um fantasma — e se tornará uma bênção.

✦ REGISTRE

Você tem evitado falar de dinheiro com quem ama?
Que conversa você pode iniciar hoje para tornar o dinheiro um tema mais leve, honesto & transformador dentro da sua família?

13 maio

Liberdade é mais do que um decreto.

Dia 133 de 365

Em 13 de maio de 1888, a escravização de pessoas foi formalmente proibida no Brasil. Mas você e eu sabemos: não se desfaz séculos de aprisionamento com uma assinatura. A ferida não cicatriza com tinta. A mente não muda com um decreto.

A escravidão mudou de roupa, mas não foi extinta. E, pior: muitas vezes, somos nós mesmas que reforçamos os grilhões.

Infelizmente, muitas etnias, gêneros e escolhas seguem sendo limitadas por preconceitos estruturais. Mas não é só o coletivo que mantém esse padrão. Somos nós, uma a uma, que seguimos contribuindo para a normalização desse cenário.

Quando você aceita um trabalho que te adoece por medo de não conseguir outro; quando compra o que não precisa, com o dinheiro que não tem, para impressionar quem não importa; quando se cala diante de abusos — emocionais, profissionais, financeiros —, mesmo sabendo que não está tudo bem; você está contribuindo para o fortalecimento das correntes.

Nossos ancestrais não tinham escolha. Nós temos. Mas a pergunta que fica é: estamos realmente usando a liberdade que temos? Ou só trocamos de algoz — agora, em forma de boletos, jornadas exaustivas, vaidade social ou medo de desagradar? Liberdade não é decretada. Liberdade é criada. Primeiro pessoal, depois coletivamente.

✦ REGISTRE

O que hoje ainda te mantém refém? Que escolha você pode fazer hoje para se lembrar de que já pode viver sua liberdade?

14 maio

Herança é o que o tempo não apaga.

Dia 134 de 365

No ano em que escrevo este livro, no dia de hoje, meu avô completaria oitenta anos. Há dois anos, ele partiu, mas o que deixou em mim jamais será esquecido. "Voinho" foi muito mais que um avô — foi pai, foi colo, foi força. Contribuiu com a minha formação por muitos anos, me ensinou com afeto, me embalou com brincadeiras, me mostrou o valor da generosidade. Sempre nos reuníamos em sua casa aos domingos, quando era frequente ganhar dele "um trocadinho", como ele mesmo falava. Foi um sertanejo bruto, retirante que saiu de casa ainda menino para não morrer de fome no sertão. Se tornou conhecido pelo trabalho honesto, criou o "Caldinho do Vieira", iguaria formalmente reconhecida como patrimônio imaterial de Alagoas.

Hoje, ao lembrar da idade que ele faria, me pergunto: quem quero ser aos oitenta anos? Que histórias quero ter vivido? Que legado desejo deixar? E te faço as mesmas perguntas, cara leitora. Não importa se você tem ou terá filhos, netas, sobrinhos ou afilhadas. O que você quer deixar de herança neste mundo? O que deseja inspirar naqueles que ama?

Meu avô não terminou os estudos. Mas me deu o privilégio de estudar. Meu avô fecundou terra seca. E é por isso que colho em abundância. Meu avô enfrentou desonras. E, por isso, me ensinou o valor da palavra dada. Se pude prosperar, foi porque ele trabalhou de sol a sol & entregou à nossa família tudo o que pôde. E isso foi muito. Foi fortuna. Foi fartura. Não há diploma, imóvel ou investimento que valha mais do que quem foi grande em caráter. O legado de quem transmitiu herança em vida.

✦ REGISTRE

Quem você quer ser aos oitenta anos? Que legado você deseja construir — e começar a viver a partir de hoje?

PS: Onde quer que você esteja, voinho, gratidão pela sua existência. Você enriqueceu toda a minha vida. Te amo.

15 maio

Heranças da nossa história.

Dia 135 de 365

Tentando entender meus próprios padrões financeiros, decidi mergulhar na história dos que vieram antes. Lembro das noites conversando com meus pais, ouvindo não só o que viveram, mas o que calaram. Há uma beleza rara em poder, já adulta, conversar com nossos pais de igual para igual. Enxergar o humano por trás das capas superpoderosas.

Perguntei como sobreviveram às trocas de moeda, ao confisco das poupanças, à hiperinflação. E meu pai me disse que, quando tudo era medo, eles eram fé. Foram buscar solução. Ajudaram meus avós no bar da família. Minha mãe seguia entre hospitais de dia e na fábrica caseira de polpas de fruta à noite. Meu pai conciliava o serviço público, que vivia atrasando o salário, com a nova função de corretor de imóveis. Eles foram tudo o que podiam ser.

Hoje compreendo: herdamos mais do que um sobrenome. Herdamos medos. Cicatrizes. Desconfianças. O trauma da escassez, da instabilidade política, do descrédito nas instituições. A dificuldade de confiar. E muitos dos nossos bloqueios com dinheiro não nasceram em nós, foram transmitidos, como um baú que ninguém ousou abrir.

Hoje, convido você a abrir esse baú. Conversar com seus mais velhos. Escutar com reverência. Descobrir o que não foi dito. Porque só podemos quebrar um padrão quando o encontramos. Só podemos transformar nossa vida financeira quando compreendemos de onde vem o medo de investir, o impulso de gastar, a dificuldade de confiar.

Hoje é o Dia Internacional da Família. Que essa data seja um chamado à reconciliação com a história dos nossos. E que possamos agradecer nossa primeira herança: a vida.

✦ REGISTRE

Que perguntas você pode fazer hoje para compreender melhor a sua própria relação com o dinheiro? Que heranças invisíveis talvez estejam guiando suas decisões?

16 maio

Matrimônio, patrimônio e o resgate do nosso poder.

Dia 136 de 365

Já parou para pensar por que chamamos o casamento de matrimônio, enquanto os bens materiais chamamos de patrimônio? As duas palavras têm origens distintas, mas profundamente simbólicas: "mater" e "pater" — mãe e pai. O matrimônio, "recebido da mãe". Patrimônio, "recebido do pai". A história sendo contada em algo tão simples: lar, casamento e família como responsabilidade da mulher. Bens, posses e transmissão de herança, histórica e legalmente, sempre associados ao pai, o provedor, o dono.

Por séculos, mulheres foram retiradas do mundo econômico. E isso não é figura de linguagem. Nos códigos civis, nas legislações dos países — inclusive do Brasil —, mulheres eram posse dos pais e, depois, dos maridos. Não podiam assinar contratos, abrir contas bancárias, herdar propriedades ou administrar seus bens sem autorização masculina. O mundo era um Clube do Bolinha. E o dinheiro era de uso exclusivo dos integrantes.

No Brasil, só a partir de 1962, com o Estatuto da Mulher Casada, começamos a ter alguma autonomia legal. Antes disso, não podíamos sequer trabalhar fora sem permissão do marido. A primeira conta bancária 100% feminina surgiu só na década de 1980. Parece distante? Não é. Ainda somos a primeira ou segunda geração de mulheres com possibilidade real de administrar o próprio dinheiro.

Por isso, às vezes, sentimos medo, culpa, frustração. Porque fomos condicionadas, por milênios, a acreditar que dinheiro não é coisa de mulher. Mas é, sim. Dinheiro é ferramenta de liberdade. E precisamos, urgentemente, retomar esse lugar. Com sabedoria e responsabilidade.

✦ REGISTRE

Quais crenças você ainda carrega sobre dinheiro, casamento & família? O que você está fazendo hoje para construir o seu patrimônio, com ou sem um matrimônio?

17 maio

Carta aberta à minha mãe.

Dia 137 de 365

Minha amada mãe, mais do que genitora, você é uma alma amiga, uma alma irmã. Se existem vidas passadas, tenho certeza de que já vivemos muitas delas juntas. O amor que sinto por você é ancestral, descomunal e me acompanha desde sempre.

Hoje é o seu aniversário. E eu precisava agradecer publicamente. Gratidão por ter me acolhido ainda tão jovem, quando você mesma ainda era quase uma menina. Por ter sido uma mãe tão corajosa, tão inteira, tão generosa.

Você abriu portas. Incentivou sonhos. Fez renúncias silenciosas que só agora eu consigo dimensionar. Foi você quem me apresentou os livros, mesmo quando eles não cabiam no orçamento familiar. Foi você quem aplaudiu todas as minhas apresentações, acreditou nas minhas ideias, me encorajou a ser quem eu sou. Se hoje escrevo este livro, foi porque você me ensinou a ser uma mulher dedicada & comprometida. Se hoje ensino outras mulheres a enriquecerem, é porque você me ensinou o valor da dignidade.

Hoje você é minha aluna. Mas a verdade é que sempre foi minha mestra. E, como filha, é uma honra ver sua luz se expandindo. Te ver estudando, trabalhando com amor, investindo com segurança e realizando seus sonhos com encantamento é, para mim, um presente.

Você é a prova viva de que sempre é tempo de prosperar. De que a vida pode ser linda em qualquer idade. E a riqueza verdadeira é aquela que se planta com afeto — e se colhe com gratidão.

✦ REGISTRE

O que sua mãe te ensinou? Conseguiria mandar uma mensagem para ela agradecendo tudo isso?

PS: Mainha, vida longa à sua luz! Te amo!

18 maio

A cirurgia que me devolveu
a mim mesma.

Dia 138 de 365

Durante anos, adiei uma cirurgia. Desejava a mastopexia desde os quinze, talvez antes. Mas sempre aparecia um "motivo" para adiá-la: falta de dinheiro, depois falta de coragem. Superei outros medos, fiz outras cirurgias. Mas essa, não. Inventei mil desculpas: que os riscos eram altos, que eu poderia perder a sensibilidade, que talvez o resultado estético me frustrasse. Tudo para esconder o mais profundo dos receios: e se eu perdesse a minha identidade? E se retirar parte do meu corpo fosse uma traição ancestral? Uma corrupção ao padrão estético atual? Tudo narrativa. Histórias que eu contava para continuar suportando um incômodo que não precisava mais existir. A mama não me agradava, pesava nas costas, dificultava meus treinos, atrapalhava meu dia a dia. E eu sabia disso. Mas a gente aprende a se acostumar com o desconforto. Até que algo maior nos empurra.

Comigo, foi meu primeiro grande evento presencial, em 2024. Ali, revi quem eu era. Percebi que havia me tornado uma nova mulher. E ela estava pronta para uma nova versão de si. Marquei a cirurgia. E o que eu senti já no dia que marquei a data foi uma certeza profunda: por que eu não fiz isso antes? Essa é a pergunta que geralmente me atravessa quando dou um passo importante, alinhado com quem me tornei. Foi assim com este livro. Foi assim com outras escolhas fundamentais. A verdade é que as coisas só acontecem quando a gente se autoriza. Quando o merecimento finalmente encontra a coragem. Hoje, estou mais leve. No corpo. Na mente. No espírito. A cirurgia não me mudou. Apenas retirou o que já não fazia mais sentido carregar. Por isso, se tem algo que você tem adiado por vergonha, medo ou culpa: se autorize a mudar.

✦ REGISTRE

O que você tem adiado por "ladainhas mentais"?
Que escolha pode fazer hoje para se sentir mais conectada
com a mulher que já está pronta para ser?

19 maio

Pare de vender tempo!

Dia 139 de 365

Em 2016, li pela primeira vez o livro *Os segredos da mente milionária*, e uma frase me atravessou feito flecha: "Se você quer ficar rica de verdade, jamais venda o seu tempo".

Naquele ano, eu era policial federal. Servidora vocacionada. E meu plano era simples: seguir até a aposentadoria. Então, ao ler essa frase, meu primeiro pensamento foi: "Esse autor é um babaca. Como assim não vender o tempo?". Era o que eu tinha! Era o que eu fazia! Era o que havia me permitido prosperar. Eu já tinha até reservas, já investia até em ações!

Mas a frase ficou guardada em mim. E, em 2018, quando decidi empreender, ela ressurgiu. Hoje, com quase sete anos como empresária e há mais de dez anos como investidora, eu entendo. E concordo. Quem deseja enriquecer de verdade, cedo ou tarde, terá que romper a equação tempo = dinheiro. Terá que vender resultado. Criar solução. Gerar impacto. Ou investir muito bem em empresas que façam isso!

Porque, quanto maior o problema que você resolve, maior será a sua renda. Você pode começar do zero — como eu comecei. Pode estar no serviço público — como eu estive. Pode ter dedicação exclusiva — como eu tinha. Mas precisa plantar a semente de uma nova mentalidade: riqueza não nasce da troca de horas, nasce da geração de valor.

✦ REGISTRE

Você ainda está vendendo o seu tempo? Que tipo de solução você poderia começar a construir para parar de depender exclusivamente das suas horas? Como pode gerar soluções melhores em menos tempo?

20 maio

A mudança que você deseja está no ciclo que você não encerra.

Dia 140 de 365

Talvez você ainda esteja insistindo em algo porque tem medo de desistir. Já aconteceu comigo. Neguei durante muito tempo que meu lugar não era mais na Polícia Federal. Os sinais estavam lá: a exaustão, a taquicardia, a falta de sentido, a fuga em cada feriado ou viagem de férias. Mas eu fingia não ver. Pensava: "Já estudei tanto", "É um cargo tão estável", "Como vou jogar tudo isso fora?". Permanecia. Por gratidão ao passado, mas, principalmente, por receio do futuro.

Repeti essa ladainha mental em meu primeiro casamento. Havia sinais de traição emocional, financeira, afetiva. Mas eu insistia. Me convencia diariamente de que dava para consertar, que toda relação passa por fases difíceis. Até entender que algumas coisas não estão em uma fase: estão no fim.

Vejo pessoas que vivem na mesma prisão: casais que não se falam há anos, que dormem em quartos separados, mas não encerram a relação. Profissionais que já não suportam o ambiente em que trabalham, mas permanecem, insatisfeitos. Investidoras que negam o erro como meio de remediar a perda.

Mas a verdade é que há coisas que já acabaram por dentro — e só falta coragem para terminar por fora. Encerrar não é desistir. Não denota fraqueza. Ao contrário, aponta a grandeza de quem não admite podar suas asas para caber em casulos apertados.

✦ REGISTRE

O que já expirou na sua vida, mas você ainda sustenta por medo ou culpa? Que encerramento você vem adiando, mesmo sabendo que a vida que deseja começa por ele?

21 maio

Nenhuma planilha consegue medir o valor dos seus sonhos.

Dia 141 de 365

Escrever um livro, comprar um carro, empreender ou formar uma família. A verdade é que ninguém jamais poderá dizer o real preço de um sonho. Porque não estou falando dos números da planilha — estou falando dos medos superados, das noites insones, da ansiedade vencida, da coragem invisível. Coisas impossíveis de medir e, muitas vezes, difíceis até de serem compartilhadas. Você, apenas você, em sua jornada única, conseguirá fechar os olhos & sentir quanto custou.

Aprendi no livro *Suficiente*, de John Bogle, que nem tudo que pode ser contabilizado, conta. E nem tudo que conta pode ser contabilizado.

A verdade é que o real preço de um sonho não está no investimento financeiro, está nas vezes em que você quis usar o dinheiro com amenidades, mas se controlou. Está nas lágrimas silenciosas, na luta diária contra a dúvida, no medo real de não dar conta. Só você sabe quanto custou continuar acreditando quando o corpo dizia para parar.

É por isso que, hoje, eu te convido a celebrar. Porque você chegou até aqui. E isso, por si só, já é um milagre. Celebrar não é vaidade. É reconhecimento. É a pausa que honra o processo. É o brinde silencioso à mulher que você está se tornando. Você não precisa de um marco grandioso para agradecer. Cada passo conta. Cada avanço milimétrico merece respeito. Celebre.

✦ REGISTRE

Qual sonho, entre todos, mais tem desafiado você?
Que parte da sua jornada merece ser celebrada hoje — mesmo que ninguém esteja vendo?

22 maio

Riqueza mora em casa limpa.

Dia 142 de 365

Você limpa a casa. Organiza o armário. Atualiza a agenda. Mas... e a sua vida financeira? Será que talvez o dinheiro não entre porque tem tanto entulho que ele simplesmente não consegue passar? Quem sabe ele não permaneça porque sente o cheiro do bolor? Ou talvez não multiplique porque não encontra espaço?

Faturas esquecidas, metas soltas no ar, extratos acumulados feito papel de bala no fundo da bolsa. A prosperidade até tenta chegar, mas tropeça no caos. Porque, sim: riqueza gosta de ordem. Dinheiro gosta de direção.

Hoje, o convite é simples: faça uma faxina na sua casa financeira. Jogue fora o que não serve: cartões ruins, extratos velhos, mensalidades que você não usa, juros abusivos, tarifas que você nem sabia que estava pagando. O dinheiro não admite ser tratado como lixo. Organize suas entradas e saídas como quem dobra roupas e separa gavetas. Escolha uma ferramenta que funcione para você — caderno, aplicativo, WhatsApp da Riqueza. Não se trata de controle obsessivo, mas de criar espaço para a prosperidade entrar.

Quando a casa está em ordem, o dinheiro se acomoda. Fica fácil gerar, gerir e multiplicar. Ele deixa de ser peso. Passa a ser chave que abre muitas portas.

✦ REGISTRE

O que precisa sair da sua vida financeira hoje? Que organização simples você pode começar para abrir espaço para mais riqueza na sua vida?

23 maio

A culpa que você sente não é nobre. É arrogante.

Dia 143 de 365

Quando me mudei para a casa em que escrevo este livro, vivi um conflito silencioso. Uma casa ampla, linda, com valor muito acima de tudo que eu, um dia, já havia sonhado pagar. E, mesmo tendo construído essa realidade com meu trabalho, meus investimentos, minha coragem & minhas escolhas, eu me senti culpada.

Pensava na minha família. Nas condições financeiras em que alguns se encontravam. Na diferença gritante entre os salários deles e o valor pago na casa. Por semanas, questionei se eu estava sendo egoísta. Por meses, esse foi o assunto da terapia. Não seria mais "correto" viver uma vida simples e dividir com eles o que conquistei? Até que entendi: essa culpa não era nobre. Era arrogância disfarçada de empatia.

Ao sentir culpa por prosperar, era como se eu dissesse: "Eu sou mais capaz do que eles. Eles não dariam conta". E isso não é verdade. Cada pessoa tem o direito — e a responsabilidade — de trilhar a própria jornada. Eu plantei. E estava colhendo. Assim como eu, todos podem plantar. E todos podem colher!

Entendi que, quando tento "salvar" o outro da sua trajetória personalíssima, acabo por roubar a grandeza de sua vitória sobre si mesmo. Tentar salvar é interromper o ciclo de aprendizado, de autorresponsabilidade, de construção. Prosperar não é abandono. É testemunho. É promessa da vida que é possível viver.

✦ REGISTRE

Em quais áreas da sua vida você tem se encolhido
para não ferir ninguém? Que culpa precisa soltar para
viver plenamente a vida que você construiu?

24 maio

Você pode fazer escolhas em paz?

Dia 144 de 365

Tem dinheiro que, quando entra, parece lucro. Mas, quando você olha de perto, percebe: está custando sua saúde, sua energia, sua paz. Ainda vale?

Talvez você esteja mantendo um cliente que te adoece, um projeto que te esgota, uma rotina que te sufoca, só porque paga bem. Mas o custo invisível pode ser maior do que qualquer valor depositado na sua conta. Dinheiro que chega drenando sua essência é prejuízo, mesmo que pareça lucro. E paz não tem preço — tem valor. Um valor alto, vital, insubstituível.

É por isso que, como especialista em finanças, eu criei um conceito essencial para minhas alunas: a Reserva da Paz. Nada de reserva de emergência. Emergência remete ao caos, à dor, ao susto. Tudo o que nosso cérebro detesta. Reserva da Paz inspira segurança. Ela te dá a certeza de que, se algo acontecer — ou se uma oportunidade surgir —, você estará pronta. Pronta para mudar de carreira, para demitir aquele cliente, para encerrar uma sociedade. E também para aproveitar uma bela oportunidade de investimento, de realizar um sonho ou sair de férias de supetão!

A sua Reserva da Paz deve cobrir de seis a doze meses dos seus custos essenciais. E ela é construída com constância, não com perfeição. Você pode começar com um real. Mas precisa começar. Porque a estabilidade & a paz que você deseja não dependem de quanto você ganha, e sim de quanto se prioriza.

✦ REGISTRE

Você já tem uma Reserva da Paz? Se não tem,
qual o primeiro valor que você pode separar ainda hoje
para começar a sua? Seu futuro vai te agradecer.

25 maio

Agenda cheia não significa crescimento.

Dia 145 de 365

Tem dia que a gente faz tudo, menos o que precisava ser feito. Responde mensagem, resolve pendência, atende demanda — dos outros! Mas os sonhos mesmo estão lá, engavetados. Nos sentimos estagnadas, frustradas e... exaustas. Já passou por isso?

O problema é: confundimos *ocupação* com *evolução*. Só que correr de um lado para outro, sem direção, não a aproxima da liberdade que você deseja. Pelo contrário: só a afasta cada dia mais.

O que você está fazendo hoje é realmente necessário? Ou só urgente? Tem coisa que é importante, mas não grita. E por isso a gente adia. Foi assim comigo: escrever este livro sempre foi importante. Mas, como não era urgente, deixei para depois. Por cinco anos. Repito: CINCO LONGOS ANOS! Até o dia em que entendi que *a vida dos meus sonhos tinha pressa de ser vivida*. Coloquei um prazo. Tornei inadiável. Escrevi.

Hoje, quero lhe lembrar que *nem tudo precisa ser feito por você*. Algumas tarefas são delegáveis. Outras, excluíveis. A louça suja pode esperar. O aniversário da sua avó, não! A caixa de e-mail pode aguardar. O pequeno passo da realização de um sonho, não! Abra espaço na agenda para o seu futuro desejado. Pare de adiar o que realmente importa.

✦ REGISTRE

Sua agenda está cheia ou está coerente com seus objetivos? Que tarefa precisa virar prioridade ainda hoje para aproximar você da vida que deseja viver?

26 maio

O que você quer sentir com essa compra?

Dia 146 de 365

Peço licença às mais racionais para confrontá-las com uma verdade doída: toda compra é emocional. Mesmo para quem jura ser racional e consegue justificar milimetricamente cada gasto. A ciência confirma: segundo o professor de Harvard Gerald Zaltman, 95% das decisões de compra são tomadas no campo das emoções e só depois justificadas com lógica.

Foi o que nos ensinou Daniel Kahneman, vencedor do Nobel de Economia, ao dividir o cérebro em dois sistemas. O rápido & emocional decide. O lento & racional justifica depois. Ou seja, você compra porque sente. E racionaliza para se acalmar. Mas, se toda compra nasce de um sentimento, o que exatamente você está tentando sentir?

Não é o carro. Para algumas, é a sensação de liberdade; para outras, o status. Não é a casa. Para algumas, é o desejo de segurança; para outras, de estabilidade. Não é a roupa. Para algumas, é a autoconfiança; para outras, o conforto. Nem seus investimentos se salvam das emoções. Tudo feito para sentir, depois justificado para caber na planilha.

Entender essa dinâmica é o primeiro passo para mudar. Porque a questão não é deixar de comprar, é não usar a compra como fuga. Também já fui a pessoa consumista, que descontava tudo no cartão. Não à toa, cheguei a quase 150 mil reais em dívidas. Uma dívida que denunciava um grande vazio emocional. Uma vida sem sentido. Sem sentir.

Que seus gastos sejam um manifesto da sua identidade. Feitos com integridade. Pagos sem culpa, com felicidade.

✦ REGISTRE

Olhando a fatura do seu cartão, o que você estava tentando sentir nas suas últimas compras? Existem outras formas, sem custo, de se oferecer esses sentimentos?

27 maio

A covardia corrói a vida.

Dia 147 de 365

Terminei a leitura de *Véspera*, de Carla Madeira, com o peito aberto. Um livro sobre relações, sobre silêncios, sobre omissões. Mas, acima de tudo, um livro sobre a covardia. Sobre como ela se instala sorrateira. E, dia após dia, vai nos destruindo por dentro.

Covarde não é quem foge de uma convocação em tempos de guerra. Covarde é quem adia uma conversa importante, mesmo sabendo que o silêncio está doendo. É quem se irrita porque se sobrecarregou e desconta, com uma palavra atravessada, em quem mais ama. É quem posterga uma escolha por medo do julgamento. Quem prefere se justificar a se movimentar. Quem se esconde atrás do "tá tudo bem" quando não está.

Eu também sou covarde. Sou covarde quando adio decisões que já deveriam ter sido tomadas. Quando me calo diante do que exige posicionamento. Quando prefiro a facilidade da procrastinação em vez de encarar o desconforto de construir algo novo.

A covardia tem mil rostos. Mas um só destino: a corrosão. Corrói a paz. A presença. A potência. Corrói os vínculos. As finanças. A liberdade. Mas a vida, como disse Guimarães Rosa em *Grande sertão: veredas*, "tudo o que ela quer da gente é coragem". A coragem firme que age, apesar do medo. Que coloca o coração na frente, mesmo sem garantias. A coragem de quem anda pela vida íntegra. Inteira.

✦ REGISTRE

Quem tem guiado a sua vida? A coragem ou a covardia? Em qual área da sua vida a covardia ainda tem falado mais alto? O que você pode fazer hoje para retomar a coragem que a vida exige?

28 maio

Sorte é só o preparo encontrando a oportunidade.

Dia 148 de 365

"Você chamaria de sortudo o pescador que, após anos estudando os hábitos dos peixes, soubesse exatamente onde jogar a rede, apenas por sentir o vento mudar?"

Essa é uma das lições mais valiosas de *O homem mais rico da Babilônia*, de George S. Clason, uma das obras financeiras mais simples, eficazes e impactantes já escritas. Uma leitura que deveria ser obrigatória como formação do ser humano que vai entrar no jogo do dinheiro.

A verdade é que enriquecer não é fruto de sorte. É fruto de preparo. De constância. De estudo. De prática. A sorte, quando aparece, só sorri para quem está pronta. E aqui entra uma das frases que mais repito às minhas alunas: "Não encontramos ouro porque deixamos de procurar, mas porque nem sabemos reconhecê-lo".

Não reconhecer uma boa oportunidade; não compreender um bom investimento; não perceber um bom negócio — tudo isso faz com que você veja sorte onde, na verdade, existe competência, desenvolvimento, leitura de mundo.

Quer enriquecer? Prepare-se. Leia. Pratique. Aprenda. O que hoje parece um mistério, amanhã será óbvio. Porque, como diz o homem mais rico da Babilônia: "A oportunidade é uma deusa desdenhosa que não perde tempo com os que não estão preparados".

✦ REGISTRE

Você tem se preparado para reconhecer oportunidades? O que pode aprender ou estudar hoje para estar pronta quando o vento soprar a seu favor?

29 maio

Independência financeira começa quando você para de esperar ser salva.

Dia 149 de 365

Abandone agora a ideia de que alguém vem te salvar. Que outra pessoa vai te resgatar das masmorras financeiras e te proteger dos dragões dos boletos. Não é o emprego novo, o parceiro certo, o golpe de sorte. Você já tem tudo o que precisa para começar a construir a vida que deseja. Mas, enquanto continuar esperando que alguém resolva, nada se move. A autonomia não nasce da espera. Ela nasce da decisão.

Eu também já esperei. Esperei que minha família pagasse minhas dívidas em aberto. Esperei que meu companheiro organizasse a minha vida financeira. Esperei que o gerente do banco me dissesse onde investir, como se ele soubesse mais sobre o meu dinheiro do que eu mesma. Esperei. Esperei demais. Enquanto isso, perdi tempo e muito dinheiro.

Foi preciso um dar basta. Um "chega" honesto e silencioso. Um momento íntimo de verdade em que eu assumi: ninguém vai vir me salvar. E nem precisa. Porque eu posso. Porque eu devo. Porque eu mereço.

Isso não significa que você precise fazer tudo sozinha. Significa que assume o protagonismo e, aí sim, o apoio certo chega. A nitidez aparece. As oportunidades se revelam. Mas tudo começa com uma única e poderosa escolha: a de parar de esperar e começar a agir.

Porque o caminho se revela no caminhar!

✦ REGISTRE

Seja honesta, em que área da sua vida você ainda está esperando ser salva? Qual passo você pode dar hoje para assumir as rédeas da sua liberdade?

30 maio

O resultado que você não tem está no passo que você não quer dar.

Dia 150 de 365

Durante a primeira edição do meu evento presencial, o RICH, uma mulher chegou determinada a se tornar minha aluna. Ela já sabia da existência da minha formação para Gestoras Financeiras Multiplique e havia decidido que queria estar ali. Mas não sabia o valor do investimento. E, ao descobrir, achou "um absurdo".

No segundo dia do RICH, algo mudou. Ela viu outras mulheres comuns, com histórias parecidas com a dela, conquistando resultados extraordinários. Fechando contratos de 10, 20, 60 mil reais. Mulheres com a vida transformada porque um dia deram um passo. E ela, ali, decidiu dar o dela. Ela sempre havia estudado em rede pública. O valor mais alto que tinha investido num curso era 10% do que custava a minha formação. E mesmo já sendo formada por outro método de consultoria financeira, os resultados que desejava viver na profissão — ter clientes, faturar alto — não vinham.

Seis meses depois, já formada, foi convidada a fazer parte do meu grupo mais avançado. Pagou ainda mais. Com gosto. Grata. Porque entendeu a máxima atribuída a Santa Teresa d'Ávila: "É justo que muito custe o que muito vale". Viu que o problema não era o preço — eram os condicionamentos antigos dela. E que resultado de verdade não nasce do acaso. Às vezes, o salto que você espera está no investimento que você evita. O faturamento que não vem está no conhecimento que você não busca. A virada que não acontece está no movimento que você ainda não teve coragem de fazer. E, sim, a gente sempre paga para crescer. Pode ser com tempo, com erro, com frustração. Ou pode ser com dinheiro — que é, de longe, o caminho mais barato.

✦ REGISTRE

Qual investimento você tem evitado fazer? Como você pode investir ainda hoje com inteligência no seu próximo nível?

31 maio

Você é a ocasião especial.

Dia 151 de 365

Vista a sua melhor roupa. Desfrute seu melhor vinho. Use o sabonete de edição limitada. Durma com seu melhor pijama. Faça dos dias comuns um brinde à sua existência. Porque você *é* a ocasião especial.

Durante muito tempo, deixei as roupas mais bonitas para eventos públicos. As joias mais marcantes para ocasiões formais. Os talheres mais bonitos, a louça herdada, as taças — todos esperando um momento ideal. Até entender que minha vida é o meu maior evento. Que não há celebração maior do que estar viva!

A gente foi ensinada a guardar as coisas boas "para depois". Mas e se o depois nunca chegar? E se a vida for agora? Não estou falando de hedonismo. Estou falando de honra. De gratidão.

Há sabedoria em desfrutar. Há riqueza em celebrar. E a ciência prova isso exaustivamente. O melhor não foi feito para impressionar os outros, mas para você se lembrar, todos os dias, que é digna do que é bom. Que merece o que alegra. Que pode, sim, se encantar com beleza, zelo & atenção mesmo — ou especialmente — sem motivo.

Hoje, celebramos o último dia de mais um mês. Mas que ele não seja apenas mais uma virada no calendário. Que seja também lembrança de que tudo o que é belo, digno e bom merece ser vivido no presente. Sem precisar de data. Sem precisar de permissão.

✦ REGISTRE

O que você tem guardado esperando o "momento ideal"?

O que você pode usar, vestir ou viver hoje para celebrar a vida?

JUNHO

1º

O barato pode sair caríssimo.

Dia 152 de 365

Você já caiu nessa: escolheu o mais barato. Depois constatou que pagou com tempo, frustração e muito dinheiro perdido? Pois é, eu também. Já contratei mentoria barata e ganhei frustração. Já comprei blusa barata e ganhei roupa descartável. Já escolhi a marcenaria sem pagar pela arquiteta e ganhei armário torto ou sem função. Não estou dizendo que o mais caro é sempre melhor. Mas, com frequência, o mais barato é só o mais caro disfarçado. É que ele cobra em parcelas invisíveis: tempo, retrabalho, expectativa frustrada, utilidade miojo: aquela que acaba em três minutos!

Em 2021, a lição veio com força: não quisemos pagar para aprender um determinado método para criar uma ação de vendas da Multiplique. Resultado? Pagamos mais — com erros, estresse, pouca demanda e uma dose generosa de arrependimento. Foi aí que descobri: você sempre paga para aprender. Ou paga com dinheiro e acelera a conquista do resultado desejado, ou paga com tempo, frustração, talvez até com a fé de que é possível para você também.

O mesmo vale para a sua vida financeira. Tem gente que quer resolver as finanças com um vídeo gratuito de quinze segundos. Quer enriquecer sem investir tempo, energia, nem uma parcela no cartão. Quer fórmula mágica, atalho. Vivem mendigando: "Me dá uma dica?", mas nunca se perguntam: "Quanto custa a solução?".

Pagar pela solução completa é difícil. Pagar pelo erro é difícil. Escolha o seu difícil. "Senhora, vai pagar com desespero ou com cartão?" Porque não se trata de pagar mais caro, mas de pagar o que é justo. Porque "é justo que muito custe o que muito vale".

✦ REGISTRE

Qual foi o último "barato" que te custou caro?
O que você pode escolher com mais sabedoria hoje
para evitar um boleto emocional amanhã?

2 junho

Nem tudo que é valioso é impecável.

Dia 153 de 365

Certa vez, fui a uma exposição da Frida Kahlo e compartilhei nas redes meu encantamento com a força daquelas telas. Para minha surpresa, recebi comentários odiosos dizendo que, por eu falar sobre dinheiro, investimentos & enriquecimento, estar ali era incoerente. Afinal, segundo eles, Frida apoiava o comunismo, mas amava os luxos do capitalismo. Outros diziam que eu jamais deveria exaltar alguém como ela, que não era "exemplo" de mulher a ser seguida.

Discordo profundamente. Não busco exemplos perfeitos, busco referências vivas. Cheias de contrastes e potência. Toda mulher é um mosaico. Feita de pedaços contraditórios, intensos, profundos. A Frida que me inspira enfrentou a dor, o machismo, o exílio, o capacitismo. Fez da sua dor uma linguagem e da sua vida uma obra. E isso é riqueza.

Riqueza também é saber reconhecer valor onde o mundo só enxerga falha. É conseguir admirar sem idealizar. Amar sem concordar com tudo. Não enxergar essa riqueza é negar a possibilidade de sermos múltiplas, imperfeitas, aprendizes em construção.

Queremos uma vida rica, mas tropeçamos nos nossos próprios julgamentos. Cancelamos o outro — e a nós mesmas — por não cabermos num molde idealizado. Mas ser rica é, também, saber olhar para si e para as outras com maturidade. Com compaixão. Com inteligência.

Aprender com outras mulheres, mesmo em suas falhas, é um ato de sabedoria e de riqueza. É reconhecer que há beleza no caos, força na vulnerabilidade, e inspiração mesmo na dor. Nem tudo que é valioso é impecável. E é por isso que seguimos — aprendendo, errando, revendo, colhendo e escolhendo.

✦ REGISTRE

Que mulher da história te inspira, mesmo que você não concorde com tudo nela? O que você pode acolher da trajetória de outras para construir, com liberdade, a sua própria riqueza?

3 junho

Deixe a louça ficar suja!

Dia 154 de 365

Volta e meia me perguntam: "Ítala, como você dá conta de tudo?". A pergunta vem cheia de admiração — mas também de cansaço. E eu compreendo. Porque, à primeira vista, parece mesmo que dou conta de tudo: empresa, equipe, projetos, alunas, viagens, marido, cachorros, família, amigas, investimentos, treinos, saúde, mentorias, estudos, voluntariado, lazer, planta no sol e pé na grama. UAU!

Mas deixa eu te contar um segredo que talvez te liberte: eu não dou conta de tudo. Ninguém dá. Nem as pessoas que você mais admira, nem aquelas que parecem ter a vida perfeita, nem os gurus da produtividade. O que existe, de fato, é um movimento intencional de priorizar o que é inegociável. O que é sagrado. O que faz sentido. E, quase sempre, isso significa deixar outros pratos caírem. Eu, por exemplo, sou a rainha da louça suja! Por muito tempo, isso gerou conflitos no meu casamento — até entendermos que podíamos simplesmente delegar. Às vezes, é isso que falta: aceitar que não precisamos dar conta sozinhas.

Sim, tem coisa que eu deixo de fazer. Tem prazos que reprogramo. Tem mensagens que expiram. Tem ideias que nunca saem do papel. E tudo bem. Porque, ainda que possamos fazer dinheiro infinitamente, tempo e energia são recursos limitados. E a vida me ensinou que querer dar conta de tudo é receita certa para não dar conta de nada.

Hoje, mais do que concluir tudo que o mundo espera que eu faça, escolho viver de acordo com o que é essencial para mim. Isso é riqueza: reconhecer seus limites, honrar suas prioridades & construir uma vida que seja boa de ser vivida — não apenas uma lista de tarefas cumpridas.

✦ REGISTRE

O que tem sido inegociável na sua vida? Quais pratinhos você precisa deixar cair, sem culpa, para priorizar o que realmente importa?

4 junho

Caro ou falta de reconhecimento?

Dia 155 de 365

Outro dia, enquanto me maquiava para um evento, a profissional que me atendia comentou sobre um dos produtos da minha nécessaire: "Essa marca é muito cara". No dia seguinte, em uma chamada de vídeo com uma amiga, ao mencionar a tal marca, ouvi o mesmo comentário. Mas com um agravante: "Muito cara! Ainda mais sendo brasileira". E aquilo me atravessou.

Por que algo nacional é considerado mais caro do que algo importado? Por que o valor se torna problema só porque foi criado "em casa"? O que, afinal, define se algo é caro? Na prática, existem dois sentidos possíveis para essa palavra. Às vezes, dizemos "caro" quando, na verdade, não conseguimos pagar por aquilo *ainda*. Outras vezes, usamos "caro" por não vermos congruência naquilo que diverge dos nossos valores pessoais. A diferença entre essas leituras muda tudo.

Durante muito tempo, também repeti: "Isso é muito caro". Mas aprendi que caro é o que não valorizamos ou o que promete, mas não cumpre. Em vez de decretar que algo é caro, passei a me perguntar: "Isso é importante para mim? Como posso fazer dinheiro para ter isso?". Essa simples mudança de perspectiva abriu portas. Porque uma mente que busca soluções encontra as chaves. Já a mente que rejeita questões, cria prisões, inclusive financeiras.

É sobre isso que Robert Kiyosaki fala em *Pai rico, pai pobre*: "Enquanto algumas dizem 'não tenho dinheiro para isso', as mais sagazes se perguntam 'como posso fazer dinheiro para ter isso?'". A primeira resposta encerra. A segunda, expande. Não limite sua capacidade de criação de riqueza. Melhore suas perguntas!

✦ REGISTRE

O que você tem chamado de "caro" ultimamente?
Você realmente está falando sobre o valor do produto ou sobre quanto você acredita ser capaz de conquistá-lo?
Que nova pergunta você pode começar a fazer a partir de hoje?

5 junho

Cada investimento, um mundo melhor — ou não.

Dia 156 de 365

Certa vez, escutei um analista de investimento afirmando que o mercado já deveria ter virado em relação ao "acidente" de Brumadinho e ao afundamento do solo em Maceió, uma vez que as empresas Vale e Braskem eram excelentes ativos para se ter na carteira. Excelente para quem? É que do alto da Faria Lima não é possível ver seres humanos. Famílias devastadas. Uma delas foi a minha.

Neste Dia Mundial do Meio Ambiente, gostaria de lembrar que todo investimento é um voto. Um tijolo na construção do futuro. Não apenas o nosso, mas do planeta. Quando você investe, você diz: "Acredito nessa visão de mundo". Desde o início da Multiplique, levanto uma pergunta que incomoda muita gente: a que mundo esse investimento serve? Não basta perguntar quanto rende. É preciso perguntar o que sustenta. Ele financia equidade de gênero? Ele valoriza a diversidade? Ele respeita o meio ambiente? Ou, pelo contrário, está envolvido com corrupção, desastres ambientais, exploração trabalhista ou abuso de poder?

Você se orgulha da ética com que trabalha. Por que abriria mão dela na hora de investir o dinheiro que é fruto do seu trabalho? Se você defende a sustentabilidade, por que investiria em empresas que agridem o planeta? Se repudia corrupção, por que colocaria recursos nas mãos de quem financia lobby?

Investir é mais do que multiplicar capital. É financiar visões de mundo. É por isso que eu invisto em empresas que constroem o mundo em que eu quero viver. Compro de mulheres. Apoio negócios locais. Pergunto. Pesquiso. Porque, sim, dinheiro é poder. E poder sem responsabilização vira omissão.

✦ REGISTRE

O que os seus investimentos dizem sobre você? Que causas você está financiando sem perceber? Que mudança você pode fazer hoje para investir em um mundo mais alinhado aos seus valores?

6 junho

Gentileza gera riqueza!

Dia 157 de 365

Algumas obras nos impactam profundamente. Sejam filmes, séries ou livros. Você já deve ter percebido o quanto amo ler. E, hoje, me vêm à mente duas obras autobiográficas que me marcaram como poucas coisas na vida: *Eu sei por que o pássaro canta na gaiola*, de Maya Angelou, e *Depois de Auschwitz*, de Eva Schloss.

Nenhuma delas é uma leitura leve. São livros que reviram o estômago, que questionam nossa humanidade mas também revelam o milagre que é continuar existindo mesmo depois de viver o que parecia insuportável. Ambas as autoras foram mulheres que atravessaram dores abissais. Ambas escolheram contar suas histórias. Ambas me ensinaram que a vida pode ser reinventada, mesmo depois da escuridão. Essas leituras me lembram, todos os dias, de uma verdade fundamental: você nunca sabe o que a outra pessoa viveu. Não sabe o que ela passou. O que perdeu. O que suportou. Por isso, sejamos gentis.

É fácil julgar quando olhamos apenas para comportamentos. Mas toda ação é resposta a uma dor, quase sempre, invisível. Os dilemas humanos são profundos, antigos, discutidos por filósofos há milênios. E, ainda assim, seguimos sem conclusões.

Se você está enfrentando um desafio emocional — talvez motivado por um fator financeiro —, não se culpe. E se for outra mulher vivendo isso ao seu lado, não a julgue. Porque a empatia também é uma forma de riqueza.

✦ REGISTRE

Qual foi a última situação que você julgou e,
hoje, percebe que poderia ter sido mais gentil?
Como você pode treinar diariamente a gentileza
(inclusive consigo mesma)?

7 junho

Ganância + ignorância = ruína.

Dia 158 de 365

Muitas mulheres me procuram com a mesma pergunta: "Ítala, qual é o melhor investimento? Como transformo mil reais em 100 mil rapidamente?". E por mais que eu entenda a necessidade, preciso ser direta: *isso não existe*. No mundo dos investimentos, toda promessa de retorno rápido, garantido e fácil é golpe.

Se um ativo tem potencial de multiplicar seu dinheiro muito rápido, ele também tem a capacidade de destruí-lo com a mesma velocidade. Isso não quer dizer que o investimento em si seja ruim. Significa que ele é volátil. Como, por exemplo, as criptomoedas: podem valorizar muito, mas também podem despencar vertiginosamente. E o problema maior não é a volatilidade em si, mas a sua postura diante dela.

Você só perde dinheiro de verdade quando investe sem saber o que está fazendo. Quando se deixa levar pela ganância e pela ignorância. Comprar algo porque viu um influenciador dizendo que "vai explodir", sem entender o ativo, os fundamentos, o seu perfil — isso, sim, é arriscado.

Enriquecimento não é sorte. É estudo, estratégia, paciência. Como diria Warren Buffett, o mercado é uma máquina de transferir dinheiro dos impacientes para os pacientes. Se você quer crescer de verdade, vá com calma. Crescimento sólido não é feito de impulsos — é feito de fundamentos.

✦ REGISTRE

Você tem buscado enriquecer com consistência ou com impetuosidade? Em qual decisão recente o seu dinheiro foi guiado mais pela ganância do que pela estratégia? O que você pode fazer hoje para aprender realmente como multiplicar seu dinheiro?

8 junho

"Não sei" é o novo "não quero".

Dia 159 de 365

Vivemos na era da informação. Hoje, você pode aprender qualquer coisa — de física quântica a investimentos em criptomoedas — na velocidade de um clique. Universidades inteiras estão disponíveis on-line. O acesso ao conhecimento nunca foi tão democrático. Então, o que significa dizer "Não sei fazer isso" ou "Não sei nada sobre isso"? Na maioria das vezes, é apenas um eufemismo para: "Isso não é prioridade para mim".

E tudo bem se não for. O problema é se esconder atrás da ignorância como desculpa para não agir. Dizer que "não sabe investir", que "não entende nada de finanças", que "não nasceu para lidar com dinheiro" — em um mundo onde há centenas de conteúdos gratuitos, cursos acessíveis, vídeos explicativos e até perfis como o meu te ensinando todos os dias — é, no fundo, escolher continuar onde está.

E eu compreendo. De verdade. O cérebro humano prefere a repetição, mesmo que ela nos machuque. Existe uma familiaridade no caos que nos dá a falsa sensação de segurança. É por isso que existem pessoas que preferem ficar presas em ciclos financeiros ruins, em circunstâncias abusivas, em realidades que as encolhem — porque ali, ao menos, o cérebro sabe como sobreviver.

Mas saber não é mais a barreira. Coragem, sim. Coragem de começar, de errar, de assumir-se iniciante. Mesmo com um currículo impressionante. Por isso, repito sempre: "Quanto você realmente quer o que diz querer?". Porque, no fundo, todo "não sei" esconde um "não quero".

✦ REGISTRE

Em qual área da sua vida você tem se escondido atrás do "não sei"? O que você vai admitir *querer mesmo* & vai começar a aprender ainda hoje para provar isso?

9 junho

Pratique a alienação intencional.

Dia 160 de 365

Uma das chaves para o enriquecimento é, paradoxalmente, a alienação. Mas não qualquer alienação, e sim a alienação intencional. Em um mundo hiperconectado, tentar se manter 100% atualizada, consumir todas as notícias, acompanhar cada oscilação do mercado, verificar cada notificação é apenas a receita da paralisia.

A mídia de massa e as redes sociais não foram feitas para informar. Foram feitas para capturar sua atenção. E o caminho mais fácil para isso é o alarme. Manchetes sensacionalistas, chamadas dramáticas, análises que instigam medo ou euforia — tudo isso confunde mais do que esclarece. E um cérebro confuso toma péssimas decisões.

A alienação intencional, nesse contexto, é escolher o que e quando consumir. Em vez de viver à mercê do caos informativo, você seleciona fontes confiáveis, estabelece rotinas de atualização, cria um ambiente de decisões estratégicas, não impulsivas.

Na Multiplique, fazemos exatamente isso. Nosso objetivo é construir um espaço que possa informar com sobriedade & segurança. Discutimos investimentos, panorama macroeconômico, movimentos do mercado, oportunidades e pontos de atenção — mas com calma, integridade. Informação com propósito, não com alarde.

Riqueza se constrói com seletividade. Exige silêncio. Intuição. A alienação intencional não é ignorância: é estratégia. Pratique sem reservas!

✦ REGISTRE

Você tem se mantido informada ou alarmada? Que fontes você pode limitar, silenciar ou selecionar para proteger sua energia e clareza mental? Em quais fontes você pode confiar para te guiar?

10 junho

Toda dor dilacerante já foi um desconforto negligenciado.

Dia 161 de 365

Algumas mudanças chegam como uma brisa leve. Outras trovejam como uma grande tempestade, sacudindo nossa vida inteira.

Recentemente, atendi uma das minhas alunas mais avançadas. Inteligente, dedicada, admirável. Mas, naquele dia, ela chorava. O diagnóstico: depressão severa. E uma confissão que me atravessou: "Não me reconheço mais". Ela havia construído uma carreira admirável e, de repente, aquilo já não fazia mais sentido. Quem era ela agora?

Eu conhecia bem aquela dor. Em 2018, quando decidi deixar a Polícia Federal, me fiz a mesma pergunta: "Se eu não sou mais policial, quem sou eu?". Foi um dos momentos mais dolorosos da minha vida — e também um dos mais reveladores. Um reencontro com minha real essência.

Talvez você esteja vivendo algo parecido. Um trabalho que já não te preenche. Um relacionamento que te suga. Uma rotina que não cabe mais na mulher que você está se tornando. Mas, por medo da mudança, você permanece. Só que a resistência, minha cara leitora, só aumenta a dor. Essa é a frase que você precisa guardar hoje: *toda dor dilacerante já foi um desconforto negligenciado.*

A conta da negligência chega. E, quando chega, não espera. Você tem apenas duas opções: reconstruir ou permanecer abraçada aos escombros. Ao sinal do próximo desconforto, escolha a solução!

✦ REGISTRE

Quais desconfortos estão apontando um novo caminho ou posicionamento em sua vida?

11 junho

Primeiro você começa, depois você melhora.

Dia 162 de 365

Essa frase viralizou nas redes, e eu confirmo: se você começou perfeito, começou tarde. Porque toda grande realização nasce de uma entrega imperfeita. A ilusão da perfeição paralisa. A coragem do movimento transforma.

E eu sou a prova viva disso. Se quiser se certificar (ou até se inspirar), vá ao meu canal no YouTube. Busque pelos vídeos mais antigos. Outubro de 2018. Você vai encontrar a minha primeira aparição pública como educadora financeira. Quem vê a palestrante que sou hoje vai perceber ali uma oratória que ainda carecia (e muito) de desenvolvimento.

E no meu Instagram? O primeiro post ainda está lá, com a primeira logo da Multiplique. Chega a ser cômico comparado à nossa identidade visual de hoje. Mas é também precioso. Porque me lembra que tudo que hoje frutifica um dia foi semente. Um passo tímido. Uma versão inicial. Um risco assumido.

Só se melhora o que já existe. E por isso, mais do que julgamento, precisamos de movimento. A vulnerabilidade de se lançar — mesmo sem garantias — é uma das formas mais puras de sabedoria. É isso que nos permite evoluir como investidoras, esposas, filhas, profissionais. Mas, acima de tudo, como humanas.

Se tem uma verdade que repito feito mantra, é: "O tempo é meu aliado — e quanto mais ele avança, mais me enriquece".

✦ REGISTRE

O que você tem adiado por medo de não ser perfeito?
E se você decidisse dar o primeiro passo hoje, com os recursos
e a coragem que já tem, o que ousaria começar?

12 junho

Amor também enriquece.

Dia 163 de 365

"Amo você pelo que você é, mas principalmente pela pessoa que sou quando estou com você." Li essa frase em algum lugar, e me marcou. Ela me lembra que amor de verdade não é só afeto. É impulso. Relacionamentos sempre nos convidam a crescer. Ou porque inspiram nosso melhor ou porque despertam nossas sombras mais profundas. Se a pessoa que divide a vida com você hoje não está somando, a pergunta não precisa ser: "Devo me separar?". Não é nisso que acredito em um primeiro momento. Sou uma ativista do amor & do casamento. A pergunta certa é: "Quais limites precisam ser colocados?", "Quais conversas precisam ser iniciadas?".

A pessoa ao seu lado pode ser sua maior âncora ou sua maior alavanca financeira. Se ainda não está em um relacionamento afetivo, esteja atenta aos indícios desde o primeiro dia. Se você já está em um relacionamento, reconheça os sinais de comprometimento com a mudança. De maturidade, de visão de futuro. Meu esposo andava com livros embaixo do braço para onde quer que fosse. Foi um sinal de que ele acreditava na educação como fator de transformação. Isso me encantou.

Dinheiro, por exemplo, ainda é uma das maiores causas de divórcio no mundo. E muitas vezes não é por falta de recurso, mas por falta de conversa. Leve o dinheiro para o quarto do casal. Falem abertamente sobre metas, dívidas, investimentos. Encarem os desconfortos como um pacto de crescimento. A riqueza é mais rápida quando construída a dois. Mais doce quando acompanhada de um jantar romântico. Mais alegre quando realiza sonhos compartilhados.

✦ REGISTRE

Quem você se torna ao lado da pessoa com quem se relaciona hoje? Esse amor tem te ajudado a crescer? Quais conversas importantes precisam acontecer para que a relação seja também um fator de enriquecimento?

13 junho

Você é infiel!

Dia 164 de 365

Talvez você nunca tenha parado para pensar nisso, mas toda vez que você esconde uma compra da pessoa com quem compartilha a vida, omite uma dívida ou mente sobre um gasto, está sendo infiel. Infidelidade financeira é isso: quebrar acordos, silenciar verdades, viver uma realidade financeira paralela, mesmo em uma relação a dois.

Eu já fui infiel financeiramente. E também já estive do outro lado, sendo enganada, pegando empréstimo para pagar gastos não compartilhados. Cresci vendo minha mãe comprar escondido e me pedindo para não contar ao meu pai. Era "só uma comprinha". Muitas mulheres ainda acham esse comportamento divertido. Fazem memes. Normalizam. Mas não é normal. É desleal. Por outro lado, existem mulheres que fingem não ver as infidelidades financeiras cometidas contra elas porque têm menor renda ou porque concordaram em parar de trabalhar para cuidar dos filhos em tempo integral. Não importa quem gera mais dinheiro. Se o gasto é omitido, é infiel!

Se existem acordos no seu relacionamento — de orçamento a pacto nupcial —, eles devem ser respeitados. Mesmo que vocês tenham separação total de bens, sua escolha sempre impacta os dois. Um empréstimo não declarado, uma reserva desfalcada, uma compra omitida: tudo isso mina a confiança. E onde não há confiança, não há relação que se sustente. Amar é ser transparente. É reeducar-se. É revelar os fatos — não por culpa, mas por compromisso. A pessoa com quem você divide a vida merece a sua verdade. E você merece a certeza de que está dando a sua melhor parte.

✦ REGISTRE

Você já cometeu ou está vivendo ao lado de alguém que comete alguma infidelidade financeira? Que conversa precisa ser iniciada hoje para que a relação também seja um espaço de confiança no dinheiro?

14 junho

Viver é melhor que sonhar.

Dia 165 de 365

Tem uma frase, atribuída a Walt Disney, que amo: "Se você pode sonhar, você pode realizar". Mas tem algo ainda mais poderoso do que sonhar: viver. Porque viver é sujar as mãos, encarar o medo, testar ideias, vencer a ansiedade, a paralisia e o tédio. Viver é muito melhor do que apenas idealizar. E, infelizmente, muitas pessoas se acostumaram a viver no eterno campo das ideias, onde tudo é seguro, onde nada dá errado, onde nada evolui.

Há coisas que só se aprende fazendo, nenhum livro ou curso é capaz de ensinar. Você só entende o valor de uma reserva quando sente a tranquilidade de tê-la. Só se sente segura investindo depois de fazer o primeiro aporte. Só se percebe capaz de gerar mais depois de experimentar uma nova realidade.

Eu estudei o Coliseu por anos: livros, filmes, documentários. Mas nada se comparou a estar lá. A sentir a textura, a altura, a história. Foi apenas vivendo que pude sentir a grandiosidade daquela obra. Foi apenas percorrendo suas galerias que percebi que um milênio pode ser um sopro.

Viver seus sonhos exige estado de presença. Corpo entregue. Emoção inteira. Se você quer enriquecer de verdade, vai precisar sair da zona de controle e se entregar ao mundo das realizações, ao campo dos testes & das materializações, sítio dos aprendizados que só a prática proporciona. Porque, se sonhar é bom, viver é infinitamente melhor!

✦ REGISTRE

Seus sonhos valem a sua coragem de começar?
Que sonho tem sido adiado por excesso de planejamento?
O que você precisa começar a viver, mesmo sem garantias, para acessar o próximo nível da sua história?

15 junho

Tu és Deus!

Dia 166 de 365

Apesar de não seguir uma religião específica, eu amo ouvir louvores. É como me conecto mais genuinamente com a porção divina que habita em mim. E, sim, eu acredito nisso: que Deus vive em mim, vive em você, e se realiza através das nossas realizações.

Desde criança, a música foi linguagem para minha família. Cantar era oração, era encontro, era expressão. Herdei de meu pai a música, o ritmo & a poesia. E até hoje ouço louvores quase todos os dias. Um dos meus favoritos entoa: "Tu és Deus. Quem sou eu para negar o Teu poder?". Essa frase me emociona profundamente e me lembra uma passagem bíblica correspondente: "Vós sois deuses" (Salmo 82:6).

A professora Lúcia Helena Galvão, em seu livro *A lógica e a inteligência da vida*, afirma: "Não existe Deus débil". E eu concordo. Agora, conecte todas essas verdades: se não existe Deus débil; se "Vós sois deuses", se não podemos negar esse poder, por que você continua negando o *seu*?

Por que duvida da sua capacidade de transformar a própria vida? Por que resiste tanto ao seu poder, ao seu brilho, ao seu sucesso financeiro? Você não duvidaria de Deus. Então, por que duvida da fração divina que há em você? Duvidar de si é duvidar Dele. É negar a presença sagrada em tudo o que há — inclusive em você.

Hoje, pare de se apequenar. Pare de negar a sua luz. Manifeste Deus por meio das suas realizações. Prospere. Cresça. Multiplique. Porque tu és Deus. E a sua riqueza também revela o sagrado.

✦ REGISTRE

Em que área da sua vida você tem negado a sua grandeza? Qual passo você pode dar hoje para manifestar o seu poder divino no mundo?

16 junho

Não corte o cafezinho.

Dia 167 de 365

Durante a minha jornada rumo à liberdade financeira — especialmente quando ainda estava endividada —, ouvi incontáveis vezes o mesmo conselho: "Corte o cafezinho!". A recomendação vinha de educadores financeiros tradicionais, alguns muito renomados. A lógica era simples: economize o máximo que puder e você enriquecerá mais rápido. Será? A neurociência discorda.

Nosso cérebro não funciona bem sob privação constante. Somos movidas por recompensas. Não por imaturidade nem por autossabotagem, mas porque o prazer em pequenas doses é o que nos mantém engajadas na construção de metas maiores.

A riqueza verdadeira não nasce de um radicalismo punitivo, mas de escolhas intencionais. Não se trata de cortar tudo, mas de manter o que nos é mais caro. Aquilo que é sagrado para você. O que dá sentido à sua jornada & aquece os seus dias. O seu ritual de riqueza. O seu "cafezinho".

Para algumas mulheres, pode ser mesmo o café. Para outras, o chá da tarde, a manicure semanal, a aula de dança, o banho de mar, a viagem anual. Não importa o que seja. Importa que você saiba o que é. E que preserve isso.

A riqueza duradoura é aquela que respeita o seu essencial. Que suporta o equilíbrio. Que sabe cortar excessos — mas nunca aquilo que alimenta a alma. Por isso, pare de seguir fórmulas genéricas. Faça as pazes com o que é importante para você. E mantenha o que sustenta sua constância.

✦ REGISTRE

O que é o seu "cafezinho"? Que pequenos prazeres
você pode preservar, mesmo ajustando seu orçamento?
O que te dá prazer e te ajuda a continuar?

17 junho

Toda mulher que se fez rica
já foi uma iniciante.

Dia 168 de 365

Estar começando agora não é um problema — é um privilégio. Todo caminho começa com um primeiro passo, e toda mulher que se fez rica um dia também esteve como você está agora: confusa, insegura, cheia de dúvidas.

Eu também achava difícil demais, também tive medo, demorei mais de um ano para abrir conta em uma corretora. Mas continuei e continuo. Sim, porque comigo é assim até hoje e, se você não parar, vai ser com você também.

A cada novo nível, você será novamente uma iniciante. Por isso, acostume-se com esse desconforto. Entenda-o como aquele frio na barriga que precede todo grande projeto.

Toda mulher que se fez rica escolheu agir com coragem, confiar no processo (mesmo nos dias mais assustadores) & seguiu dando pequenos passos consistentes. E foi assim, pouco a pouco, que construiu sua riqueza.

Você não precisa saber tudo agora. Só precisa estar disposta a aprender, testar, ajustar e seguir. O que hoje parece complicado, amanhã será natural. O que hoje te trava, em breve será motivo de orgulho. Não subestime os seus começos, porque quem começa com coragem, termina com conquista.

✦ REGISTRE

Qual pequeno passo corajoso você pode dar hoje
em direção à vida financeira com que sonha?

18 junho

Toda escolha é um "sim" —
e infinitos "nãos".

Dia 169 de 365

A cada "sim" que você dá, inevitavelmente está dizendo vários "nãos". Quando escolhe guardar dinheiro, está abrindo mão de infinitas possibilidades de compra. Quando decide investir em saúde, está dizendo "não" à rotina inflamatória, ao abuso de açúcar, ao tempo nas redes sociais. Quando escolhe crescer, precisa deixar para trás infinitas distrações que já não contribuem com o seu progresso.

A verdade é que não dá para ter tudo ao mesmo tempo. Mas dá para ter tudo que você realmente quer. E isso exige decisão diária.

Suas escolhas estão transformando o seu presente e esculpindo o seu futuro. No fim das contas, você vive a vida que escolheu repetidamente. E a liberdade financeira que você tanto diz querer vem da responsabilidade madura contida em cada escolha diária.

✦ REGISTRE

Relembre a vida que você realmente quer viver.
Você ainda se lembra do seu dia dos sonhos? Volte a ele.
Suas ações da última semana te aproximaram dessa vida?
Se não, como você pode retomar o prumo ainda hoje?

19 junho

Saboreie os frutos!

Dia 170 de 365

Quando foi a última vez que você usou a piscina do seu condomínio? A área gourmet da sua casa? Quando foi a última vez que acendeu todas as velas, tomou o vinho mais caro da adega, se permitiu brincar com seus filhos sem pressa?

Outro dia me peguei pensando nisso. Fazia tempo que eu não usava minha piscina. Que não aproveitava a edícula com meu marido, que não celebrava o simples fato de estar viva e de ter construído a vida que tenho hoje. A verdade é que, conforme avançamos, muitas vezes esquecemos do que conquistamos. Aquilo que antes era sonho vira rotina. Aquilo que foi planejado por meses passa a ser só mais um item da casa. A decoração tão desejada já não encanta. O tempo conquistado vira tédio. O estilo de vida de herdeira se torna ordinário.

Cuidado. A rotina tem o poder de nos anestesiar. A ingratidão começa com a distração. Não basta reconhecer suas conquistas, é preciso desfrutá-las. Saborear. Deleitar-se.

Hoje, o meu convite é simples & profundo: use a piscina. Use a TV. Use a poltrona de leitura. Leia os livros. Folheie o álbum de casamento. Acenda as velas. Sirva o melhor vinho. Desfrute a vida que você já tem. Porque riqueza de verdade não é o que se conquista. É o que se vive.

✦ REGISTRE

O que você conquistou e esqueceu? O que vai fazer hoje para desfrutar de tudo que já colheu?

20 junho

Arrojada ou sofisticada?

Dia 171 de 365

No Brasil, para começar a investir, você terá que responder um "teste de perfil". No questionário, eles perguntam: "O que você faria se seu investimento caísse 10% em uma semana?". A resposta, geralmente, enquadra você entre conservadora, moderada ou arrojada. Mas a verdade é que esses rótulos dizem pouco — e, às vezes, dizem errado.

Já fui chamada de conservadora. E talvez fosse. Não por convicção, mas por ignorância. Eu tinha muitos medos. Carregava histórias familiares de perdas financeiras causadas por ganância. Achava que investimento era coisa de gente rica, de gente fria, de gente que topava viver na corda bamba. Eu não queria isso para mim. Então, me escondia atrás da armadura da prudência. Mas, na verdade, eu era só mal-informada.

Com o tempo, o estudo & a prática, fui compreendendo o jogo. Aprendi a diferenciar emoção de estratégia, ruído de fundamento. Aprendi que o mercado não é um monstro, mas um espelho. Ele apenas amplifica sua maturidade ou a falta dela. E quanto mais estudei, mais tranquila fiquei. Hoje, defino meu perfil como conservadora sofisticada. Conservadora, porque não aceito desequilíbrios na minha carteira. Sofisticada, porque sei exatamente o que estou fazendo com o meu dinheiro — mesmo que ele esteja em ações, ETFs ou criptoativos.

Quanto mais você aprende, mais sobriedade você conquista. Nem se amedronta com as crises, nem se empolga com as euforias. Ser arrojada, sem preparo, é um problema. Ser sofisticada é a solução.

✦ REGISTRE

Você tem se definido como conservadora por sabedoria ou por medo? Quanto você tem dedicado à sua sofisticação como investidora? O que você pode fazer hoje para se tornar mais estratégica — e menos reativa — com o seu dinheiro?

21 junho

O seu futuro é herança.

Dia 172 de 365

Tendemos a viver tão imersas nas demandas diárias que, muitas vezes, tratamos o futuro como se fosse uma entidade longínqua e inalcançável. Algo que "um dia" baterá à nossa porta, mas só daqui a muito tempo.

Mas a verdade é que o futuro já está sendo plantado & colhido simultaneamente — agora. Neste exato instante.

Cada sim, cada não, cada gasto culposo ou investimento consciente está germinando no minuto seguinte. Você pode não estar atenta, mas sua rotina está moldando seu destino. Carl Jung já nos alertou: "Até você se tornar consciente, o inconsciente irá dirigir sua vida e você vai chamá-lo de destino".

Futuro nunca foi destino. Futuro é herança! A herança das nossas escolhas!

O modo como você cuida (ou não) do seu dinheiro, do seu tempo e da sua saúde é um reflexo direto da vida que você está preparando para si. E quando você toma consciência disso, o hoje ganha uma importância diferente. Ele deixa de ser só mais um dia e passa a ser tudo: o grande campo de criação das infinitas possibilidades. Escolha com intenção. Invista com consciência. Aja com responsabilidade. Você vai se agradecer. Amanhã? Não! Daqui a alguns segundos!

✦ REGISTRE

Se seu futuro fosse construído apenas com base nos seus últimos sessenta dias, você colheria os frutos que gostaria? O que precisa ser ajustado na sua rotina para você colher o futuro que tanto deseja?

22 junho

O dia em que uma vida muda!

Dia 173 de 365

Era uma manhã de terça-feira pandêmica. Tínhamos acordado com o sol. Havia neblina aos pés das montanhas. Meditamos, nos abraçamos, tomamos café e ele saiu para praticar seu hobby: o voo livre. De repente, recebi a notificação que mudaria para sempre a minha vida. O print confirmava: minha exoneração da Polícia Federal havia sido publicada. A liberdade perpétua estava assinada. Deixava de ser a Ítala policial. Tornava-me Ítala empresária. Professora.

Mas esse momento havia começado muito antes. Foram um ano e nove meses de planejamento, ensaios silenciosos, noites conciliando plantões e sonhos. A Multiplique ainda era semente. Mas algo em mim já sabia: eu não podia mais adiar. Mesmo em plena pandemia, sem garantias, protocolei o pedido. No dia da publicação, alguns me ligaram, desesperados: "Você é louca, está deslumbrada". Hoje me perguntam o que fiz e como fiz, porque não aguentam mais.

Anote aí: quando você começar a viver seus sonhos, primeiro vão te chamar de louca, depois vão te perguntar o caminho. O que aprendi com essa travessia foi que, sim, você pode ser a sua própria instituição. Pode criar seu próprio trabalho, seu movimento, sua missão. Pode construir o mundo em que sempre desejou viver. Mas não seja inocente: "Grandes poderes exigem grandes responsabilidades". Eu construí reservas, organizei as finanças, estruturei a empresa. Não queimei a ponte — construí uma nova.

Se você vem sentindo um incômodo na sua atual profissão, saiba que você também pode. Você também merece. A liberdade não é um milagre. É uma decisão — acompanhada de estratégia, fé & ação.

✦ REGISTRE

Qual sonho você tem adiado por medo? O que mudaria na sua vida se você decidisse, hoje, se preparar para ele e se comprometer de verdade?

23 junho

Para enriquecer, mude de rádio!

Dia 174 de 365

Muitas mulheres chegam até mim em busca de transformação financeira. Algumas querem resultados em sete dias. Outras acreditam que um único curso será suficiente para garantir liberdade financeira por toda a vida. E eu entendo. Todas nós queremos soluções práticas, rápidas, definitivas. Mas enriquecer não é um evento. É um processo.

Imagine seu conhecimento como uma estação de rádio. Se você está na frequência 88.0, jamais acessará os resultados que estão na 150.0. É por isso que, mesmo que você assista ao melhor curso do mundo, só vai absorver o que a sua frequência atual comporta. A mudança é possível e acontece quando seu cérebro, por meio da neuroplasticidade, desenvolve novos caminhos neurais.

Como se isso não bastasse, o mundo muda. O mercado muda. Os investimentos mudam. E, se você quer prosperar, precisa aprender continuamente. Sobre produtos financeiros e sobre você mesma. Porque, em cada nova etapa da sua vida, surgirão novos desafios, novos testes, novos desejos. E, com eles, novas oportunidades de se relacionar com o dinheiro.

É assim com nosso corpo: buscamos a ajuda de profissionais regularmente. Em nossas carreiras também: buscamos formações e atualizações constantes. Mas e com o dinheiro? Muitas nunca dedicaram um minuto a sequer estudar o assunto. A verdade é que, se você vai usar dinheiro até o seu último dia de vida, então também deveria aprender sobre ele. Porque as planilhas não explicam uma crise global. E os gráficos não sustentam a motivação para persistir nos seus sonhos. A riqueza que você deseja pede dedicação contínua.

✦ REGISTRE

Você tem se dedicado com constância à sua educação financeira? O que pode fazer esta semana para se manter em movimento & mudar sua "estação de rádio"?

24 junho

Viva São João! Viva a vida!

Dia 175 de 365

Apesar de não seguir uma religião e não ter devoção a São João, nutro um carinho imenso por essa data. Sou nordestina e, no Nordeste, São João é mais que celebração religiosa: é memória viva. É cultura. É fartura.

No dia de São João, a casa dos meus avós se enchia de cor. Bandeirolas. Fogueira. Mesa farta: milho, amendoim, charque, pamonha, canjica, mungunzá! Voinho comprava os fogos. Sempre tinha chuvinha, traque e rojão. Todas as ruas se iluminavam em festa. Era bonito de ver, mais ainda de viver. Saíamos de casa: saia rodada, rostos pintados, olhos brilhando. Quem tinha pouco, naquele dia, tinha tudo.

Hoje me dou conta: aquilo era um milagre. Meus avós, que um dia passaram fome, agora ofereciam fartura às famílias que se juntavam a nós para celebrar. E o meio do ano era, para nós, um segundo Ano-Novo: uma nova chance de celebrar a vida.

Não é curioso que o solstício de inverno no hemisfério Sul aconteça próximo a 24 de junho, enquanto no hemisfério Norte seja próximo a 24 de dezembro? Do lado de lá, o Natal. Do lado de cá, a noite-luz de São João. Talvez a intenção do ritual seja a mesma: acender a fogueira interior, festejar o milagre da vida.

Essa é a força dos rituais, repetidos ano após ano. Não me recordo de vivermos uma privação sequer naquela época. Lembro-me apenas da alegria da celebração em família, cantando Flávio José em voz alta: "Eu me criei matando a fome com tareco e mariola, fazendo versos dedilhados na viola". Porque, no fim, o que fica é o registro da abundância que a gente viveu. Viva São João! Viva o Nordeste! Viva a sua história! Viva a sua vida!

✦ REGISTRE

Que memória da sua infância reacende o seu fogo da vida? Qual ritual você pode criar para celebrar hoje quem você foi & quem está se tornando?

25 junho

A poesia também ensina a enriquecer.

Dia 176 de 365

No final de um certo ano, constatei, assustada: não tinha lido nem dez livros. E olha que sempre fui uma leitora voraz! Fiquei me perguntando o que tinha mudado, e então entendi: eu estava lendo apenas livros técnicos. Um atrás do outro. Finanças. Gestão. Estratégia. Método. Mais um. E outro.

E, bem... até a alma mais disciplinada precisa de respiro. De leveza. De lirismo. De silêncio para digerir o que já aprendeu. De tempo para aplicar o que escolheu. Foi quando voltei às narrativas, às poesias, aos romances, às metáforas. E minha paixão pela leitura voltou a queimar. Li como nunca. Aprendi como sempre.

Tolo é quem acha que ficção não ensina. Que poesia não soma. Que arte não multiplica. As boas histórias nos ajudam a entender o mais valioso de todos os ativos: o humano. E entender o ser humano — suas dúvidas, anseios & dramas — é o que nos torna melhores empreendedoras, gestoras, investidoras.

Sim, eu aprendo sobre dinheiro lendo romance. Aprendo sobre patrimônio lendo poesia. Aprendo sobre investimentos assistindo a filmes. Porque o que nos enriquece nem sempre vem em porcentagens. Às vezes, vem em estrofes. Em parágrafos. Em canções.

Hoje, em vez de um registro, meu convite é: permita-se uma boa história. Um livro, um filme, um episódio. Aguce suas percepções. Porque a verdade é que a poesia também enriquece.

26 junho

Primeiro o desconforto, depois a conquista.

Dia 177 de 365

Durante um evento presencial da Multiplique, levei um grupo muito especial — as GFMs, profissionais de finanças formadas por mim — para um lugar onde nenhuma delas jamais imaginou estar. A Bolsa de Valores brasileira.

Intencionalmente, pedi que todas vestissem branco. Queríamos criar contraste com os tradicionais homens de preto que ocupam os pregões daquele lugar. Não como oposição, mas como equilíbrio. Como sinalização silenciosa: "Nós também podemos estar aqui". Porque, ao ver alguém como você em um lugar que parecia inalcançável, algo dentro de você se reconstrói.

Durante anos, mulheres foram ensinadas a se contentar com pouco. E mesmo quando começavam a prosperar, muitas ainda paralisavam. Quantas vezes você já deixou de entrar em uma loja, fazer um investimento, experimentar um novo caminho por achar que "não era para você"? Mas quem disse? O corpo sente antes da mente entender. É o frio na barriga ao se ver em um novo território. É a voz interna que grita: "Isso é exagero!", "Isso não combina comigo!", "Isso é caro demais!". Mas se você não se vê em um lugar, nunca se movimenta para chegar até ele.

A prosperidade começa com imagens. Com referências. Com permissões. Por isso, o convite de hoje é esse: permita-se causar um desconforto necessário. Use a louça guardada. Vista a roupa especial. Marque o *test drive*. Entre na loja. Inicie o investimento. Faça o que sua versão rica faria. Porque depois do desconforto vem a adaptação — e depois dela, a naturalização. Esse é o caminho: referência, decisão, ação. Um passo de cada vez, até que sua nova realidade pareça absolutamente sua.

✦ REGISTRE

Que desconforto necessário você pode provocar hoje?
Qual movimento vai abrir espaço para a mulher rica que já vive em você?

27 junho

Você é o ambiente de alguém.

✦✦✦✦✦✦✧✧✧✧✧✧

Dia 178 de 365

O círculo íntimo que cultivamos é um dos maiores influenciadores da nossa prosperidade. Para o bem ou para o mal. A pessoa com quem você divide a vida, seus amigos mais próximos, sua equipe, suas clientes. Todos esses relacionamentos impactam diretamente suas emoções, decisões e também seus resultados financeiros.

Não é romantismo, é ciência. A economia comportamental já demonstrou que nossas decisões financeiras são altamente influenciadas pelo contexto social e emocional. Richard Thaler, ganhador do Prêmio Nobel de Economia de 2017, chamou isso de *nudge* — pequenos empurrões do ambiente que moldam grandes decisões. E quando falamos de convivência, os empurrões são diários. Do ponto de vista biológico, a epigenética também reforça essa verdade. Pesquisas como a de Moshe Szyf mostram que os ambientes que frequentamos modificam a forma como nossos genes se expressam. Emoções crônicas como estresse, medo ou insegurança afetam diretamente a saúde, o comportamento e a nossa capacidade de tomar decisões.

Ou seja: o ambiente molda. E pode ser mais determinante que a própria genética. O que você consome nas redes sociais, com quem admite conviver, as músicas que ouve — tudo isso educa seu cérebro, reprograma sua biologia, fortalece ou enfraquece sua capacidade de construir riqueza & viver bem.

Você também pode ser a influência que muda tudo — no seu casamento, nas suas amizades, na sua família. A riqueza pode potencializar o afeto, a união, a relação. Por isso, siga cultivando ambientes férteis. Escolha com sabedoria. E lembre-se: você também é o ambiente de alguém. Faça sua parte!

✦ REGISTRE

Quem são as pessoas que você quer mais perto neste segundo semestre? Quem te apoia, te provoca e te escuta? E quem te drena, te sabota ou te limita a versões antigas e desatualizadas?

28 junho

Comece mesmo sem se sentir pronta.

Dia 179 de 365

É a lei da natureza: o fruto só é colhido se um dia a semente for plantada. Esperar estar pronta para começar algo é como querer colher antes de semear. Não faz sentido. É só uma forma disfarçada de adiar os grandes chamados da nossa alma.

A expectativa de encontrar-se completamente pronta para iniciar algo é uma armadilha sofisticada: parece sabedoria, mas é só medo fantasiado de cautela. A verdade é que ninguém começa com tudo em mãos. O momento perfeito é uma grande utopia!

Você começa com o que tem: um pouco de coragem, um punhado de dúvida, uma vontade que pulsa mesmo no meio da confusão. A prontidão não precede o movimento. Ela é filha dele.

A mulher que você quer ser só vai existir quando você se colocar em movimento. Comece pequena. Comece vacilante. Comece sem aplausos. Comece. Porque toda colheita nasce de uma escolha: a de não adiar mais.

✦ REGISTRE

O que você gostaria muito de ser ou viver, mas não se sente pronta para começar? Qual seria o pequeníssimo primeiro passo que te aproximaria dessa realidade? Execute-o hoje!

29 junho

Pare de negociar com o sequestrador.

Dia 180 de 365

Entre 2007 e 2009, durante minha formação na Polícia Militar, fiz cursos intensos de gerenciamento de crises e sequestros. Uma das premissas mais fortes que aprendi foi: não se negocia com sequestrador. E, com o tempo, percebi que essa regra também serve para os sequestradores da vida: o medo, a procrastinação, a culpa, a preguiça, as promessas mágicas. Tudo isso pode manter você refém de uma vida que não a representa mais.

Recentemente, um episódio me fez lembrar desse ensinamento. Contratei um serviço que não foi entregue. Vieram os atrasos, as promessas, a enrolação. Enquanto eu esperava, o profissional vendia mais para mais pessoas. O alerta acendeu: meu dinheiro, minha energia, minha confiança estavam sendo sequestrados. Rompi o contrato. Acionei o jurídico. Preferi perder um pouco a perder tudo que paguei e, o mais importante, preferi não perder mais tempo.

Você negocia com o sequestrador quando sabe que a relação já acabou, mas continua nela. Quando o projeto já esgotou, mas você insiste. Quando o medo te trava e você desiste.

A verdade é dura, mas libertadora: dizer que quer algo é fácil — difícil é sustentar o querer com ação. Você diz querer investir, mas nunca começa. Diz querer liberdade, mas continua fazendo acordos com a escassez, com a culpa, com o cansaço. E toda vez que repete "semana que vem eu vejo", você negocia com quem está te mantendo refém.

Hoje, meu convite é direto: não negocie com o sequestrador. Diga não. Cancele. Mude. Invista. Solte. Faça o que já sabe que precisa ser feito. Seus sonhos têm pressa.

✦ REGISTRE

Com qual sequestrador você vai parar de negociar hoje?

30 junho

Ainda dá tempo?

Dia 181 de 365

Chegamos ao fim do primeiro semestre. Nesse momento, uma pergunta recorrente surge nos meus *directs*, nas salas de aula, nos corredores dos eventos e até nos cafés com amigas: "Ítala, ainda dá tempo?".

Dá tempo de começar a investir? Dá tempo de mudar de profissão? Dá tempo de pagar minhas dívidas? Dá tempo para mim, que já sou avó? Dá tempo mesmo sem saber nada sobre dinheiro?

A resposta é simples e direta: se você não pretende morrer este ano, ainda dá tempo. Se você não vai desistir da vida nos próximos três meses, ainda dá tempo.

Tenho alunas de oitenta anos que estão, neste exato momento, estudando para atender famílias com consultorias financeiras. Tenho jovens de dezesseis, dezessete anos aprendendo a investir o dinheiro do primeiro estágio. Tenho mulheres endividadas, aposentadas, recém-divorciadas, mães solo, enlutadas, herdeiras, recém-casadas — todas decididas a mudar a própria história. E estão mudando. A longevidade aumentou. A medicina evoluiu. O acesso ao conhecimento nunca foi tão fácil. Então, por que continuar adiando? A vida que você sonha pode começar hoje.

Sim, ainda dá tempo de você escrever aquele livro. De voltar para a faculdade. De pintar aquele quadro. De enriquecer. De construir um patrimônio digno. De ser a primeira milionária da sua família. O tempo ideal nunca existiu. Mas o agora é uma chance concreta. Se você não a agarrar, daqui a seis meses vai se arrepender — outra vez. Não espere virar o mês. Nem virar o ano. Vire a chave. Agora.

✦ REGISTRE

O que você tem adiado por acreditar que não dá mais tempo? Que sonho gostaria de reviver? Que decisão vai tomar hoje para começar?

JULHO

1º

Você só será reconhecida pelo que realmente faz.

Dia 182 de 365

Apesar de não ter uma religião, amo a sabedoria das escrituras. Uma passagem bíblica em especial sempre me atravessa: "Pelos seus frutos vocês os reconhecerão" (Mateus 7, 16-23). Esta é uma verdade que pode doer em determinados momentos da vida. Quando estamos vivendo de adiamentos. Quando não conseguimos avançar em nossos objetivos. Dói reconhecer que nossos resultados revelam nossas escolhas. Expõem. Constrangem. Mas só se você estiver olhando pelo lado errado.

O lado certo mostra a oportunidade de melhoria, o caminho para o desenvolvimento. Não são conclusões eternas sobre quem somos. São apenas indicações de quem podemos ser. Não dizem respeito às nossas capacidades, apenas ao caminho que percorremos. Não está feliz com seus resultados? Mude o plantio. Gostaria de construir um arranha-céu, mas não tem conseguido nem fazer a fundação? Peça ajuda. Estude. Desenvolva-se.

Se deseja ser bailarina, astronauta, pianista ou escritora, ainda dá tempo. Comece. Se deseja fundar uma ONG, abrir uma empresa, passar num concurso, não precisa esperar uma data simbólica. Precisa recomeçar. Construir a obra que você deseja não é dom. É domínio. Porque, sim, somos reconhecidas pelas obras que realizamos. Mas também somos reconhecidas pelas obras que abandonamos. Pela vida que recusamos. Ser sempre semente seca e nunca ver frutos também é uma obra.

✦ REGISTRE

Que obra você ainda deseja realizar nesta vida, neste ano, neste mês? Que escolha simples você pode fazer hoje para colocar mais um tijolo nela? Você não precisa esperar o próximo 1º de janeiro para recalcular a rota. Para encerrar ciclos, para dar vida a um projeto ou para mudar tudo. Você pode fazer isso hoje. Esta semana. Este mês.

2 julho

O segredo microscópico da riqueza.

Dia 183 de 365

Meu esposo e eu temos hábitos curiosos: damos nome para os nossos carros, agradecemos aos quartos de hotel e reverenciamos os alimentos antes de cada refeição. Parecem esquisitos? Talvez sejam mesmo. Mas tem explicação.

A gente acredita que tudo tem consciência. Tudo mesmo. Desde a cadeira que sustenta seu corpo até o cafezinho matinal. Porque, no fim, tudo é átomo. "Nada se cria, tudo se transforma." Por isso, tudo carrega uma memória ancestral. Já imaginou que o átomo que compõe a página deste livro pode ter sido parte do cérebro de Einstein? O carro que você dirige já foi minério em alguma rocha. A cama onde você dorme já foi árvore, talvez floresta ou parte da cidade que você sempre quis visitar. Por isso, agradecemos! Como um ato simbólico de consciência. Mas também como parte do nosso treino do músculo da gratidão.

A ciência confirma. Segundo estudos da Universidade da Califórnia, conduzidos pelo dr. Robert A. Emmons, a gratidão melhora o bem-estar físico e mental, reduz o estresse, melhora a qualidade do sono e até fortalece o sistema imunológico. No campo financeiro, estudos da Harvard Business School indicam que a gratidão também nos torna consumidoras mais conscientes & investidoras mais assertivas.

Foi com base em tudo isso que criamos, na Multiplique, o Diário da Gratidão Financeira: um hábito simples, mas transformador. Antes de dormir, registramos três fatos cotidianos que geraram valor no nosso dia e agradecemos por eles. Um presente inesperado. Um boleto pago. Um elogio recebido. Uma venda concluída. Pequenos grandes milagres que reativam o circuito da abundância. A gratidão nos reconecta com o valor daquilo que já temos. E, quando reconhecemos valor, cultivamos prosperidade.

✦ REGISTRE

O que gerou valor para você hoje? Quais são os três momentos que merecem sua gratidão?

3 julho

Sua gaveta de calcinhas revela sua capacidade de enriquecimento!

Dia 184 de 365

A riqueza dá sinais e mora nos detalhes. Não tem nada a ver com ostentação; muito pelo contrário, está nas sutilezas.

É na incapacidade de se cuidar, de se mimar, principalmente quando ninguém está vendo, que mora a raiz de toda escassez financeira. Explico: sua gaveta de calcinhas fala sobre aquilo que só você vê. Uma gaveta na qual, muitas vezes, nem a pessoa que mais convive com você repara. Apenas você. Todos os dias.

Como está sua gaveta de calcinhas? Como estão suas calcinhas? Rendas rasgadas? Elásticos esgarçados? Desbotadas? Manchadas? Infantilizadas? E as suas finanças? Como é sua postura diante dessa "gaveta"? Novamente: a gaveta a que, muitas vezes, nem a pessoa que mais convive com você tem acesso.

Quando você não se permite cuidar nem mesmo das suas calcinhas, você também não consegue encarar suas finanças; sempre gasta mais do que gostaria; não consegue cobrar o valor justo pelo seu trabalho.

O grande poder de crescimento e nutrição de uma árvore está em suas raízes, não em seus frutos. Começa dentro. Transborda fora. A riqueza começa no que está oculto. Começa no que é mais íntimo. Revela-se no seu saldo bancário.

✦ REGISTRE

Como estão suas gavetas mais íntimas? O que elas têm revelado sobre o que você prioriza, admite & concebe em sua vida? Você tem gostado dos resultados de cada gaveta?

4 julho

Tome um chá especial.

Dia 185 de 365

Às vezes, não falta conhecimento, método ou acesso. Falta só um delicioso chá: de vergonha na cara. Eu falo isso para as minhas alunas com amor, mas também com um sorriso no canto da boca — porque sei exatamente do que estou falando. Já me peguei procrastinando o óbvio. Já fingi que "ainda estava pensando" quando, na verdade, só estava com preguiça. E sei que você também já passou por isso.

Você já sabe o que precisa fazer. Abrir conta naquela corretora. Cancelar a anuidade do cartão. Agendar a consulta que vive adiando. Negociar o financiamento. Colocar o tênis e sair para andar. Mas aí o e-mail chama. A louça. O *feed*. A vida acontece e a gente deixa para amanhã o que já deveria ter começado ontem.

Tudo bem errar — por um tempo. O problema é quando esse tempo se transforma em ciclo. A boa notícia é que existe um antídoto: o bom e velho chá... de vergonha na cara. Não importa se você é disciplinada, estratégica ou se tem alta performance. Não sei quando vai acontecer, se depois de uma viagem, uma gripe ou um feriado. Mas assuma: você vai sair da rota. E precisará reencontrar o prumo. Reacender a faísca. Tomar uma atitude.

Então, minha cara leitora: hoje é dia de contar até três & fazer o que precisa ser feito. Respira fundo. Calça o tênis. Abre a conta. Escreve a primeira linha. Paga o boleto. Liga para a terapeuta. Investe o dinheiro parado. Começa de novo — ou continua de onde parou. Porque o chá pode até não ser doce, mas o gosto da realização é!

✦ REGISTRE

Em qual área da sua vida você está enrolando com desculpas? O que já sabe que precisa fazer e vai começar hoje, com ou sem vontade?

5 julho

Nunca começamos do zero.

Dia 186 de 365

Em 2018, quando decidi sair da Polícia Federal, me senti sem chão. Eu não queria mais trabalhar com direito, com segurança pública, com a estrutura da justiça tradicional. Mas e aí? O que eu sabia fazer? Em momentos como esse, a mente pode nos trair. Ela entra no medo. Esquece o óbvio. "Não sei fazer nada. Vou ter que começar do zero", pensei.

Mas que zero? Nunca começamos do zero. Desde que nascemos, acumulamos habilidades, experiências, aprendizados. Só que, por fazermos tantas coisas rotineiramente, com tanta facilidade e naturalidade, deixamos de reconhecer o valor delas. Saber dirigir. Saber mediar uma conversa. Saber organizar uma planilha. Saber ler. Saber cuidar. Todas são habilidades. E cada uma delas é uma porta para a autoconfiança. E para o dinheiro!

No meu método, ensino um exercício simples & poderoso: o das infinitas habilidades. Pegue um papel, uma caneta, coloque um timer de cinco minutos e escreva, sem parar, tudo o que você já sabe fazer. Tudo. Sem filtro. Sem julgamento. Sem necessidade de comprovar com diplomas. Desde digitar até cuidar de plantas. Desde administrar uma casa até fazer um investimento. Ao final, além de um *boost* na autoestima, você pode descobrir novas formas de gerar dinheiro.

Foi assim que lembrei que já era professora desde a infância. Foi assim que despertei para o fato de que já ajudava minhas amigas a enriquecerem, como eu mesma havia feito um dia.

Não se renda à ladainha da sua mente. Você é um acervo vivo de talentos. Nunca começamos do zero. Até o corpo que nos gerou veio de átomos reciclados do universo. Você já é grande. Sabe muito. Pode tudo.

✦ REGISTRE

Quais habilidades você tem ignorado por considerá-las "simples demais"? Quais competências escondidas você pode reconhecer hoje como parte do seu potencial de riqueza?

6 julho

Viva a futilidade!

✦✦✦✦✦✦✦✧✧✧✧✧

Dia 187 de 365

A mente humana carece da futilidade para manter a sanidade.

Nessa jornada de construção da nossa liberdade financeira, muitas vezes podemos pensar que, com mais dinheiro, vamos nos tornar pessoas fúteis e vazias. Este inclusive foi um conceito socialmente construído, sobretudo em relação a mulheres: "a riqueza é fútil e desnecessária". Será?

Mas oras, com ou sem dinheiro, já não somos fúteis?

Veja: tudo o que não é essencial à mera sobrevivência é futilidade. Por anos, a maioria das pessoas não tinha uma dieta balanceada. Leite condensado era dado a muitas crianças como complemento à amamentação (é sério!!!). E, ainda assim, sobrevivemos. Casamentos eram realizados apenas para fins comerciais de sucessão patrimonial familiar, e não por amor. Muitas sobreviveram até a casamentos fisicamente violentos. Pessoas trabalhavam sem qualquer dignidade, sem direitos trabalhistas e até mesmo sem direitos humanos. Muitas sobreviveram.

Mas será que viemos a esse mundo, sendo "imagem & semelhança", apenas para sobreviver?

Eu acredito que não. Um dia, um homem sábio disse: "Eu vim para que tenham vida, e vida em abundância" (João, 10, 10).

Pare de achar que futilidade é algo ruim. Futilidade é tudo aquilo que não é necessário à mera sobrevivência. Amor? Futilidade. Fé? Futilidade. Arte, lazer, beleza, viagens, férias? Tudo futilidade! E vida longa à futilidade!

✦ REGISTRE

Quais futilidades você já vive rotineiramente?

Qual futilidade você vai degustar intencionalmente hoje?

7 julho

Viva no longo prazo.

Dia 188 de 365

Minha bisavó faleceu nesta data. Uma mulher com quem tive o privilégio de conviver por mais de duas décadas. Quase um século de vida, sem academia, sem suplementos, sem check-ups regulares, sem acesso a grandes tecnologias de saúde. Mas com muita fé, raízes fincadas no catolicismo, um pé cravado no paganismo, uma sabedoria ancestral que ensinava a curar com oração para santo, gemada e benzimento.

Com ela, aprendi que temos sempre o poder de recriar a nossa vida. Sempre perdoar. Sempre amar. Mas o principal ensinamento que ela me deixou foi: nós vamos viver muito. E se vamos viver muito, precisamos começar a pensar — e planejar — agora. A ciência já sinaliza o que ela, sem saber, me ensinou na prática. Segundo especialistas em longevidade, como David Sinclair e Aubrey de Grey, a geração que vai viver até 120, talvez 150 anos, já nasceu. E quem está em idade ativa hoje, pode, sim, chegar lá. A questão é: como queremos chegar lá?

De acordo com a Anbima, menos de 1% dos aposentados têm independência financeira. Os demais seguem trabalhando, dependendo da família ou, pior, de caridade. Minha bisa recebia pensão por morte do marido e aposentadoria. E nós? Teremos esses recursos? Talvez a previdência pública não suporte esse privilégio por mais tantos anos. E mais: a sua saúde — física, emocional, relacional — vai te acompanhar por mais um século?

Eu já fiz minhas contas e minha escolha. Por isso criei o Projeto 150. Porque não quero apenas viver muito. Quero viver bem. O tempo é uma terra fértil que multiplica tudo que recebe. Se semeamos descuido, ele devolve escassez. Mas se plantamos responsabilidade, ele nos devolve fartura.

✦ REGISTRE

E você, quem quer ser quando a idade da minha bisa chegar? Se você fosse viver até os 150 anos, o que mudaria hoje? Como está seu plano para aposentadoria financeira & emocional? Que passos pode dar hoje para garantir qualidade de vida no longo prazo?

8 julho

A riqueza não surpreende.

Dia 189 de 365

Ninguém além de você & Deus saberá de fato quanto custou a realização dos seus sonhos. Uma planilha não vai registrar esse valor. Se fosse pago apenas com dinheiro, seria infinitamente mais fácil.

Ninguém saberá dos dias em que você resistiu a gastar o que não devia, dos "nãos" que disse a si mesma para manter seu plano, das batalhas mentais que travou contra seu crítico interno, da força homérica que teve para superar as vozes que diziam que você não conseguiria.

Os bastidores da abundância são feitos de silêncio, de firmeza, de escolhas desconfortáveis, de retidão. O sucesso não chega ao acaso. A riqueza não surpreende quem a constrói. O resultado esperado não chega de súbito. Ele foi sustentado em cada decisão, mesmo quando ninguém estava por perto.

Como uma semente da árvore mais frondosa, a vida está sempre ouvindo o que é sustentado em segredos internos. A semente primeiro cresce para dentro da terra para depois germinar no ambiente externo.

A natureza da vida recompensa quem permanece, mesmo sem aplausos. Hoje, honre esse caminho. Honre a si mesma. E lembre-se: mesmo que o palco ainda não tenha chegado, você já está vivendo a transformação. A semente está germinando.

✦ REGISTRE

Você vem procurando aplausos ou tem sustentado a construção silenciosa da sua nova versão?

9 julho

A tempestade é você.

Dia 190 de 365

Tem um louvor que amo ouvir e cantar baixinho para mim mesma: "A tempestade é você, a chuva forte é você, o vento forte é você...". E enquanto muitos ouvem essa música pensando em Deus, eu a escuto como um lembrete íntimo: é tudo sobre mim.

Sou eu a chuva forte. Sou eu o vendaval. E sou também a calmaria. A neurociência confirma que não vemos o mundo como ele é — vemos o mundo como *nós* somos. O filtro das nossas emoções, experiências, crenças e condicionamentos determina o que percebemos como "realidade". E aí está a questão: se há um caos, uma crise, uma bagunça... até que ponto você mesma está deixando a janela aberta?

Você reclama da desorganização, mas não organiza. Reclama das piadinhas da família, mas nunca impõe limites. Reclama da conta bancária, mas nunca estuda sobre dinheiro. Então, minha cara, empresto os conceitos de Freud para perguntar: "Quanto você é responsável pelo caos do qual se queixa?".

Por outro lado, a música também canta: "A porta aberta é você, mas a fechada é você. É tudo sobre você!". E eu me lembro de uma frase poderosa que certa vez ouvi: "Disseram que eu jamais suportaria a tempestade. Eu respondi: eu sou a própria tempestade".

Somos a força criadora. Somos a força destrutiva. Você pode ser a ventania que devasta tudo ou pode ser o sal do mundo. Pode ser a onda que vira o barco ou pode ser como aquele que andou sobre as águas. É tudo sobre escolher.

✦ REGISTRE

Que tempestade você mesma tem provocado? Ela fecunda ou devasta? Em qual área da sua vida está na hora de parar de culpar o vento & começar a fechar a janela?

10 julho

Olhe como quem nunca viu.

Dia 191 de 365

Repare na turista da sua cidade. Ela caminha devagar. Sorri. Fotografa uma praça que você nem nota mais. Pede informação sobre um local que você já ignora. Ela observa. Se encanta. Acha lindo o que você parou de reparar.

Quando foi a última vez que você olhou para a sua vida com esse mesmo olhar? Que admirou a vista da janela? Que agradeceu a própria casa? Que fez um caminho diferente? Há quanto tempo você não se leva para sair? Não se propõe um encontro? Uma novidade?

Hoje, o convite é simples: visite um lugar aonde nunca foi. Entre num museu ou numa loja que sempre passou batida. Teste um novo hobby. Mude os móveis de lugar. Experimente uma comida que nunca provou. Assista a uma série em que nunca daria play. Estude um tema fora da sua bolha. Faça um novo tipo de investimento.

Veja tudo com olhos de principiante. Com curiosidade. Com abertura. Porque, às vezes, não é o mundo que precisa mudar. É só o nosso ângulo.

Como diria Einstein, insanidade é fazer as mesmas coisas esperando resultados diferentes. E se, hoje, a sua riqueza começasse por reconhecer o que você acha que já conhece?

✦ REGISTRE

O que, na sua vida, você tem deixado de enxergar por excesso de costume? O que pode redescobrir com um olhar novo, ainda hoje?

11 julho

Quem você seria se deixasse de ter medo do dinheiro?

Dia 192 de 365

Já pensou o que mudaria se você não tivesse medo do dinheiro? Medo de errar, de investir, de se posicionar, de cobrar, de olhar com clareza para os próprios números?

O medo paralisa mais do que a falta. Ele convence que é melhor ficar onde está do que arriscar crescer. Mas deixa eu lembrar uma coisa importante: você é capaz de aprender. É capaz de mudar. É capaz de prosperar.

Ninguém nasce sabendo lidar com dinheiro — e tudo o que você ainda não sabe, pode aprender. Você não precisa ser especialista em finanças, mas, sim, numa sociedade capitalista, vai precisar construir autonomia financeira para conseguir tomar boas decisões para si, conforme sua visão de futuro.

Hoje, enfrente esse medo. Olhe para o seu dinheiro com mais determinação e menos julgamento. Porque o que você evita continua controlando sua vida. E a sua liberdade começa quando a fuga termina.

✦ REGISTRE

Você foge do dinheiro? Quais são os reais medos que a assombram ao tentar encará-lo?

12 julho

O retrovisor é pequeno
por um bom motivo.

Dia 193 de 365

Já reparou no tamanho do para-brisa de um carro? Ele é imenso. Dá visão ampla. Permite ver o horizonte. Enquanto isso, o retrovisor é pequeno — e por um motivo claro: ele existe para dar noção, não direção. Serve para trazer consciência, não para ditar o caminho.

Essa metáfora me alcançou em 2018, durante um dos períodos mais difíceis da minha vida: a depressão. Eu estava afundada em ressentimento, raiva e sentimento de injustiça. Sentia-me abusada, traída, ameaçada. Revivia as cenas como se ainda estivessem acontecendo. E quanto mais eu olhava para o passado, mais paralisada ficava no presente. Tudo mudou quando escolhi perdoar. Deixei de ser vítima para assumir o protagonismo do meu futuro. Reescrevi minha história, não com negação, mas com intenção. Peguei as lições. Deixei as dores. Transformei o combustível da dor em força motriz.

E isso não é só poesia. A neurociência comprovou que nossa memória é cheia de lacunas. Recordando algo, temos a chance de completá-las. E aí está a chave: a forma como preenchemos essas lacunas determina o que vamos sentir, pensar & criar daqui para a frente.

Como diz Oprah: "Transforme suas feridas em sabedoria". Em outras palavras: pegue a lição, não fique com a dor. Sim, procure seus direitos. Vá à terapia. Mas, se você está há anos revivendo o mesmo drama, talvez o problema não seja mais o acontecimento. Talvez o que esteja faltando seja você voltar a se apaixonar pelo futuro e pela mulher incrível que já é. Você não é seu passado. O que fez e quem foi não limitam o que você pode criar. Que você tenha sabedoria para olhar para o retrovisor apenas quando necessário. O para-brisa é grande porque a vida é para a frente.

✦ REGISTRE

O que do seu passado ainda está te segurando?
Quem você precisa perdoar? Como você pode começar a se apaixonar de novo pelo seu próprio futuro?

13 julho

Contando os dias para o próximo feriado? Mau sinal.

Dia 194 de 365

Durante muito tempo no serviço público, fosse na Polícia Militar ou na Polícia Federal, minha rotina era uma só: abrir o calendário para contar os dias até o próximo feriado prolongado. Quando seria a próxima "emenda"? A próxima chance de escapar? Aquilo parecia normal — e talvez seja exatamente assim com a maioria das pessoas. Mas será que é bom?

Se você vive esperando a sexta-feira, contando as horas para as férias, suspirando pelos recessos, talvez seu dia a dia esteja te pedindo socorro. Viver assim não é sustentável. E, se não há sustentabilidade, a conta chega. Sempre.

E antes que você diga "Tá, Ítala, mas essa é a vida real", eu devolvo com carinho: será que precisa ser? Será que não dá para tirar uma manhã só sua na semana, nem que seja para ler em silêncio ou caminhar sem pressa? Será que não dá para blindar uma noite, sem telas, só para desfrutar a presença de quem você ama? Talvez você esteja num sprint, com um projeto urgente para entregar — e tudo bem. Mas a vida não é feita só de sprints. E nem toda maratona precisa ser eterna.

Se dizer "Depois a gente conversa, tô na correria" virou rotina, então já não é mais corrida. É prisão. E até mesmo o carro mais potente, sem pausa, quebra. Riqueza se expande no equilíbrio. E não há equilíbrio em "viver na correria". Permita-se construir uma rotina em que caiba você todos os dias. Não apenas no próximo feriado.

✦ REGISTRE

O que é possível fazer ainda esta semana para ter tempo para você na sua agenda? Que espaço você pode abrir — mesmo que pequeno — para respirar & lembrar por que está correndo?

14 julho

Amar também é planejar a própria partida.

Dia 195 de 365

Era 13 de julho quando recebi a mensagem da minha irmã: "Voinho não tá nada bem. Acho melhor você vir". Imediatamente, comprei uma passagem. Três horas de carro até o aeroporto. Três horas e meia de voo até Maceió. Mais uma hora até o hospital. Em todo o caminho, eu clamava em silêncio: "Meu vô, me espera. Por favor, me espera". Ele esperou.

Cheguei de madrugada. Ele já não estava consciente, mas eu sabia que me ouvia. Fiquei ao lado da cama, segurei sua mão, alisei aquela careca que tanto havia beijado durante a vida. Relembrei com ele nossas histórias, agradeci. Disse que, se ele escolhesse ir, eu entenderia. Mas, se quisesse ficar, celebraríamos juntos. No fim da tarde do dia 14 de julho, ele escolheu partir. Mas suas lições não se encerrariam.

Naquele dia, eu entendi tudo. Entendi que amar também é planejar. Porque, a partir dali, fui eu quem resolveu tudo: certidão de óbito, caixão, flores, velório, enterro, pagamentos. Tudo. O vô foi generoso até o fim: ele me deu a chance de aprender quanto custa morrer no Brasil e, mais do que isso, me fez sentir, mais do que entender, como o dinheiro é instrumento de paz.

Ele me mostrou, na prática, a utilidade de uma boa margem no cartão. De um seguro de vida. De um plano funerário. Uma Reserva da Paz. Para que o amor possa ser vivido até o último segundo. Para que o luto não precise entrar em disputa com boletos e ligações. Para que quem fica possa se despedir em paz. Se você diz que ama alguém, mas não pensa na sua própria partida, precisa rever esse amor. Não é agouro; é cuidado. Não é exagero; é maturidade. Porque não basta viver bem — é preciso partir com responsabilidade. Planejar a própria despedida é um último ato de amor.

✦ REGISTRE

Se você partisse hoje, deixaria de herança a paz ou o caos? O que você pode fazer agora para garantir que sua falta não seja também uma dor financeira para quem você ama?

15 julho

Nada quebrado, nada faltando, nada fora do lugar.

Dia 196 de 365

Essa é daquelas frases que aparecem muito em dezembro, quando todo mundo corre para organizar o caos: "Nada quebrado, nada faltando, nada fora do lugar". Mas... por que esperar o fim do ano para viver com inteireza se queremos prosperidade o ano inteiro?

A rotina, claro, atropela. Às vezes, tem uma xícara sem par, uma taxa esquecida, um sentimento engasgado. Mas será que precisamos transformar a bagunça em hábito? Será que não dá para fazer da faxina um ritual periódico — e não uma urgência de fim de ano?

Pode ser na lua minguante. No último domingo do mês. Ou, quem sabe, na metade do mês, como hoje. O que importa não é a data. É o compromisso de manter a vida respirável.

Tirar o lixo emocional. Doar o que não usamos mais — no guarda-roupa, na casa ou no coração. Organizar documentos. Rever planilhas. Cancelar taxas de cartão. Encerrar aquele pagamento automático que não faz mais sentido. Reavaliar o que você chama de valor. Porque riqueza também mora na ordem.

Hoje, convido você a praticar essa limpeza com intencionalidade. Pode começar pequeno: uma gaveta, uma fatura, um pensamento. E repetir: "Nada quebrado, nada faltando, nada fora do lugar". Não como promessa de fim de ano, mas como estilo de vida.

✦ REGISTRE

Que parte da sua vida — emocional, financeira ou prática — precisa de uma faxina hoje? O que está quebrado, faltando ou fora do lugar que você pode começar a restaurar?

16 julho

Previdência privada não é presente — é cilada!

Dia 197 de 365

No Brasil, existe um fetiche mal explicado em torno da previdência privada. Casais engravidam e logo ouvem o conselho: "Façam uma previdência pro bebê". Gente que ganha promoção já pensando: "Vou fazer uma previdência para pagar menos imposto". E tem quem responda, orgulhosa: "Claro que tenho plano para aposentadoria: fiz uma previdência privada!".

E é aqui que mora o perigo, cara leitora. A maioria dos planos de previdência privada disponíveis hoje rende menos que a poupança. E se você está "economizando" no imposto, mas sua previdência rende negativo, você continua no prejuízo. Quem economiza 3 mil e perde 7 mil, ainda perdeu 4 mil. Simples assim.

E o pior: muita gente acha que está se preparando para o futuro quando está apenas decretando uma falência a longo prazo. Porque, se a sua previdência não rende, você não está poupando. Está perdendo. E vai depender da previdência pública do mesmo jeito.

Quer presentear sua filha? Faça uma boa carteira de investimentos. Quer proteger esse dinheiro do inventário? Use seguro de vida com cobertura resgatável ou temporária. Quer garantir uma aposentadoria digna? Estude. Monte uma carteira com foco em longo prazo.

Previdência privada boa existe? Existe. Mas são raríssimas. A maioria é produto de marketing, empurrado por quem precisa bater meta no banco. Não caia nessa. E, se quiser dados, tá tudo no site da Susep.

Educação financeira é o maior presente que você pode dar para si mesma e para quem ama. E liberdade financeira só se constrói com sabedoria — não com embalagens bonitas.

✦ REGISTRE

Você já comparou o rendimento da previdência privada com outras opções? Que plano estratégico você pode começar a montar hoje para garantir sua liberdade financeira & da sua família?

17 julho

Presentear ou prosperar? Que tal os dois?

Dia 198 de 365

Em 2021, quando ainda fazia consultorias individuais, atendi uma cliente que me procurou com uma queixa comum: "Ganho bem, recebo diárias, férias, mas nunca sobra dinheiro". Começamos o diagnóstico. Planilhamos tudo. Até que um dado saltou aos olhos: mais de um terço do salário dela era gasto mensalmente com... presentes.

Ela tinha dois filhos, era ativa nas festas escolares, nos grupos de mães, nos aniversários de família. Tudo era motivo para comprar um "mimo". E veio o susto: o valor que ela gastava com presentes era suficiente para montar sua carteira de investimentos, sua Reserva da Paz e ainda realizar a viagem dos sonhos para a Europa. Minha pergunta foi direta: tudo bem para você gastar todo esse valor com presentes e não realizar nenhum dos seus objetivos?

Ela respirou fundo, respondeu com sinceridade: presentar era sua linguagem de amor. Mas ela logo reconheceu que aquele valor alto era consequência de uma completa falta de planejamento. Comprava na pressa, na loja mais próxima, pelo preço que fosse. E então entendeu: não precisava escolher entre presentear ou prosperar. Podia ter os dois. Com planejamento, inteligência e antecedência. Passou a buscar promoções, organizar um "estoque de presentes", comprar com estratégia de cartões. Resultado? Continuou sendo generosa, mas agora realizada & rica.

Revisar não é se privar. Planejar não é limitar. É fazer o que você ama com mais organização. A prosperidade não exige abandonar o que você valoriza. Ela convida a escolher com sabedoria para ter sempre o melhor de todos os mundos.

✦ REGISTRE

Que gasto recorrente você mantém por falta de planejamento? Ele está alinhado com o que você deseja conquistar? O que é possível reorganizar para continuar sendo você só que com mais dinheiro no bolso?

18 julho

Mastigue o agora.

Dia 199 de 365

Certa vez, lá em 2014, buscando por ferramentas para acalmar a minha ansiedade financeira, deparei-me com um exercício chamado *mindful eating*. Era uma meditação ativa feita durante as refeições. O convite era simples: comer devagar, de olhos fechados, sentindo textura, temperatura, cheiro, sabor.

Tempos depois, essa experiência ganhou outra dimensão. Participei de um jantar às cegas: breu total, zero contato visual com o ambiente, os alimentos ou as pessoas ao redor. Sem talheres. Sem controle. Sem antecipação. Ali, comi com o tato, com o olfato, com o coração. Senti sabores que nunca havia notado antes.

Meditar é exatamente isso: unir corpo & mente no agora. É silenciar o ruído interno para ouvir a sabedoria do instante. E por mais distante que isso pareça, a ciência comprova o seu poder. Pesquisas da Harvard Medical School mostram que a meditação regular aumenta a estabilidade emocional e ativa áreas cerebrais responsáveis pela tomada de decisões. Inclusive as financeiras.

Por isso, se hoje você se sente agitada, confusa ou desorganizada — principalmente por isso —, a meditação é para você. Ela não é feita para as mais calmas. Ela é feita para os vivos. Para os que querem viver com mais centramento, mais bem-estar, mais riqueza.

Experimente "respirar no quadrado": inspire por quatro segundos. Segure por quatro. Expire por quatro. Segure por mais quatro. Repita por um minuto. Três. Cinco. Quanto quiser. E, se preferir, diga em silêncio: "Eu estou aqui. Eu estou agora". Uma garfada por vez. Um investimento por vez.

✦ REGISTRE

Em que momento do seu dia você pode praticar o "estar aqui"?
Que decisão financeira pode ser benéfica se, em vez de pressa, você oferecer presença?

19 julho

Bolsa de luxo é investimento?

Dia 200 de 365

Vira e mexe, recebo essa pergunta: "Ítala, bolsa de luxo é investimento?". A justificativa vem pronta: "Vi um gráfico mostrando que valorizou mais que o ouro!". Sim, se você olhar apenas para esse dado, algumas peças & marcas realmente se valorizaram ao longo do tempo. Mas... foi para isso que elas foram feitas?

Essa é a armadilha. Porque a mulher que coleciona Hermès geralmente já tem tanto dinheiro que nem está preocupada com a valorização. Ela quer usar a bolsa. Viver o símbolo. Sentir o design, a arte, os atributos de marca. A bolsa não está ali como ativo, mas como assinatura estética da própria identidade.

Agora, quem fica buscando justificativas financeiras para comprar uma bolsa de luxo pode estar vivendo duas armadilhas. A primeira: está usando o dinheiro de outra pessoa e precisa justificar a compra para quem não captura o valor simbólico do item — dependência financeira. A segunda: não depende de ninguém, está comprando com o próprio dinheiro, mas sem margem. Justifica-se comprometendo o orçamento, o patrimônio, a paz — irresponsabilidade financeira.

Se uma bolsa, ou qualquer item de consumo, representa uma porcentagem alta demais do que você possui, talvez ainda não seja hora. Porque o problema não é a bolsa. O problema é a pressa. É o impulso. É a comparação. É não saber domar a si mesma. Riqueza é comprar o que quiser, mas não precisar justificar. É poder — e às vezes preferir — dizer "não". A maturidade financeira ensina a adiar sem sofrer. A conquistar com sabedoria. Quando a bolsa chegar, será a consequência óbvia de um trabalho bem-feito — e não um presente que te sufoca no mês seguinte.

✦ REGISTRE

O que você está tentando justificar financeiramente hoje? Essa compra é símbolo de realização ou uma tentativa de preencher uma ausência?

20 julho

Amizade é joia rara.

Dia 201 de 365

"Amigo é coisa para se guardar debaixo de sete chaves, dentro do coração", já dizia Milton Nascimento na canção que eternizou a amizade como um patrimônio afetivo. Amizade é um tipo raro de investimento: rende com o tempo, soma nos silêncios, se multiplica mesmo quando não fazemos aportes recorrentes. Há amizades que moram em nós feito papel de carta num baú de madeira da melhor qualidade. Basta uma lembrança, uma música, uma data, e elas se abrem de novo, perfumadas com nostalgia, cheias de significados.

Você, com certeza, tem uma amizade dessas. Da infância, da faculdade, dos corredores de um antigo trabalho ou de outro dia. Mas, diferente do que diz nossa pressa, amizade também exige presença. E não falo de presença física, mas de um "Estou por aqui, tá?", um meme bobo no meio do dia, um "Te amo" inesperado.

Durante a escrita deste livro, recebi amor em forma de mensagem, escuta, risada e silêncio respeitoso. Amigas que me emprestaram ânimo quando o fôlego falhava. Que torceram. Que me lembraram que nenhum sonho se sustenta sozinho. Amizade é isso: um espaço seguro onde não precisamos ser perfeitas, apenas inteiras. É onde a gente escora o coração quando o mundo pesa.

Neste Dia da Amizade, pare de adiar aquele café. Marque aquele encontro. Nutra os laços. Resgate a conexão. Não espere o fim de semana, o mês que vem, o "Vamos marcar". Porque riqueza de verdade também é saber cultivar gente que nos ama sem contrato, sem prazo & sem performance.

✦ REGISTRE

Quem são as amigas que te fazem lembrar de quem você é?
Qual delas merece uma mensagem, um café, um reencontro?
O que você pode fazer hoje para nutrir a riqueza dos laços que te são mais caros?

21 julho

Nem todo mundo que faz muito dinheiro é rico!

Dia 202 de 365

Outro dia, durante um evento, um empresário — ex-executivo de grandes corporações — virou para mim e disse: "Tá todo mundo alavancado, né?". Sorri. Respirei. Respondi: "Todo mundo é muita gente. Não, nem todo mundo está alavancado". Ele riu sem graça. Entendeu a gafe. Porque, além de empresária, sou educadora financeira. E eu sei que a palavra "alavancado" é apenas um eufemismo prolixo para dizer "endividado".

Esse caso me lembrou uma aluna de 2022. Sua empresa havia faturado 11 milhões de reais no ano anterior. Ela tinha um excelente pró-labore. Mas, ao decidir sair da sociedade, percebeu que nem ela, nem a empresa, possuíam mais de 40 mil reais em caixa para pagar pela ruptura. Não havia liquidez. Ela havia construído para si uma prisão com cara de mansão. É por isso que sou categórica ao dizer: fazer muito dinheiro não significa ser rica. Riqueza é uma palavra abstrata. Para mim, é liberdade de morar onde quiser, ir aonde quiser, trabalhar com o que fizer sentido, encerrar uma empresa ou uma relação com dignidade — e, sobretudo, manter a alma em paz.

Estar alavancada é o oposto disso. É viver à beira do abismo. É empreender com taquicardia. Alavancagem nada mais é do que endividamento. E por mais que o termo seja comum no mundo dos negócios, ele não deixa de ser o que é: dívida. Dívida assumida com a promessa de crescimento. Mas, ainda assim, dívida. E, se não houver muita sorte & sabedoria, vira estatística de ruína. Como investidora, é isso que analiso nos relatórios das empresas: dívida bruta, patrimônio líquido. O que sobra depois de pagar o que se deve? Porque empresa que só cresce com saldo devedor não é uma empresa próspera, é uma bomba-relógio.

✦ REGISTRE

Você tem confundido geração de renda com riqueza?
O que está sustentando sua vida hoje: base sólida ou dívidas disfarçadas de estratégia? Onde é preciso reconsiderar?

22 julho

É a sua inveja que te impede de prosperar!

Dia 203 de 365

Admiração & inveja são duas faces da mesma moeda. O nome da moeda é contraste. Cria referência ou comparação. Ambas emergem do mesmo lugar: da consciência de que existem múltiplas formas de viver. Uma vida mais bela, mais livre, mais rica — e que não é a sua. Ainda.

Enquanto a admiração inspira e convida à ação, a inveja paralisa. Ela nasce quando, diante da luz do outro, você sente a sua apagar. É uma dor que sussurra: "Por que ela conseguiu e eu não?". Aqui está a denúncia: a inveja não fala do outro. Fala de você. Expõe sua frustração, sua procrastinação, sua paralisia. Talvez você esteja julgando demais as mulheres que decidiram agir. "Pra que tudo isso?", "Está exagerando!", "É radical demais!", "Deveria curtir mais a vida". Mas, no fundo, você sabe: quem tem tempo para criticar não tem tempo para construir. E quem julga o que deseja, renuncia silenciosamente à própria conquista.

Eu já senti inveja. E quando percebo esse gatilho, me afasto. Não porque a outra pessoa me incomoda. Mas porque, naquele momento, ela ativa o pior em mim. E até que eu possa olhar de novo com olhos gratos, com espírito de aprendiz, com desejo genuíno de que o sucesso do outro se multiplique, eu me recolho, me levo à terapia.

Quando você se sente feliz pela riqueza de alguém, ensina ao seu cérebro que aquilo é possível para você também. Mas se rejeita, critica, diminui, você fecha a porta. Hoje, te convido a praticar: olhe com admiração, não com ressentimento. Abençoe o que deseja. Use o sucesso de outra mulher como bússola, não como ameaça.

✦ REGISTRE

Qual mulher desperta em você sentimentos ambíguos — admiração e incômodo? Como você pode transformar essa relação interna em admiração pura? Que passo pode dar hoje para se aproximar, de forma madura e grata, da vida que ela espelha?

23 julho

Você gosta mesmo de pistache?

Dia 204 de 365

Você já parou para pensar como a febre do pistache virou moda no Brasil? Até pouco tempo atrás, ninguém falava de pistache. De repente, ele está em tudo: bombons, sorvetes, bolos, pizzas, cafés, gominhas. Mas será que você realmente gosta de pistache?

Acontece que essa febre foi uma jogada de marketing. Literalmente. Os Estados Unidos precisavam escoar uma produção recorde de pistache. Vendo o mercado brasileiro, imenso, com consumidores ávidos, resolveram investir pesado. Criaram a demanda, pagaram influenciadores, grandes chefs, investiram em propagandas. Geraram desejo, apresentaram novas possibilidades e conseguiram o que queriam: uma nova febre. Talvez as pessoas nem gostassem tanto assim de pistache, mas se tornou algo tão desejável, tão glamouroso, que virou item aspiracional.

O marketing de massa é uma grande máquina de criar desejos e estilos de vida. Nem sempre saudáveis ou sustentáveis. Filmes, séries, propagandas e sua blogueira favorita criam diariamente novos desejos. De repente, você se vê sonhando os sonhos dos outros. Passa a fazer cada vez mais dinheiro, mas, quando realiza aquilo que achava que queria, sente-se frustrada. Encara o vazio. Não era aquilo que nutriria sua alma nem seus valores humanos mais caros.

Experimente o mundo, o pistache, a vida coreana, o perfume parisiense ou o estilo de vida indiano. Experimente o que você quiser. Descubra do que realmente gosta. Escolha sem manipulação. Não se deixe distrair.

✦ REGISTRE

Quais desejos são realmente seus? O que você pode fazer hoje para se reconectar com seus verdadeiros valores & evitar ser levada por modismos passageiros?

24 julho

Pague seus boletos com graça.

Dia 205 de 365

Tem uma frase que vive aparecendo em memes por aí: "A tranquilidade de quem não tem boleto para pagar". A imagem costuma vir acompanhada de uma criança dormindo, um cachorro na rede, um pé descalço na varanda. Mas já parou para pensar no que essa frase realmente revela?

Boletos não são maldições. São declarações de liberdade. Cada boleto pago é um lembrete: você escolheu aquela vida. Você tem onde morar, tem o que vestir, o que consumir & como viver. O gasto é uma expressão de escolha, ainda que não intencional. E o que é a riqueza senão a possibilidade de escolhermos a nossa vida?

Lembro de uma vez em que fui fazer uma massagem. Ao final, paguei o serviço e disse — do fundo do coração — "Que delícia!". A profissional se espantou, sem graça: "Como assim delícia? Você acabou de pagar! Está gastando dinheiro!". E ali percebi como ainda temos a visão distorcida sobre o ato de pagar. Respondi: "Não estou apenas pagando. Estou escolhendo o que quero viver. Isso aqui foi um presente que me dei. Um tempo só para mim. Um deleite que me permiti. Me deu saúde, presença, bem-estar. E se for para pagar assim, quero pagar mais vezes! Que Deus abençoe e multiplique!".

Ela riu. Mas a verdade é que esse olhar muda tudo. Pagar em estado de graça é abençoar a sua escolha. É permitir que mais experiências como aquela entrem em sua vida. Se hoje seus boletos te sufocam, talvez seja hora de rever o que você está escolhendo viver. Mas se eles te representam, celebre. Da próxima vez que você for pagar uma conta, silenciosamente agradeça: "Que bênção poder escolher".

✦ REGISTRE

Qual foi o último boleto que você pagou com mágoa ou pesar?
O que ele te proporcionou? Como você pode reconfigurar
seu olhar para suas próximas escolhas financeiras?

25 julho

Silêncio, Megera!

Dia 206 de 365

Os filmes da Disney me encantam com frequência e, invariavelmente, consigo conectá-los ao dinheiro. *Luca* foi um desses. Em uma das cenas, dois meninos estão prestes a descer uma ladeira de bicicleta. Um deles está paralisado de medo. O outro, mais experiente, percebe a aflição do amigo e compartilha seu segredo: "Quando as vozes ruins começam a falar na minha cabeça, eu grito: 'Silêncio, Bruno!' E sigo".

Desde então, incorporei esse exercício à minha vida. Já reparou como, quando é para te sabotar, a voz na sua cabeça grita? Ela te humilha, te culpa, te açoita. E o pior: você acredita.

No livro *Os quatro compromissos*, Don Miguel Ruiz chama essa figura de juiz interno. Um algoz sempre pronto para te punir. Eu prefiro chamá-la de Megera. Sim, a minha voz tem nome. Tem até uma representação simbólica perto da minha mesa, para eu lembrar que, quando ela fala, não sou eu. É ela. A sabotadora que vive na minha cabeça — e que, aos poucos, tenho aprendido a silenciar.

E você? Já deu um nome para a sua Megera? Ela pode ser crítica, perfeccionista, controladora, ou aquela que grita "Você não é boa nisso", "Isso não é para você!", "Quem você pensa que é?". Quando ela aparecer, responda com firmeza: "Silêncio, Megera!".

✦ REGISTRE

Que voz interna tem te paralisado? Qual nome você daria a ela? Como ela costuma se manifestar? E qual seria seu grito de liberdade para silenciá-la?

26 julho

Que herança você quer deixar?

Dia 207 de 365

Chico Anysio foi um ícone do humor nacional. Mas, ao partir, revelou um retrato triste: apesar do talento, da fama e da fortuna que passou por suas mãos, se foi deixando dívidas.

Hoje é Dia dos Avós. Meus avós foram bênçãos em minha vida. Deixaram-me referência de amor, família e comunhão. Graças a boa administração, responsabilidade & frugalidade, conseguiram ter uma vida minimamente digna na aposentadoria. Mas nem todo aposentado tem o mesmo destino.

Mais de 95% dos brasileiros chegam à aposentadoria dependendo financeiramente de terceiros — seja do INSS, da ajuda de familiares ou até de caridade. Segundo o IBGE e o Banco Central, menos de 1% chega à velhice com total independência financeira. E isso não é coincidência — é consequência. Por falta de acesso, por desinformação, por desinteresse. Gerações inteiras repetiram o ciclo da sobrevivência. Pais sustentando filhos na idade adulta, filhos sustentando pais na aposentadoria, sem nunca decretarem independência. Muitos não herdam apenas a assistência, herdam as dívidas.

Ter liberdade financeira não é apenas um desejo pessoal — é um ato de amor coletivo. É garantir que ninguém na sua família precise recomeçar do zero. É construir um chão seguro para quem amamos. Ao organizar suas finanças, investir com estratégia, ensinar seus filhos sobre dinheiro, você está deixando herança. Mesmo que ainda não tenha milhões na conta, você já está transferindo algo de muito valor: liberdade, dignidade, referência.

✦ REGISTRE

Qual herança gostaria de deixar para os que ama, não somente em valores monetários, mas também em valores humanos?

27 julho

Seja o grande amor da sua vida.

Dia 208 de 365

Quando foi a última vez que você se levou para passear? Se presenteou com flores? Colocou sua música preferida no volume máximo e dançou até perder o fôlego, sozinha, no meio da sala?

Talvez a resposta venha carregada de silêncio. Não por esquecimento, mas por hábito. Porque muitas mulheres vivem para cuidar — da casa, dos filhos, do trabalho, dos outros. E, nessa dedicação silenciosa, vão se perdendo de si. Todo mundo recebe carinho, todo mundo é lembrado. Mas ela... ela se entorpece. Esquece de si.

E não, isso não é futilidade. Isso é afeto. É soberania. É nutrição. A mulher que se doa precisa, com ainda mais urgência, aprender a se ofertar. Um banho demorado, um chá especial, um livro lido sem pressa, uma taça de espumante sem motivos. Não como pausa. Não como recompensa. Mas como um ritual de desfrute.

Se ninguém te deu flores, compre você. Se a casa anda sem graça, acenda as luzes, estoure a pipoca, crie o clima. Se o parceiro anda distraído, ofereça romance a si mesma. Se o mundo parece rude, use seu melhor edredom. Não espere os outros escreverem cartas de amor: assine as que recebe.

Porque há uma elegância silenciosa em ser a própria companhia preferida. Um poder soberano em ser sua própria fonte de prazer, alegria & abundância. Quem investe em si mesma não espera reconhecimento, o encarna. E quem aprende a se amar com doçura incondicional nunca mais aceita migalhas.

✦ REGISTRE

Quando foi a última vez que você se ofereceu um gesto de amor? Qual atitude concreta você pode tomar hoje para se lembrar, com ternura, de que o grande amor da sua vida... é você?

28 julho

O antídoto para o tudo ou nada é o quase todo dia.

Dia 209 de 365

Muitas mulheres não começam, não por falta de vontade, mas por excesso de exigência. Não vão à academia porque não conseguem ir todos os dias. Não começam a pintar porque só daria para praticar uma vez por mês. Furam a dieta numa refeição e decretam o fracasso da semana inteira. Vivem no modo tudo ou nada. E, sem perceber, levam esse padrão também para a vida financeira. Se não for para investir tudo, nem começam. Se não for para viajar de executiva, melhor nem ir. Se não for para ter o melhor cartão, não vale ter nenhum. Com isso, desperdiçam um ativo precioso: a constância.

Essa mentalidade é o que transforma pessoas inteligentes em estagnadas. E o dinheiro, minha cara leitora, não respeita a perfeição — ele respeita o hábito. É possível errar muito e ainda assim construir riqueza. Pare de esperar a perfeição para entrar em campo. Nenhuma biografia admirável começa com uma vida pronta. A excelência é filha do ridículo. Todo mestre um dia já foi um desastre.

Essa verdade ficou ainda mais vívida para mim ao assistir à série *The Chosen*. Ela reconta a história de Jesus e seus apóstolos — todos imperfeitos, humanos, errantes. Nenhum era o mais forte, o mais culto ou o mais preparado. Mas todos tinham algo em comum: estavam disponíveis. Dispostos. E isso bastava.

Talvez você ache que precisa saber tudo sobre investimentos antes de começar. Não precisa. Você só precisa retomar o movimento. Porque só é possível melhorar o que já existe. Hoje é dia 28. Não espere o novo mês, o próximo ano. Parou? Retoma. Caiu? Então levanta & anda.

✦ REGISTRE

Qual pequeno hábito financeiro você pode retomar hoje? Que escolha consistente você pode manter, mesmo que pareça pouco?

29 julho

Pare de bater panela.

Dia 210 de 365

Imagine que você está nas Maldivas. Bangalô sobre o mar, realização de um sonho. Ao abrir a varanda, você se depara com um nascer do sol que faz o tempo parar: o mar brilha, o céu se colore, você se encanta. Comovida, você pensa: *todo mundo precisa ver isso*. Então, decide acordar as demais pessoas do quarto. Só que elas não querem. Dormiram tarde, estão cansadas. Você insiste. Começa a bater a chaleira, o prato, a porta. Bate panelas. Como essas pessoas acordam? Agradecidas? Não. Acordam irritadas, xingando, achando que você enlouqueceu. O que era espetáculo se torna pesadelo.

Agora imagine outro caminho. Você prepara seu café em silêncio. Assa um pão de queijo — sim, nas Maldivas! O aroma invade o quarto, o carinho perfuma o ar. Uma a uma, as pessoas despertam. Sentem o cheiro. Encontram você ali, em paz, contemplando aquele momento. E então se emocionam. Porque agora foi escolha delas.

Essa história não é sobre Maldivas, pão de queijo ou panelas. É sobre você. Sobre o dia em que descobriu a educação financeira & decidiu que *todo mundo* precisava saber daquilo também. Mas, em vez de deixar rastro, você fez barulho. Gerou ruído. Começou a pregar, insistir, exigir. Ficou chata! Tentou acordar todo mundo no grito.

Respeite o tempo dos outros. Viva o seu processo. Atraia pelo resultado. Deixe que o cheiro da sua mudança desperte o desejo no outro. Isso convence mais do que qualquer discurso. Eu já vivi isso. No meu casamento, na minha família, na minha empresa. Antes, ninguém queria investir, ninguém queria empreender. Hoje, é o caminho mais óbvio. Porque eu deixei o aroma da transformação falar por mim. Aprendi, ainda na Polícia Militar, que "a palavra pode até convencer, mas só o exemplo arrasta".

✦ REGISTRE

Você tem tentado "acordar" alguém "batendo panela"?
O que você pode fazer hoje para inspirar pelo exemplo?

30 julho

Santo de casa faz milagre, sim — só não tem plateia.

✦✦✦✦✦✦✦✧✧✧✧✧

Dia 211 de 365

Você já reparou como os maiores estranhamentos costumam vir das pessoas que nos conhecem há mais tempo? Às vezes, basta você dar um passo em direção a uma nova versão sua que surgem os olhares tortos, os comentários disfarçados de piada, as frases passivo-agressivas: "Nossa, você mudou". Como se mudar fosse traição. E a verdade é que mudar escancara possibilidades. Revela caminhos que sempre estiveram ali sendo ignorados. E quando você escolhe percorrê-los, sem pedir permissão, sem fingir modéstia, você se torna um espelho desconfortável. E espelho, minha cara, ou encanta ou incomoda.

Sim, você mudou. Que bom! O contrário seria estagnação. A criança que você foi teria orgulho da mulher que você é? Porque é isso que importa. Não tente convencer ninguém do benefício do seu processo. Apenas viva-o. A sabedoria popular diz que "Santo de casa não faz milagre" — mas talvez o problema não seja o santo, e sim a fé de quem pede. Nem Jesus foi reconhecido em sua terra. Imagine nós. O que não dá é viver se encolhendo para caber em moldes alheios, versões vencidas, identidades que já não nos vestem mais.

A mulher que se tornou investidora, na verdade, não fez apenas um investimento. Domou seus medos. A mulher que não gasta mais por impulso não fez controle financeiro. Encarou seus vazios. A pessoa que conseguiu se impor não aprendeu comunicação assertiva. Superou o medo da rejeição. Resista à tentação de voltar para a gaveta onde te colocaram. E se disserem que você está diferente, sorria e repita: "Sim, e muito. Você tem tempo para eu me apresentar novamente?".

✦ REGISTRE

Quem na sua vida tem dificuldade de reconhecer sua nova versão? Como você pode afirmar sua mudança sem precisar de aplausos, mas sem permitir invalidações — apenas com elegância & integridade?

31 julho

Hogwarts me formou.

Dia 212 de 365

Frequentemente, durante entrevistas em podcasts, me perguntam qual livro marcou a minha história. Esperam uma grande obra financeira, um manual de negócios, um tratado de filosofia. Mas a verdade é que o primeiro título que sempre me vem à mente é *Harry Potter*. Não por fanatismo, por formação. Enquanto algumas crianças iam dormir, eu seguia madrugada adentro, varinhas em punho, feitiços e capítulos. Em cada página, mais do que magia: valores.

Aquelas palavras me forjaram antes de qualquer universidade, farda ou cargo público. Identifiquei-me com a sede de conhecimento de Hermione. Encantei-me com a bravura íntegra de Harry. Diverti-me com Rony. Pedi a Deus amigos tão leais quanto eles. Pedi mestres tão comprometidos quanto Dumbledore e McGonagall. Esperei — como tantas crianças ao redor do mundo — por uma carta que nunca chegou. Mas me alcançou. Porque livros são assim: não precisam de coruja para atravessar o mundo. Chegam pela mão de uma amiga que empresta, por uma professora que indica, pela bibliotecária da escola. Foi assim que chegaram até mim — emprestados. E mesmo sem pertencerem a mim, me construíram.

Com a saga, aprendi que talento sem caráter é um risco social. Que coragem não é estar pronto, é estar disposto. Que há nobreza no erro confessado. Que o amor, no fim, é a magia mais poderosa do mundo. Hoje, 31 de julho, é aniversário de Harry Potter. E esse não é um dia qualquer para quem cresceu entre poções e castelos. É o dia de homenagear um mundo que nos fez melhores para o nosso. Se hoje escrevo, é porque aprendi, na ficção, como ser humana. À escritora J.K. Rowling, que, ainda falida, criou esse universo bilionário & hereditário, toda minha gratidão por sua obra.

✦ REGISTRE

Que livro te formou? Qual personagem virou amigo? Quais palavras se tornaram norte? Se você pudesse agradecer hoje à história que te moldou, o que diria?

AGOSTO

1º

O leite é o primeiro tesouro.

Dia 213 de 365

Hoje é o Dia Mundial da Amamentação. E, neste diário que fala sobre riqueza, não haveria como ignorar essa que foi, para muitas de nós, a primeira forma de sustento. O leite materno é o primeiro tesouro da vida. Dele, tiramos energia, imunidade, vínculo e prosperidade futura. Um estudo publicado no *The Lancet Global Health* mostra que crianças amamentadas têm melhor desempenho escolar e maior renda na vida adulta. Sim, amamentar também pode ser o melhor investimento que se faz a uma criança. E, como todo investimento, cobra seu preço.

Amamentar não é um dom celestial. É trabalho diário, físico e emocional. Uma pesquisa do Departamento de Agricultura dos Estados Unidos estima que mães que amamentam em livre demanda dedicam, em média, 1800 horas por ano apenas a esse gesto. É mais tempo do que uma jornada de trabalho formal. No entanto, quantas vezes essa dedicação é invisibilizada? Naturalizada? Romantizada? Desvalorizada? Se queremos uma sociedade com adultas saudáveis, produtivas, emocionalmente estáveis e financeiramente prósperas, precisamos cuidar das mães. Mães exaustas e sobrecarregadas não conseguem doar o melhor de si.

Hoje, reconheço e reverencio todas as mulheres que foram fonte de sustento social. Em especial, agradeço à minha mãe: minha primeira fonte de nutrição, afeto e riqueza. Seu corpo foi meu primeiro abrigo. Seu leite foi meu primeiro banco. Seu colo, meu primeiro porto seguro. Que possamos, como sociedade, cuidar de quem cuida. Amparar quem sustenta. E investir, com abundância, nas mães que amamentam — porque assim começa toda a nossa economia: na mais pura forma de doação.

✦ REGISTRE

Quem foi a sua primeira fonte de riqueza nesse mundo? Como você pode reconhecer e agradecer hoje? E, se você for essa mulher para alguém: reconheça sua grande contribuição social & familiar.

2 agosto

A vida não acorda pronta.

Dia 214 de 365

Outro dia, elogiei o cabelo de uma amiga. Estava realmente lindo. Mas o que veio em resposta foi um clássico travestido de modéstia: "Tá de escova, amiga. Não tenho a sua sorte de acordar pronta". Sorri. Respondi: "Não é sorte. Meu cabelo não acorda pronto".

Essa frase escancara um padrão social extremamente limitador: interpretar a vida dos outros como um presente que caiu do céu. Como se autoestima, estabilidade financeira, saúde ou realização fossem privilégios espontâneos, e não consequências de escolhas cotidianas. Quantas vezes você já pensou ou ouviu alguém dizer: "Para ela é fácil, tem dinheiro", "Ela é boa com números", "Ela tem apoio". Mas raramente alguém reconhece as horas de estudo, as renúncias ao prazer imediato, o tempo dedicado, os bastidores do resultado.

Essa mesma amiga se queixa comigo das finanças, justificando que não tem tempo para estudar. Porém está nos *stories* todos os dias. Comenta, compartilha, interage. Ela certamente tem dez minutos — só não usa. E segue reclamando dos mesmos problemas.

Aqui vai uma verdade incômoda: você está escolhendo a realidade que vive. E se não gosta dela, precisa escolher melhor. Porque escolhas fáceis — como evitar a planilha, adiar o estudo, manter os mesmos hábitos — te prendem numa vida difícil. Mas escolhas difíceis — como estudar, mudar, assumir responsabilidade — conduzem a uma vida infinitamente mais fácil. Você não precisa de sorte. Precisa de compromisso. Porque, no fim, nada "acorda pronto". Nem o cabelo. Nem a conta bancária. Nem a mulher que você quer se tornar.

✦ REGISTRE

O que você tem chamado de "sorte" nas outras pessoas?
O que precisa começar a sustentar hoje — mesmo que seja difícil — para viver uma vida mais leve amanhã?

3 agosto

Quem educa um pai, educa uma geração.

Dia 215 de 365

Fui uma dessas sortudas que teve um pai presente. Um homem que, mesmo com todas as limitações do seu tempo, escolheu permanecer. Deu não apenas afeto, mas se fez presente. Não me deu apenas sustento, mas conversa, arte, humor e fé. Meu pai não foi perfeito, mas foi íntegro. Enquanto minha mãe estudava para concluir a graduação que ele mesmo ainda não tinha, era ele quem me colocava para estudar, para dormir e para sonhar.

Neste mês dedicado aos pais, convido você, leitora, a refletir comigo: como educar meninos para que não repitam o pacto social da omissão paterna? Para que, caso um dia escolham ser pais, assumam não só a biologia, mas a biografia de uma criança? Ainda normalizamos a ausência dos pais com uma indulgência assustadora. Quando uma mãe se ausenta, chamam de abandono. Quando um pai o faz, é "esperado".

Mas quem dá suporte a uma mulher quando o puerpério a toma por completo, quando o corpo já não a reconhece, quando o mercado de trabalho a ignora? Homens com hombridade sabem apoiar. Pais de verdade permanecem.

Minha gratidão se estende a todos os homens que, mesmo sem terem recebido tudo, ofertam tudo o que têm de melhor. E deixo aqui um clamor: mais pais precisam saber falar de dinheiro com suas meninas. Validar sua inteligência, sua autonomia, sua capacidade de prosperar. Porque toda menina que cresce acreditando ser rica — em valor, em possibilidades, em capacidades, em futuros — transforma o mundo.

✦ REGISTRE

Que referências de paternidade você carrega & quais deseja cultivar nas próximas gerações?

4 agosto

Quem acredita na sua riqueza?

Dia 216 de 365

Um experimento conduzido por dois psicólogos de Harvard demonstrou o poder das expectativas. Disseram aos professores de uma escola que certos alunos, escolhidos aleatoriamente, eram "potencialmente geniais". Os professores acreditaram. O resultado? Ao final do ano, aqueles alunos, cujo desempenho sempre ficava abaixo da média, se destacaram como os melhores da turma. Nenhuma mudança nas relações. Nenhuma explicação. Nenhum privilégio concedido. Apenas a crença silenciosa de alguém em suas potencialidades.

O que isso tem a ver com dinheiro? Tudo. Porque se a expectativa de um estranho é capaz de transformar o resultado de um estudante, imagine o impacto sobre a sua vida financeira. Imagine o que acontece com uma mulher que, há séculos, é descredibilizada. Que foi ensinada que dinheiro é coisa de homem. Que ouviu, sutil ou escancaradamente, que administrar riqueza não é para ela. Fomos moldadas por um meio que não acreditava na nossa prosperidade. E, pior: que nos ensinou a duvidar umas das outras. Quantas vezes você ouviu que mulher é difícil de lidar? Que mulher gasta demais? Eu já afirmei preferir trabalhar com homens. Já critiquei outras de nós. E, como policial, ouvi elogios duvidosos: "Você trabalha tão bem quanto um homem". Como se ser mulher fosse um demérito.

Esse olhar distorcido se estende à riqueza. Mas é possível mudar esse meio. Se você não tem um ambiente que acredita na sua capacidade de enriquecer, crie-o. Ou se insira em um que já existe. Foi assim que nasceu a Multiplique: como um espaço onde toda mulher pode ser vista como genial, capaz, rica — mesmo antes de ela acreditar nisso. A ciência provou. A vida demonstrou. Ou você muda de ambiente, ou você muda o ambiente, ou o ambiente te muda!

✦ REGISTRE

Em que momentos da vida você duvidou da sua capacidade de prosperar por ser mulher? Que novos ambientes ou referências você pode buscar para reconstruir sua visão sobre si mesma?

5 agosto

Dinheiro não sustenta o que o corpo não aguenta.

Dia 217 de 365

Costumo dizer que CPF fraco não constrói CNPJ forte. E, por mais que essa frase tenha nascido no contexto das finanças, ela carrega verdades que atravessam outros pilares fundamentais da vida — como a saúde física, mental e emocional.

Durante a fase mais endividada da minha vida, eu também negligenciava minha saúde. Estava adoecida, desatenta ao meu corpo, me nutrindo mal, dormindo mal. Não eram fatos coincidentes. Eram consequentes. Talvez você esteja exatamente nesse ponto agora. Se for o caso, a sugestão é: comece pelo simples. Um passo na esteira. Um instante ao sol. Um alimento fresco. Pequenas mudanças criam curvas angulares exponenciais ao longo do tempo.

Não existe prosperidade real sem vitalidade. Má alimentação, sono desregulado, sedentarismo, ausência de sol: tudo isso corrói, aos poucos, não apenas a sua saúde, mas sua capacidade de tomar boas decisões financeiras. E problemas financeiros, por sua vez, impactam diretamente o desempenho cognitivo. Um estudo publicado na revista *Science*, liderado por pesquisadores da Universidade Princeton, demonstrou que pessoas sob pressão econômica têm sua capacidade de raciocínio reduzida em até treze pontos de QI — o equivalente a passar a noite em claro todos os dias. Ou seja: quem está no caos financeiro pensa pior, decide pior, age pior. E o ciclo se retroalimenta.

Indo além, considere investir num plano de saúde. Exames regulares, atendimento de urgência e check-ups anuais não são luxo — são blindagem. Cuidar da sua saúde também é uma forma de proteger & prosperar sua conta bancária.

✦ REGISTRE

Hoje é o Dia Nacional da Saúde. Como você está cuidando da sua? Qual hábito você pode começar a cultivar para fortalecer o corpo que vai sustentar sua riqueza?

6 agosto

Dinheiro parado mofa.

Dia 218 de 365

Quando foi a última vez que você fez uma limpa de verdade na sua casa? Não falo da faxina do sábado, mas de um destralhe: separar o que serve do que encalhou, o que te alegra do que só vem ocupando espaço. Lembre-se: tudo o que a cerca um dia já foi dinheiro da sua conta.

Aquela câmera que você não usa há três anos? Dinheiro parado. As toalhas que nunca viram o sol? Dinheiro mofando. A blusa com etiqueta que não combina mais com sua nova fase? Dinheiro encostado. Fazer esse giro não é só desapego. É transformar o que está estagnado em novas possibilidades. Organize cômodo por cômodo. Monte caixas: doação, venda, conserto. Pergunte no grupo das amigas. Leve pro bazar do condomínio. Poste no brechó online. Você vai se surpreender com quanto pode recuperar — em espaço, em energia e em dinheiro.

Como se não fosse o suficiente, pesquisas da Universidade do Novo México, conduzidas pela PhD Catherine Roster, identificaram que a desordem física pode levar a sentimentos de derrota e perda de controle, resultando em estresse, depressão ou ansiedade. Ou seja, fazer esse destralhe ainda te põe mais pronta para construir a vida e a riqueza que você deseja!

A verdade é uma só: se está parado, está errado. Dinheiro gosta de fluxo. Casa limpa & conta cheia. Coração leve para viver o que realmente importa. Não espere o réveillon. Comece agora.

✦ REGISTRE

Qual item da sua casa representa uma versão antiga que você já superou? O que você pode colocar em movimento hoje para abrir espaço para o novo e ainda fazer renda extra?

7 agosto

Você não é o seu saldo bancário.

Dia 219 de 365

Outro dia, uma aluna chegou até mim desesperada. Mais de 90 mil reais em dívidas. Olhos marejados, respiração curta, sensação de estar sufocando. A primeira coisa que fiz foi lembrá-la de algo que talvez você também precise ouvir hoje: você não é o seu extrato bancário. Você não é um balanço patrimonial. Tudo isso é circunstância. E circunstâncias sempre podem ser transformadas.

Contei a ela que já tive dívidas bem maiores. Que já estive nesse mesmo lugar. E que, sim, é possível sair dele. Depois disso, ensinei o passo a passo para renegociar as dívidas.

Em menos de uma semana, ela voltou com o semblante completamente diferente: tinha quitado tudo com 99% de desconto. Sim, você leu certo: noventa e nove por cento. Nome limpo, paz de volta, autoestima restaurada. E o efeito foi em cascata: o casamento melhorou, a relação com os filhos também, o trabalho fluiu.

Parece milagre? É só o efeito colateral de quando a vida financeira começa a entrar nos trilhos. Inúmeras pesquisas, como uma conduzida pela Associação Americana de Psicologia, comprovam a relação direta entre estabilidade financeira & bem-estar emocional.

Mas não se trata de estatística aqui. Trata-se de você. Talvez aquilo que você mais deseja não esteja em "trabalhar mais" ou "se privar mais". Talvez esteja em "aprender como". Como renegociar. Como organizar. Como investir. Como prosperar. A informação está aí, abundante. Mas você está disposta a acessá-la? Não é sorte. É conhecimento. E ação. A aluna do começo dessa história está colhendo os frutos de ter buscado ajuda. E você? Vai continuar frustrada ou vai se perguntar: "Como eu posso mudar isso agora?".

✦ REGISTRE

O que você ainda não conquistou por falta de conhecimento? Que pergunta você pode fazer hoje para acessar a mudança que tanto deseja?

8 agosto

O portal da prosperidade
se abre com rituais.

Dia 220 de 365

Dizem que 08/08 é um dia de portal. Na numerologia cabalística, o número oito é símbolo arquetípico de prosperidade, de equilíbrio entre o mundo material & espiritual. Mas mesmo que você não acredite em portais, anjos ou energia numerológica, eu te convido a considerar esse dia como um lembrete: criar rituais é criar direção.

Somos seres de hábitos. De sequências. De comandos mentais que repetimos todos os dias mesmo sem perceber. Raspar a língua, preparar o café, agradecer antes de dormir, abrir a Bíblia ou perguntar a oráculos. Rituais. E eles não precisam ser mágicos para serem transformadores. Precisam ser intencionais. E podem ser financeiros.

Preencher sua planilha e observar seu dinheiro semanalmente? Ritual. Um momento quinzenal para se sentar com quem você divide a vida e revisar o orçamento da casa? Ritual. Um espaço mensal para reavaliar seus investimentos, seus sonhos, suas metas? Ritual. Podemos considerá-los hábitos rotineiros ou oferecer a eles respeito, tornando o ordinário sagrado.

Rituais organizam. Criam consistência. Ancoram intenções. E, acima de tudo, programam o cérebro para reconhecer o que é íntimo e valioso. Você pode chamar de rotina se quiser. Mas eu gosto de pensar que é uma oferenda silenciosa ao que desejo viver.

Se prosperidade é o que você quer, ritualize-a. Crie o hábito de tratá-la com reverência. Porque, no fim, não são as datas que abrem portais. Somos nós. Com cada escolha. Com cada sim dado a nós mesmas. Com cada ação simbólica firmada no compromisso com a vida que queremos viver.

✦ REGISTRE

Que novo ritual financeiro você pode criar hoje?
Como você pode transformar algo ordinário — como preencher uma planilha ou revisar seus gastos — em um símbolo sagrado do seu compromisso com a riqueza?

9 agosto

Que nunca nos falte mandacaru.

Dia 221 de 365

Ontem foi Dia do Nordestino. Eu, alagoana, não me reconheço na data, mas vou aproveitá-la como pauta. Morei em muitos estados. Em cada um, encontrei uma versão diferente do mesmo preconceito. Em Brasília, durante o curso de formação da Polícia Federal. No Mato Grosso do Sul, por mais de seis anos. Até na Bahia, vizinha de estado, meu sotaque se chocava com o local. E, claro, no Sudeste, onde os olhares tentam nos reduzir a folclore, "graça" e "exotismo". Já ouvi que meu sotaque era bonitinho — mas precisava ser "corrigido" para alcançar grandes palcos. Já ouvi piadas ofensivas que não cabem no século em que vivemos. Já escutei horrores que poderiam dar causa a mandados de prisão.

E é justamente por isso que sigo. Subo nos palcos. Dou entrevistas, falo em nome de milhares de mulheres que carregam a força da terra que dizem ser infértil, mas tudo faz prosperar. Falo porque sei que meu som carrega mais que vogais abertas e consoantes dobradas: carrega memória, sabedoria & poder.

Se você me acompanha, sabe que eu levo o Nordeste em tudo que faço. Uma das analogias mais marcantes das minhas palestras nasceu dele: o mandacaru, cacto de raiz profunda que sobrevive a até três anos de seca. Armazena. Gerencia. Distribui. E mesmo na mais dura estiagem, entrega nutrição ao gado, alimento ao povo. O mandacaru não apenas sobrevive: ele sustenta. Ele multiplica. Ele prospera. E eu pergunto: quanto tempo você sobreviveria sem seu recurso mais essencial? O mandacaru tem sua água. E você, tem suas reservas? Essa é a grande sabedoria do povo nordestino: saber multiplicar o que se tem. Que nunca nos falte mandacaru. Que nunca nos falte raiz.

✦ REGISTRE

Qual símbolo representa a sua força? Em que área da sua vida você pode ser mais mandacaru?

10 agosto

Geralmente não é o que parece.

Dia 222 de 365

Certa vez, durante uma conversa, uma amiga confidenciava sua frustração com outra amiga. Dizia que ela era "escassa", que não aproveitava a vida, que pechinchava até nas menores despesas. Ouvi com atenção. Afinal, pessoas frequentemente desabafam sobre dinheiro comigo. É natural. Sou especialista no assunto. De alguma forma, esperam que eu valide suas percepções. Mas a experiência me ensinou que a realidade costuma ser mais complexa do que aparenta. Com mais de 12 mil alunas acompanhadas ao longo dos anos, aprendi a não julgar comportamentos financeiros à primeira vista. Porque o que parece mesquinharia muitas vezes é recomeço. O que parece avareza pode ser proteção. O que parece excesso de zelo muitas vezes é o reflexo de um trauma.

A tal amiga que estava sendo criticada me procurou em outro momento. Falou com dor nos olhos, vergonha na voz: havia herdado dívidas deixadas pelo pai. Todas as reservas que possuía foram esvaziadas. Estava se reerguendo. Trabalhando muito. E calando a dor — inclusive para quem a julgava. Não compartilhei o outro lado da história. Apenas devolvi à amiga queixosa com serenidade: "Talvez você não saiba tudo. Não tire conclusões precipitadas". Mudei de assunto. Porque julgar o outro é fácil, mas compreender exige humanidade.

Dinheiro carrega significados invisíveis. Histórias familiares. Lutos não declarados. Cicatrizes ocultadas do extrato bancário. Por isso, minha cara leitora, pare de julgar. E, se estiver sendo julgada, pare de admitir que isso aconteça. Em ambos os casos, o silêncio pode ser mais digno do que qualquer explicação.

✦ REGISTRE

Você tem julgado alguém pelo modo como lida com o dinheiro? Ou tem sido julgada? Que nova postura pode adotar para sustentar sua liberdade com firmeza e empatia?

11 agosto

O estudo me levou ao milhão, mas não sem ação.

Dia 223 de 365

O estudo salvou minha vida. E salvou também a vida da minha família. Meus avós mal terminaram o ensino fundamental. Minha mãe foi a primeira de sua linhagem a se graduar, ainda que tenha começado a trabalhar aos catorze anos. Meu pai não tinha graduação quando entrei na universidade. Graças a eles, tive a sorte de poder "só" estudar. De ter tempo, estrutura e incentivo.

Soube reconhecer cedo o privilégio e as bolsas de estudo. Estudei com afinco, terminei o ensino médio com louvor, passei três vezes no vestibular da universidade pública. Entrei no curso de direito, na "graduação" da Polícia Militar, em arquitetura. Me formei nos dois primeiros. Fui para pós-graduação. Direito penal. Neurociência. Economia comportamental. Cursos livres, diversos. Livros, centenas. Simpósios, congressos. Humildade. Tornei-me educadora, palestrante, escritora. Sempre fui aprendiz. Mas o mais importante: nunca deixei de aplicar esses conhecimentos.

Vejo gente dizendo que estudar "não leva a lugar nenhum". O meu estudo me levou ao milhão, mas não sem ação. O conhecimento que transforma é o que sai do papel e vira prática. E o que mais encontro por aí são mentes brilhantes, repletas de diplomas, mas atoladas em frustração. Gente presa no pedestal do ego acadêmico. Sabem tudo, aplicam nada. Estudar é vital — mas só se servir à vida. Só se der frutos. Só se sair da cabeça & chegar ao mundo. A sua educação não deve ser decoração de prateleira. Deve ser ferramenta de transformação.

✦ REGISTRE

O que você aprendeu, mas ainda não colocou em prática? Que conhecimento pode transformar sua vida financeira se for levado a sério a partir de hoje? Hoje é Dia da Estudante, como pode celebrá-lo?

12 agosto

O seguro é invisível —
até ser imprescindível.

Dia 224 de 365

Painho um dia mandou uma mensagem: "A casa da sua tia pegou fogo". Felizmente, ninguém se feriu. Dias depois, entendi a dimensão do ocorrido. Um curto-circuito na cozinha, durante a madrugada, iniciou o incêndio. Acordaram com a fumaça, no susto. Não havia seguro. O anterior tinha sido encerrado e, por uma sucessão de esquecimentos, o imóvel estava desprotegido. A família se uniu. Conseguimos ajudar na reconstrução. Mas e quem não tem a quem pedir ajuda? Será que vale esgotar todas as suas reservas para reconstruir algo que poderia ter sido protegido?

Muitas pessoas têm seguro de carro, de celular e até de mala. Mas negam o residencial. Isso não faz sentido! Segundo dados divulgados pela Abracopel, o Brasil registrou, em 2023, 963 incêndios domésticos; em 2024, esse número subiu para 1205 ocorrências. A principal causa? Sobrecarga de energia. É como se, todos os dias, de três a quatro casas pegassem fogo. Pouco, diante da dimensão do nosso país? Sim, até ser a sua vez!

O seguro habitacional é um dos mais baratos. Em muitos casos, com pouco mais de duzentos reais por ano é possível garantir uma boa cobertura contra incêndio, vendaval, roubo, entre outros. E não, não é só para quem é proprietário. Se você mora de aluguel, também é recomendável. Não estou tentando te vender uma apólice. Minha renda vem da educação. Mas essa é a maior educação que posso te oferecer hoje: blindar seu patrimônio não é paranoia, é inteligência. A diferença entre o caos e a tranquilidade pode ser uma decisão tomada com sabedoria. O seguro é invisível — até ser imprescindível!

✦ REGISTRE

Que apólices você ainda não fez por acreditar que nunca vai acontecer ou é "mau agouro"? Que decisão prática pode tomar hoje para cuidar da sua paz?

13 agosto

O poder oculto no *test drive*.

Dia 225 de 365

Negligenciamos o poder de pequenos atos. Mas a verdade é que eles podem mudar a nossa vida completamente. Quantas vezes você já passou na frente de uma loja de luxo, de uma concessionária, de um showroom, e não se permitiu sequer entrar? Quantas vezes disse "Isso não é para mim", sem sequer experimentar?

E, nesse contexto, luxo é tudo aquilo que você vê como grande demais para você. Não importa se é um carro, uma bolsa, uma casa ou uma mesa de jantar. Se é algo que seu cérebro ainda não se autoriza a desejar, talvez ele nunca te leve até lá. Porque o cérebro não trabalha com teoria. Ele trabalha com símbolo & comando.

Se você não tem clareza do que quer, como espera conquistar? Se eu te perguntasse hoje "Para que você quer mais dinheiro?", você saberia responder em menos de três segundos?

Pois esse é o convite: vá fazer o bendito *test drive*. Entre naquela loja. Sente-se naquela poltrona. Prove aquela roupa. Visite aquele apartamento decorado. Deixe seu corpo experimentar. Talvez você descubra que nem gosta daquilo que achava desejar. Talvez perceba que só queria porque viu na internet. Talvez entenda que a marca nem representa seus ideais. Mas também pode descobrir que aquilo é exatamente o que gostaria de viver, e só faltava a permissão.

Não limite seus gostos pelo que você acha que pode pagar. Descubra o que realmente deseja — depois, pergunte ao seu cérebro: como podemos viver mais disso?

✦ REGISTRE

O que você vem evitando experimentar por achar que não é "para você"? Que símbolo você pode viver hoje para ativar o próximo nível da sua riqueza?

14 agosto

A quem serve a sua exaustão?

Dia 226 de 365

No livro *A morte é um dia que vale a pena viver*, a dra. Ana Claudia Quintana Arantes relata um fato perturbador: profissionais da saúde, exauridos, chegam a desejar uma internação hospitalar para, enfim, descansar. Já ouvi isso de amigas médicas. A bem da verdade, admito: também já fui essa pessoa. Foi no curso de formação da Polícia Militar: muitas vezes orei para adoecer. Não aguentava mais. Três anos de uma rotina exaustiva, esgotante, sem tréguas. Queria uma desculpa "aceitável" para pausar. Para ser cuidada. Para respirar.

Hoje, com distância & lucidez, enxergo: esse desejo é um sintoma. Um alerta. Um grito silencioso de uma vida que se perdeu de si. Sentir-se cansada pontualmente é normal — alguns projetos exigem fases de entrega intensa. Mas quando o cansaço se torna modo de existir, não é dedicação. É adoecimento. E adoecidas tomamos péssimas decisões. Especialmente financeiras. O cansaço rouba nossa nitidez. A fadiga nos torna presas fáceis para gatilhos de consumo. Compramos o que não precisamos. Investimos mal. Gastamos com ansiedade. E tudo isso não é acaso: é estratégia.

O sistema nos quer cansadas, porque cansaço rima com confusão. Quanto mais confusas, mais manipuláveis somos. Primeiro, nos convencem de que só quem produz sem parar tem valor. Depois, exaustas, somos alvo fácil de promessas, propagandas, supostas soluções. A roda gira. O antigo e inescrupuloso modo de fazer do capitalismo vence. E a pergunta que fica é: a quem serve sua exaustão? Hoje, o meu convite é esse: desconfie de qualquer estilo de vida que exige a sua morte lenta. Descansar não é fraqueza. É revolução. É agir com sabedoria. É construir a nova economia.

✦ REGISTRE

Que sinais seu corpo tem enviado? Que ritmo de vida você tem normalizado? Que tal se permitir uma pausa hoje?

15 agosto

A forma importa.
O dinheiro também.

Dia 227 de 365

Certa vez, assistindo a uma palestra da professora Lúcia Helena Galvão, ouvi uma analogia que me marcou. Ela dizia: imagine que você tem um diamante nas mãos e quer entregá-lo a alguém que ama. Você pode simplesmente atirar na cabeça da pessoa ou pode colocá-lo em uma caixinha, com um laço, um cartão, e entregá-lo com gentileza. Em ambos os casos, o presente é o mesmo — mas o significado é completamente diferente. Somos seres de formas & significados. Não é frescura, é humanidade. A forma como fazemos as coisas importa. A maneira como oferecemos o que temos, como cumprimos nossos rituais cotidianos, como entregamos o melhor de nós — tudo isso molda a experiência da vida. A cerimônia tem força. O gesto comunica o valor. E com o dinheiro não é diferente.

A forma como você paga uma conta diz muito. É um suspiro de lamento ou um agradecimento silencioso? A forma como você recebe o seu salário é prisão ou libertação? O jeito como você investe é obrigação ou é construção?

O livro *O jeito Harvard de ser feliz*, de Shawn Achor, apresenta uma pesquisa sobre zeladores escolares que mostrou isso com eficácia. Aqueles que se viam apenas como responsáveis pela limpeza eram mais infelizes, improdutivos e financeiramente instáveis. Já os que enxergavam sua profissão como contribuição à educação e ao futuro das crianças eram mais felizes, produtivos e prósperos. O que mudou? O significado atribuído à atividade.

Você pode seguir a vida distribuindo diamantes como pedradas. Ou pode começar hoje a colocar fitas e laços nas suas entregas diárias. Tudo pode ser ritual. Tudo pode ser oração. Até o pagamento do cartão.

✦ REGISTRE

Que novo significado você pode dar ao seu cotidiano financeiro? Em que aspecto da sua vida você tem lançado pedras quando poderia oferecer presentes?

16 agosto

Para além das planilhas, pensar o dinheiro.

Dia 228 de 365

Já quis ser filósofa. Desde menina, carrego o dom do questionamento. Sempre me pareceu natural — quase sagrado — perguntar o porquê das coisas, o sentido da vida. Querer ser uma humana melhor foi, talvez, minha primeira missão. Mas quando chegou o vestibular, a realidade bateu à porta com dedos duros: "Filosofia? Vai morrer de fome". E eu ouvi.

Não me graduei em filosofia. Nem em história. Nem em física. Ainda que meu coração batesse por cada uma dessas matérias — irmãs que se entrelaçam para nos explicar o tempo, a existência, o invisível. Mas, parafraseando Karl Jaspers, a filosofia é aquele esforço pelo qual o humano se torna mais plenamente ele mesmo. E se isso é verdade, então, mesmo sem diploma, sou filósofa. Uma filósofa financeira. Porque pensar o dinheiro também é questionar o mundo. É duvidar das promessas, questionar o que é justo, bom, suficiente. É recusar a anestesia. A filosofia está em cada uma das minhas aulas. Está nos bastidores da Multiplique, nos textos que escrevo, nas palestras que ministro.

Hoje, no Dia do Filósofo, deixo minha reverência a todos que me formaram, com ou sem nome nos livros. Gratidão em especial à professora Lúcia Helena e ao professor Mário Sérgio, que me formaram mesmo sem me conhecer. Gratidão aos gregos, aos orientais, aos poetas & aos profetas. E a você, cara leitora, deixo um convite inadiável: filosofe sobre sua vida. Não aceite respostas prontas. Cultive pensamentos raros. Porque quem questiona a própria existência enriquece de um jeito que os números não sabem medir.

✦ REGISTRE

Que filósofo — famoso ou anônimo — te ensinou algo que mudou sua forma de ver o mundo? Pergunte-se com honestidade: por que faço o que faço? O que estou buscando de verdade? O que me move?

17 agosto

Pare de esperar apoio!

Dia 229 de 365

Sempre escuto mulheres se queixando: "Ah, para você é fácil, Ítala, seu marido te apoia. Sua mãe está em todos os cursos". Então deixa eu te dizer: no começo, meu marido achava que eu estava dedicando tempo demais à empresa e pouco ao relacionamento. Mas ele nunca me deu banho de água fria ou disse que eu não conseguiria. Nem ele, nem ninguém.

Meus pais ou familiares, de fato, nunca disseram: "Isso não vai te levar a lugar algum". Porque eu soube colocar limites e nunca admiti que ninguém duvidasse das minhas capacidades. Isso é posicionamento. Mas minha mãe, no começo, me questionou: "Filha, não seria melhor levar essa nova carreira como um hobby em paralelo à Polícia Federal?".

Não, não seria & não foi, porque assim eu decidi. Eu não esperei apoio de ninguém para começar. Não esperei aplausos ou certezas. Meu marido só começou de fato a trabalhar na empresa quando viu resultados. Eu não estava brincando. Meu compromisso era real! Meu pai só parou de me mandar links de novos concursos quando percebeu que eu já era mais rica que qualquer concursado que ele conhecia.

Ninguém que te conheceu na sua antiga vida vai acreditar mais no seu sonho que você. Esse papel é seu! Muitas vezes eles terão mais medo da mudança do que você! Se você está esperando apoio dessas pessoas para começar, talvez não comece nunca! Mas quanto você realmente quer o que diz querer?

✦ REGISTRE

Onde você pode encontrar pessoas que estão empreendendo jornadas semelhantes à sua? Como você pode se conectar com elas?

18 agosto

Deus não está preparando nada para você.

Dia 230 de 365

Venho de uma formação católica e cristã. E muitas vezes ouvi: "Calma, Deus está preparando o melhor" ou "Foi livramento, Deus está preparando algo maior".

Não acredito nisso! Não acredito em um Deus que me dá troféus! Não acredito num Deus que dá. Acredito num Deus que devolve!

A atleta que pede a Deus para ganhar uma olimpíada não ganha um pódio. Ela recebe de volta os dias de treino! A empreendedora que pede expansão de faturamento não ganha dinheiro. Recebe pressão, gestão & visão. A pessoa que pede uma família sólida e estruturada não recebe filhos e casamento prontos. Recebe desafios que forjam sua paciência, sua serenidade e sua maturidade. A mulher que pede para ser excelente com dinheiro não ganha uma herança! Recebe decisões desafiadoras de investimentos, crises econômicas e tentações insistentes de marketing de guerrilha!

Deus não está preparando nada grandioso para você. Ele está preparando VOCÊ para as grandiosidades que você pediu!

"Grandes poderes vêm com grandes responsabilidades", já dizia o tio Ben, do Homem-Aranha. Lembra?

A essência desse mundo é dual. Nada vem sozinho num pacote de luz — vai ter sombra. Pediu a chuva? Aguente a lama! Pediu a metamorfose? Aguente o casulo! Pediu riqueza? Aguente a responsabilidade!

✦ REGISTRE

Estando consciente da jornada inerente ao que você deseja, você ainda quer o que diz querer? Ou vem desejando apenas os louros?

19 agosto

Que peça você está encenando?

Dia 231 de 365

Outro dia, um amigo confidenciou: "Ítala, já não sou casado. A gente mora junto, mas não se toca mais, não conversa, não sonha. Temos respeito, mas não temos mais vida a dois. E eu sinto... que vivo num teatro". Aquele desabafo me fez refletir. Porque, no fundo, não era só sobre o casamento dele. Era sobre todos nós. Sobre quantas peças encenamos diariamente — na família, no trabalho, nas finanças —, fingindo normalidade onde só existe vazio.

Lembrei da cena clássica do elefante preso por uma cordinha fina a uma cadeira de plástico. Ele não foge porque foi domesticado a acreditar que aquilo é uma prisão. É a respeito disso que fala Don Miguel Ruiz no livro *Os quatro compromissos*: somos domesticados a aceitar a dor como parte da vida, a escassez como limite eterno, a resignação como virtude. Quantas prisões você tem aceitado como definitivas? Quantas peças de teatro você vem encenando há anos?

Esse amigo, depois de um tempo, saiu do relacionamento. E me contou: "Continuamos nos falando com muito respeito por conta das crianças. Mas cada um construiu uma nova vida. Nunca estive tão bem". E eu fiquei pensando: quantas mulheres vivem a mesma encenação com o dinheiro? Aceitam dívidas como parte do destino. Emprestam sem poder, por medo de dizer não. Acham que só é possível conquistar algo com financiamento. Essas também são prisões. Com grades abertas. Basta coragem (e informação) para sair.

Você não precisa aceitar como definitivo o que só foi normalizado. Você pode escolher outros cenários, outras falas, outro roteiro. Pode sair da peça & escrever uma nova história.

✦ REGISTRE

Que prisão você vem aceitando como inescapável? Qual cena precisa chegar ao fim para que sua verdadeira vida possa começar?

20 agosto

Nem todo piloto automático é ruim.

Dia 232 de 365

Nem todo piloto automático é ruim. Na verdade, é uma dádiva do nosso cérebro. Estudos em neurociência, como os do pesquisador Charles Duhigg em *O poder do hábito*, mostram que nossa mente cria atalhos comportamentais para poupar energia. É como se o cérebro dissesse: "Já que você vai fazer isso todo dia, deixa que eu assumo o volante". E assim, sem perceber, passamos grande parte do dia repetindo padrões — bons ou ruins.

Talvez você diga que não é disciplinada, mas é. Já tem uma rotina. Escova os dentes, toma café e olha o celular. Vive seus dias no piloto automático. A questão é: a qual destino esse piloto está programado para te levar?

A boa notícia é que é possível reprogramá-lo. Você pode inserir hábitos que conduzem à prosperidade: fazer um investimento toda quinta-feira às 14h, organizar sua agenda aos domingos, investir 10% da sua renda mensal no seu futuro, usar o WhatsApp da Riqueza diariamente, realizar o balanço da planilha de gastos toda semana, reservar uma manhã por mês para estudar um tema novo sobre finanças.

A chave está na repetição. Quando a gente repete algo com intenção, transforma esforço em naturalidade, e o que antes era difícil vira um hábito. Você adquire uma nova identidade.

No final, a riqueza não é fruto de um ato extraordinário, mas de pequenas escolhas consistentes. Imagine o poder de ter uma rotina que, silenciosamente, te leva à independência financeira. Quando você perceber, já terá chegado lá — com tranquilidade e sem decisões desgastantes, porque tudo já foi incorporado ao seu modo de viver. Parece bom? E é mesmo!

✦ REGISTRE

Quais são os hábitos financeiros que você mais deseja desenvolver? Quais podem entrar, ainda hoje, no seu piloto automático da riqueza?

21 agosto

Cante sua riqueza.

Dia 233 de 365

"Se quiser conhecer um povo, conheça sua música." A frase de Platão sempre me atravessou como um raio de lucidez. Um dia, resolvi testar. Comecei a prestar atenção no que eu mesma andava cantarolando sem perceber. Peguei frases soltas que escapavam no banho, no carro, na execução de pequenas tarefas do dia a dia e me assustei: "Eu não preciso de muito dinheiro, graças a Deus", "Quando a gente ama, não pensa em dinheiro, só se quer amar", "De jeito maneira, não quero dinheiro, quero amor sincero"...

São boas canções, claro, mas que mensagens estão passando? Se somos, como mostram os estudos neurocientíficos, seres altamente moldáveis por repetição e emoção, precisamos cuidar dos comandos que damos ao nosso cérebro. O pesquisador Andrew Huberman, de Stanford, afirma que o cérebro opera em ciclos de plasticidade, e que aquilo que repetimos com emoção tem maior probabilidade de se tornar uma verdade interna.

A música, nesse contexto, é uma poderosa ferramenta de autoafirmação ou autossabotagem. Ela nos envolve, nos emociona e, sutilmente, nos reprograma. Por isso, comecei a editar as letras: "Eu tenho tudo & ainda tenho fé"; "Eu quero dinheiro & quero amor sincero, isso é o que eu espero. Digo ao mundo inteiro: eu quero dinheiro & eu quero amar!".

No livro *Os quatro compromissos*, de Don Miguel Ruiz, a filosofia tolteca nos convida a sermos impecáveis com a palavra. E aquela que é cantada também conta. Ouça com atenção o que você tem reproduzido. Repare no que as pessoas ao redor falam. Principalmente quando falam com você ou sobre você. Seu cérebro é literal. Não entende ironia; entende repetição. Então, cante o que você quer viver. Declare o que quer realizar. Reescreva a trilha sonora da sua riqueza.

✦ REGISTRE

Que músicas, frases ou comandos você tem repetido sem perceber?
Qual será a nova trilha sonora da mulher rica que você está se tornando?

22 agosto

Quer enriquecer? Mude de cidade.

Dia 234 de 365

À primeira vista, essa proposta pode soar radical. Mas falo com a confiança de quem já viveu — e já viu muita mulher viver — o que essa mudança pode proporcionar. Mudar de cidade me salvou financeiramente.

Quando eu morava em Maceió, sempre que o salário acabava, lá estava alguém para abastecer meu carro, comprar frutas e completar a feira. Eu tinha uma espécie de rede de apoio. Eles pensavam que estavam me ajudando, mas alimentar um vício não colabora para a melhora. Eu evitava olhar com seriedade para minha vida financeira, porque, no fundo, sabia que tinha para onde correr.

Além disso, havia as piadinhas: "Ah, você agora é organizada com dinheiro?", "Investimento? Você vai perder dinheiro com isso...". São frases que soam bobas, mas minam a autoconfiança.

Mudar de comportamento exige coragem, sim, mas também exige um espaço seguro. E, às vezes, esse espaço só existe longe de onde todos a conhecem como "a bagunçada", "a endividada". Mudar de cidade me deu estabilidade. Me forçou a encarar a mim mesma. Ninguém me conhecia. Ninguém me limitava ao que eu fui. E isso me deu liberdade para ser quem eu queria.

Não é coincidência. Estudos de economia comportamental, como os de Dan Ariely e Richard Thaler, mostram que o ambiente é um dos maiores influenciadores das nossas decisões. Trocar o ambiente físico pode, literalmente, mudar a dinâmica do cérebro, facilitando novos hábitos & escolhas. Você não precisa encaixotar tudo hoje, mas pode começar passando um tempo em outro lugar. Fazendo um curso fora. Tirando um sabático, quem sabe. Sair da rotina nos obriga a desativar o piloto automático. E isso pode ser o empurrão que faltava.

✦ REGISTRE

Seu ambiente atual favorece ou sabota a sua nova fase? Que mudança de espaço você pode fazer para impulsionar a sua riqueza?

23 agosto

Cabelo também fala de dinheiro.

Dia 235 de 365

Cresci ouvindo que meu cabelo era "difícil", "rebelde". Na época, esse tipo de discriminação não era discutido. O padrão era um só.

Aos onze anos, com a menarca, começou um ciclo de química dos fios que durou quase duas décadas. Anos dizendo a mim mesma que "mulher sofre para ficar bonita" e que "quem não nasce com *cabelo bom* tem que pagar o preço".

Mas nunca foi só o cabelo. Tudo que diziam sobre meu corpo e minha aparência ficava gravado na minha mente. Meu cérebro entendeu que eu não era adequada. Que precisaria gastar para caber. E gastei. Cabelo, presentes, compras para preencher a falta de autoaceitação. Assim, fui me endividando.

Em 2018, em depressão, me perguntei: "Se não sou mais nada disso, quem sou eu?". Então veio a pergunta que mudou tudo: "Como é o meu cabelo de verdade?". Foi quando comecei a transição capilar.

Foram dois anos desafiadores, com uma metade do cabelo lisa e a outra cacheada. Não me reconhecia no espelho, mas não queria voltar atrás. Com o apoio de outras mulheres corajosas, fui aprendendo a cuidar do meu cabelo crespo. Político. Ancestral. Hoje, ele é símbolo da mulher que me tornei. Ele me reconectou com minhas raízes e forças.

Sua transição financeira pode ser tão desafiadora quanto foi a minha transição capilar, mas também gerará autoestima, potência & liberdade.

Se você tem sobrinhas, filhas, afilhadas, olhe bem para elas. Crie referências que as fortaleçam. Hoje, sei que minhas pequenas jamais pensarão que precisam se moldar a um padrão imaginário. Elas vão crescer sabendo que são lindas como são e capazes de conquistar tudo que quiserem.

✦ REGISTRE

Qual parte sua você silenciou para caber nos padrões alheios? Que transição você precisa viver — capilar, financeira ou mesmo emocional — para ser quem nasceu para ser?

@italadosanjoss

24 agosto

Escolha sua pizza & enriqueça.

Dia 236 de 365

— Alô, boa noite. Uma pizza, por favor.
— Claro, senhora! Qual sabor?
— Ah, não sei... Pode mandar qualquer uma. Tô só com fome mesmo.
— Então... não posso te ajudar. Tchau.

Essa conversa não é sobre pizza. É sobre você. Se você não escolhe a vida que quer viver, seu cérebro não vai te ajudar. Ele é uma ferramenta poderosíssima, mas precisa de comandos claros. É aí que entra um sistema incrível que mora dentro de você: o SARA — Sistema de Ativação Reticular Ascendente. Ele é o responsável por filtrar todas as informações que recebemos e destacar o que é relevante.

Sabe aqueles momentos em que você vê grávidas em todo lugar porque esqueceu do anticoncepcional? Ou quando decidiu comprar um carro de uma marca específica e ele começou a aparecer em cada esquina? Pois é. É o SARA em funcionamento. Esse sistema entende e te apresenta aquilo que é importante para você. Mas, se você não sabe o que quer, ele repete as escolhas anteriores, ainda que inconscientemente. Se você só reclama de dinheiro, o SARA vai continuar mostrando cenários de escassez. Se vive dizendo que "tudo é caro", ele vai reforçar as coisas com valores mais altos. E você vai vivendo de "qualquer sabor" só para matar a fome, sem jamais saborear.

Escolher pode ser difícil, eu sei. Sobretudo para nós, mulheres, que fomos ensinadas a deixar que outros escolham por nós. Mas a vida é feita de escolhas. Se você não fizer as suas, alguém vai fazê-las por você. Hoje, meu convite é direto e divertido: escolha sua pizza. Escolha sua vida. Clareza é riqueza. Sua mente precisa saber o que você quer para entregar exatamente isso.

✦ REGISTRE

Você anda pedindo sua pizza? O que quer viver?
Qual estilo de vida deseja criar?

25 agosto

Se você quer um governo melhor, comece pelo seu.

Dia 237 de 365

É curioso observar como tantas pessoas reclamam do governo — de qualquer partido. Reclamam dos impostos, da dívida pública, do rombo na previdência e da má administração da economia nacional. E, em alguma medida, elas têm razão. Mas também têm amnésia. Esquecem que o governo não é composto por extraterrestres que chegaram de Marte para tomar decisões, e sim por nós — ou, pior ainda, por uma amostragem aleatória do que há de mais barulhento, incoerente e omisso entre nós.

Somos parte da sociedade que tanto criticamos. Por isso, confesso: sempre que escuto alguém xingando políticos, dou uma gargalhada silenciosa. Porque, na maioria das vezes, quem grita contra o "desgoverno" lá fora também é incapaz de se autogovernar. Reclama da inflação, mas pratica a sonegação. Reclama da previdência, mas nunca investiu para ter a própria aposentadoria. Detesta os juros da dívida pública, mas paga juros do rotativo do cartão todos os meses.

Quer um país mais justo? Comece sendo justa com o próprio dinheiro. Quer mais eficiência? Pague seus boletos em dia. Quer mais transparência? Encare a fatura do seu cartão. Quer mais educação? Eduque-se. É fácil criticar Brasília, difícil é abrir a própria planilha de gastos.

A verdade é que não existe país próspero com indivíduos ignorantes. A transformação não começa no Congresso. Começa no café da manhã, na conversa com os filhos, na decisão de investir, no pedido de nota fiscal. Quem não governa a si terceiriza a culpa. Quem se governa constrói soluções. E o Brasil que a gente quer só vai nascer quando o nosso autogoverno for tão íntegro quanto a nossa indignação.

✦ REGISTRE

Você tem se governado com integridade? Que atitude prática pode tomar hoje para se tornar um exemplo de cidadã do país onde você deseja viver?

26 agosto

O descanso também trabalha.

Dia 238 de 365

Travou nos estudos, nos projetos, no trabalho? Vá tomar um banho. Caminhar. Nadar. Fazer crochê. Andar de bicicleta. Respirar. Porque a produtividade que você busca não está em forçar a mente. Está em saber a hora de afrouxar.

A neurociência chama isso de "modo difuso de pensamento" — um estado mental ativado quando estamos relaxadas, distantes da tarefa principal. E é exatamente nesse espaço que conexões inusitadas acontecem. Ideias se cruzam. Soluções surgem. O momento "eureca!" vem.

Einstein tocava violino quando empacava nos cálculos. Virginia Woolf andava de bicicleta para ordenar pensamentos. Steve Jobs era famoso por suas *walking meetings*. E, se me permite um exemplo pessoal, muitas partes deste livro que você tem em mãos nasceram depois de um banho quente, uma caminhada sem celular ou uma tarde com meus cachorros.

Esse ócio criativo é mais que descanso, é uma estratégia. E é por isso que, se você está travada, talvez não precise insistir, talvez precise apenas mudar o foco. Sair da frente da tela. Deixar o corpo fazer o que a mente ainda não consegue.

Pode ser uma ida ao parque. Uma receita nova. Um café ao ar livre. Uma soneca. Um banho de mar. Não importa a forma. Apenas entenda: parar também é produzir. O descanso certo destrava o caminho. O espaço vazio pode ser a ponte para a sua próxima grande ideia. Inclusive para multiplicar sua renda!

✦ REGISTRE

Você está travada em algum projeto ou desafio neste momento? Que atividade simples você pode fazer hoje para arejar a mente e abrir espaço para a solução aparecer?

27 agosto

A comparação é um atalho para o sofrimento.

Dia 239 de 365

Você está trilhando o seu caminho. Com suas dores & vitórias, com seus recursos & limites, com suas conquistas & aprendizados.

A comparação nasce da escassez, te afasta de si mesma. Te distrai, planta a semente da dúvida e paralisa. É injusta, distorce a realidade — porque você só vê o palco alheio, jamais a bagunça no camarim, os fios soltos, as paredes descascadas ou o bolor dos porões gélidos.

A mulher que você admira também tropeçou. Também teve seus dias de dúvida. A grama do vizinho só parece mais verde porque você está olhando de longe. De perto, há erva daninha, fungo e buracos.

Hoje, te convido a se reconectar com o seu tempo, seu processo e sua verdade. Você está exatamente onde precisa estar. E, se continuar se dedicando à sua autoconstrução, vai edificar exatamente o que planejou para sua vida. Continue!

✦ REGISTRE

Quais comparações injustas você tem se permitido fazer? Como pode transformá-las em inspirações? Você poderia se comparar com quem foi há alguns anos? Há pessoas em situações menos favoráveis que a sua com as quais você também possa se comparar para registrar devidamente o seu progresso?

28 agosto

"Ah, mas já tem muita gente fazendo isso"... e daí?

Dia 240 de 365

No começo da minha jornada como educadora financeira, me vi muitas vezes tomada pela pergunta "O que estou fazendo da minha vida?". Olhava ao redor e pensava: *Já tem tanta gente incrível fazendo isso. Pra que mais uma?* Apesar de ter resultados pessoais, me cobrava: *Nem tenho diploma na área*. Como largar uma carreira estável, com currículo respeitável, para começar "do zero"? A insegurança sussurrava: "Você está se iludindo".

Mas um dia, durante uma sessão, minha *coach* afirmou: "Não é porque alguém já faz o que você deseja fazer que não existe espaço para você. O mundo é abundante. Tem gente que só vai se conectar com você. Com a sua voz. Com o seu jeito. Com as suas histórias. Com o seu método. E a questão não é ser a melhor, a diferentona ou a reconhecida, mas servir com excelência". UAU!

Eu segui o que ela disse, e o tempo me provou que era verdade. Hoje, formo outras profissionais de finanças, que entram no mesmo mercado que eu & conquistam resultados incríveis. Desde o começo. Porque há espaço para todas. Há demanda. Há vida para ser transformada. E isso acontece em qualquer profissão!

Sempre que a sua mente disser algo que te limite, faça o exercício *The Work*, que aprendi com Byron Katie. Pergunte-se: "Isso é verdade?", "Tenho certeza de que é verdade?", "O que acontece quando acredito nesse pensamento?", "Quem eu seria se não acreditasse nele?". Pergunta após pergunta, o medo perde força. E aí sobra o que realmente importa: o caminho, você e a decisão de seguir.

✦ REGISTRE

Qual pensamento limitante você precisa questionar hoje?
O que você deixaria de adiar se parasse de acreditar que o espaço para sua realização já está ocupado?

29 agosto

Para enriquecer, faça suas listas.

Dia 241 de 365

Você já comprou algo de que se arrependeu depois? Eu já. Várias vezes. Roupas que nunca usei, objetos inúteis e cursos que nunca terminei. Mas hoje tenho um escudo contra esses impulsos: as listas de compras.

Pode parecer simples demais, mas é poderoso. Ter uma lista salva no celular ou em um aplicativo como o Bring! (uso & recomendo) me ajudou a economizar dinheiro, evitar compras duplicadas com meu marido, e, principalmente, parar de cair em marketing emocional. Sabe aquele unicórnio dourado que você "precisa" ter na sala? Pois é. O algoritmo acha que você quer. Mas a sua lista vai te lembrar que não!

E mais: listas não servem só para o supermercado. Tenho lista de livros que quero ler, de cursos que quero fazer, de móveis que desejo comprar. Por quê? Porque isso me ajuda a filtrar minhas escolhas. Ao anotar um desejo, você o tira do campo da urgência e ganha tempo para observar se ele persiste ou se era só um surto consumista com trilha sonora da Zara ao fundo.

Ao fazer listas, você reflete se os itens ainda fazem sentido, se organiza para comprar melhor, pesquisa com calma, aproveita promoções, *cashback*, pontos e milhas, e, o mais importante, faz compras inteligentes, não impulsivas.

Esse é um método para uma reeducação financeira prática. É assim que saímos do piloto automático e deixamos de ser presas fáceis de marketing para nos tornarmos consumidoras sagazes. Não se trata de gastar menos, mas de gastar melhor. Uma mulher rica não compra por impulso; compra com inteligência.

✦ REGISTRE

Que lista de compras pode protegê-la dos impulsos hoje?
Que tipo de consumo você precisa planejar melhor para evitar se arrepender depois?

30 agosto

Quem você precisa perdoar para avançar?

Dia 242 de 365

Muitas vezes, o que impede o seu avanço não é a falta de dinheiro, de organização ou de conhecimento, mas um ressentimento antigo, uma mágoa guardada ou até uma culpa que você carrega sozinha há tempo demais. Então, para seguir & prosperar, o melhor é perdoar.

Perdoar não é apagar o passado. É reconhecer o que aconteceu e escolher levar contigo apenas a lição conquistada. É abrir espaço para o novo chegar.

Talvez você precise perdoar alguém que te feriu. Ou talvez seja mais urgente perdoar a si mesma — pelas decisões financeiras que não deram certo, pelo tempo que passou onde não deveria, por não ter começado antes.

Lembro-me de quanto sofri em depressão enquanto não perdoei pessoas que julgava algozes. Foi só depois de uma sessão terapêutica profunda, quando consegui perdoar a todos, inclusive a mim, que tive forças para assumir minha transição de carreira. Foi com o perdão que tudo mudou e essa nova profissão prosperou.

O perdão é um ato de autocuidado. É um voto de confiança na mulher que você está se tornando. Hoje pode ser o dia em que você se liberta do que a prende e decide continuar seu caminho de modo mais leve.

✦ REGISTRE

O que ou quem você se permite perdoar hoje? Quais lições vai levar do que aconteceu? Como se sente ao dar esse perdão?

31 agosto

O vestidinho dourado que enriqueceu tudo.

✦✦✦✦✦✦✦✦✦✧✧✧✧

Dia 243 de 365

Era uma vez uma menina que, apesar de sorridente, vivia com roupas sujas e cabelo bagunçado. Na escola, diziam que ela morava em uma casa assombrada. Certo dia, sua professora a presenteou com um vestidinho dourado. No dia seguinte, a mãe, encantada com a peça, deu banho na filha e penteou seus cabelos. Na semana seguinte, o pai, maravilhado com a beleza da filha, pintou a casa. Em pouco tempo, os vizinhos, vendo a beleza da casa & da menina, reformaram suas fachadas e plantaram flores. O bairro se transformou. Tudo por causa de um vestido dourado.

Essa história é baseada em um conto popular recriado no Brasil por Sandra Aymone. Ele busca incentivar pequenas ações positivas que possam inspirar grandes transformações sociais. E sua lição é verdadeira: o mundo muda quando alguém cuida e oferece beleza. Talvez você esteja recebendo seu vestidinho dourado hoje mesmo. Um texto, um olhar, um cuidado. Talvez você seja a professora que inicia uma história dando um "vestido dourado" a outras mulheres. Talvez hoje seja dia de lembrar que pequenas gentilezas geram grandes mudanças.

Vi isso acontecer no meu condomínio. Uma síndica começou a cuidar dos jardins, pintar as passarelas e restaurar as pracinhas. De repente, vi novos móveis nas casas e fachadas pintadas. Famílias saíam mais com suas crianças.

Hoje, pode ser você a despertar a esperança e iniciar a transformação. Introduzir a educação financeira na vida de alguém, presentear uma pessoa com este livro. Hoje, talvez seja você quem está ganhando um vestido dourado: uma mensagem, um cuidado no jardim, um elogio genuíno ou seu primeiro investimento. Encontre seu vestido. Encontre seu "milagre".

✦ REGISTRE

Qual gesto você pode fazer hoje para mudar a vida de alguém — ou a sua própria?

SETEMBRO

1º

Ter dinheiro não significa ser rica.

Dia 244 de 365

Muitas mulheres desejam ter dinheiro, mas poucas estão dispostas a se tornarem ricas. Sim, existe uma diferença enorme entre as duas coisas. Ter dinheiro pode ser questão de sorte. Ser rica é questão de identidade. É quem você se torna.

Quando escolhi escrever este livro, eu poderia ter contratado alguém para escrevê-lo por mim. E teria, sim, um bom texto com meu nome na capa. Mas não era isso que eu queria. Não desejava apenas publicar um livro. Eu queria me tornar escritora. Viver o processo, passar pela travessia, mudar o meu ser e a forma como me reconheço no mundo. O mesmo vale para o dinheiro. Quantas histórias você já ouviu de pessoas que ganharam na loteria, receberam heranças, ganharam reality shows e logo depois estavam de volta às dívidas? Elas *tiveram* dinheiro, mas não *se tornaram* ricas. Porque ser rica não é uma questão de saldo na conta. É ter visão, postura e responsabilidade.

Ser rica é saber o que fazer com o dinheiro. É pensar estrategicamente, agir com maturidade e se sentir merecedora de tudo de bom que conquistou. Ser rica é ser dona de si — dos seus boletos, dos seus investimentos, da sua vida e dos seus sonhos. Não é *ter* um cartão black; é saber usá-lo com inteligência. Não é *ter* planilhas; é tomar decisões a partir delas.

Maratonista não é quem compra o melhor tênis — é quem atravessa a linha de chegada. Quem venceu cada treino extenuante. Quem se transforma ao longo do caminho. A riqueza também é assim: uma travessia que transforma. Então, em vez de se perguntar "Quanto quero ter?", comece a se questionar: "Quem quero ser?". Porque o dinheiro vem e vai. Mas quem você se torna, permanece.

✦ REGISTRE

Hoje, em que área da sua vida você quer *ter* resultado sem ainda ter *vivido* o processo necessário para isso? Como age, pensa & sente a mulher rica que você será?

2 setembro

Você se torna o que você valoriza.

Dia 245 de 365

Vejo muitas mulheres dizendo que não se sentem reconhecidas no trabalho e que ganham menos que seus colegas, mesmo tendo um currículo melhor, com mais certificações e mais atuações na respectiva área. Nesses casos, sempre pergunto — com todo o carinho, mas com uma pitada de provocação — quando foi a última vez que elas reconheceram outras mulheres. Que compraram de uma empreendedora local. Que participaram de um curso ministrado por uma mulher. Que pagaram para ler a história de uma mulher ou ouvir uma palestra. Que divulgaram o trabalho de uma profissional. Porque é fácil esperar que o mundo mude; difícil é ser agente dessa mudança.

No livro *A lacuna de autoridade*, Mary Ann Sieghart mostra, com dados, como nós, mulheres, ainda não valorizamos o trabalho umas das outras. E o impacto é direto: se você não valoriza a produção feminina, o seu cérebro interpreta — mesmo que inconscientemente — que esse tipo de trabalho não tem tanto valor. Nem mesmo o seu. Por outro lado, uma pesquisa publicada no *Journal of Social Psychology* mostra que, quando estudantes mulheres têm contato com referências femininas em suas áreas antes de provas ou decisões importantes, seus resultados melhoram. É como se nossa mente dissesse: "Se ela chegou lá, eu também consigo".

É por isso que repito: *referências reconstroem realidades, e, quanto mais mulheres ricas no mundo, melhor*. Porque cada mulher que enriquece se torna farol, inspira outras, amplia o território para todas. Então, hoje, te convido a refletir: quem são suas referências femininas de riqueza? Pesquise. Consuma. Apoie. O que você valoriza se multiplica. E você se torna o que você valoriza.

✦ REGISTRE

Qual foi o último livro escrito por uma mulher que você leu? Qual será o próximo? Que mulheres te inspiram a enriquecer?

3 setembro

O futuro não aceita mulheres frágeis.

Dia 246 de 365

Outro dia, durante meus estudos, descobri que, segundo um levantamento da IBM amplamente divulgado, 90% de todos os dados do mundo foram gerados nos últimos dois anos. Surreal! Estamos vivendo o que os cientistas sociais chamam de Era Exponencial, em que as mudanças sociais e tecnológicas não acontecem ao longo de décadas, mas em ciclos que podem durar menos de cinco anos. Em alguns casos, menos de um ano. É lindo... e assustador.

Ao mesmo tempo que temos acesso a avanços tecnológicos incríveis, também vivemos um estresse crônico diante de tanta velocidade. E aí fica a pergunta: como prosperar num mundo que muda antes que a gente consiga se adaptar?

A resposta está em duas habilidades que deveriam ser mais valorizadas: estabilidade emocional & capacidade de lidar com o fracasso. Não basta apenas ser resiliente. É preciso ser *antifrágil.*

Foi o filósofo e estatístico Nassim Nicholas Taleb que cunhou o termo *antifragilidade*. Diferente da resiliência, característica de quem resiste à pressão, o ser antifrágil cresce com ela. Aprende com o erro, transforma o fracasso em fermento. Não apenas sobrevive às crises, cresce no processo.

A estabilidade emocional é o novo luxo. Em um mundo hiperestimulado, saber silenciar é um ativo valiosíssimo. Selecionar com rigor os estímulos que consome, definir limites claros para a vida digital, desenvolver o autoconhecimento — tudo isso será requisito básico para navegar a nova economia. É por isso que, na Multiplique, ensino muito mais do que criar planilhas. Fomos pioneiras em incluir suporte emocional à investidora. Porque dinheiro sem estabilidade implode. E sucesso sem estrutura desaba.

✦ REGISTRE

Que prática semanal ou diária você pode incluir na sua rotina para fortalecer sua estabilidade e sua antifragilidade?

4 setembro

Aprenda a ler as placas.

Dia 247 de 365

Recentemente, uma aluna querida me presenteou o livro *Peça e será atendido*, de Esther e Jerry Hicks. Eu o devorei em poucos dias. Amei a escrita, os exercícios, as reflexões espirituais. E, embora não seja um livro sobre dinheiro, trouxe duas analogias que se aplicam perfeitamente à vida financeira.

A primeira é a da ceramista. A artista olha para o barro disforme e já enxerga o vaso que quer moldar. Ela reconhece a obra, embora o objeto ainda não exista. Assim também é com a sua vida. Quando você tem nitidez do que quer construir, mesmo que sua rotina pareça caótica, sabe que é possível criar uma nova realidade. Mas, sem um objetivo, o barro vira lama.

A segunda analogia é ainda mais prática: imagine que você está dirigindo de um estado a outro. Você sabe que vai chegar ao seu destino, mesmo que a estrada seja longa. Suas amigas já foram lá. Você tem um mapa. Lê as placas. No dia a dia, as placas são os seus microrresultados: o monitoramento de gastos, a dívida paga, o primeiro investimento. Cada pequeno passo planejado é uma placa sinalizando: "Você está no caminho".

O problema é que muita gente desanima porque não sabe ler as placas. Acha que uma queda nos investimentos é sinal de erro, quando, às vezes, é o indicativo de um bom momento para investir mais. Saber ler as placas do dinheiro, da economia & da sua própria vida é o que a mantém em crescimento — mesmo em períodos ruins. Esteja atenta aos sinais do caminho. Porque quem ignora as placas caminha em círculos. E quem aprende a lê-las chega mais rápido e com mais segurança à riqueza.

✦ REGISTRE

Que resultado recente mostra que você está no caminho certo? Que placa você tem ignorado? O que pode fazer para ajustar o percurso ou reafirmar o destino?

5 setembro

Irmãos são nossos primeiros espelhos.

Dia 248 de 365

Irmã e irmão é um negócio curioso. Um tipo de amor que começa como uma obrigação e, se bem cuidado, amadurece para a mais pura forma de afeto. Crescer com irmãos é experimentar cumplicidade, provocação, admiração, ciúme, raiva & amor. Tudo junto, misturado, em doses nem sempre proporcionais.

Eu sou a irmã do meio. João veio cinco anos antes, e Isa, cinco anos depois. Cresci dividindo não só brinquedos e o banco de trás do carro, mas silêncios, brigas, risadas, segredos e roncos ensurdecedores. Na infância, briguei com minha irmã a ponto de doer o corpo — e também a alma. Mas o tempo, esse costureiro sábio, alinhavou nossos rompimentos com novas memórias. Morando longe deles há mais de uma década, percebo que eles permanecem dentro de mim. Uma presença afetiva que faz parte do que sou, do que construí e do que me tornei. Meu irmão é, hoje, uma referência de liderança espiritual, e minha irmã, uma inspiração de maternidade. Através deles, ganhei sobrinhos, ganhei herdeiros, ganhei continuação.

Mas nem toda irmandade nasce do sangue. Às vezes, nasce do tempo. Da profundidade das conversas. Da forma como uma pessoa nos olha nos olhos e nos entende em silêncio. E, se você não teve irmãos biológicos, com certeza já teve alguém que assumiu esse papel na sua vida. Hoje é o Dia dos Irmãos. Que tal agradecer? Não importa se esse irmão te inspirou ao ser um exemplo ou te ensinou pelo contraste. Se ofereceu colo ou te deu duras lições. De alguma forma, ele faz parte da sua história, e esse é um bom motivo pelo qual ser grata.

✦ REGISTRE

Que irmão ou irmã, seja de sangue ou de alma, você quer homenagear hoje? Que mensagem pode enviar agora para alguém que, mesmo sem saber, ajudou a moldar a sua história?

6 setembro

A pressão é um privilégio.

✦✦✦✦✦✦✦✦✦✧✧✧

Dia 249 de 365

O trabalho dos seus sonhos vai te estressar. O casamento com o qual você sonhou vai te desafiar. Os filhos que você tanto pediu a Deus vão te exaurir. Essa é a vida. E ela é dual.

Na filosofia egípcia, uma das sete leis universais — a Lei da Polaridade — ensina que tudo tem dois polos. Onde há luz, há sombra. Onde há prazer, há dor. Onde há amor, há vulnerabilidade. Onde há abundância, há responsabilidade.

Ainda assim, muitas mulheres insistem em ver o desconforto como sinal de fracasso. Se o casamento atravessa uma fase difícil, já acham que se casaram com a pessoa errada. Se o trabalho exige demais, pensam que "não era para ser". Se a maternidade pesa, acreditam que "não estão prontas". Com o dinheiro, então, nem se fala. Acham que, uma vez que começam a se organizar financeiramente, tudo será paz & tranquilidade. Que nunca mais vão errar um investimento, que a renda vai fluir em eterno crescimento, que não precisarão adiar alguma compra.

Tudo isso é fantasia. Para andar, você precisa do atrito com o chão. Para voar, precisamos da resistência do ar. Para nadar, precisamos do empuxo da água. Não existe vida rica sem renúncias. Não existe vida significativa sem tensão.

Você só está sendo pressionada porque escolheu crescer. Não há resistência na descida. A queda é livre. É a subida que nos exige! Desafios não significam derrota, mas oportunidades de aprendizado. Por isso, quando a vida te confrontar, agradeça. A pressão, cara leitora, muitas vezes é um privilégio.

✦ REGISTRE

Em que área da sua vida você está sendo pressionada?

O que esse desafio atual está tentando te ensinar?

7 setembro

Independência ou morte?
Os dois!

Dia 250 de 365

Em 7 de setembro de 1822, às margens do rio Ipiranga, foi declarada a independência do Brasil em relação à colonização e exploração de Portugal. Mas sejamos honestas: a independência não veio com um grito. Veio com processos, negociações, tensões e, claro, com mortes simbólicas (e literais). Foi preciso romper laços, rever rotas e contrariar interesses.

E a sua independência financeira, quando será declarada? Porque, sinceramente, o grito de "Independência ou morte" segue atual, mas hoje ecoa dentro de nós. No seu caso, talvez a pergunta mais honesta seja: "Quantas mortes simbólicas estou disposta a viver para conquistar minha independência?".

Porque toda dependência financeira é, no fundo, uma dependência emocional. Uma dependência de validação externa, salário fixo, aprovação familiar, conforto psíquico. Toda independência exige rupturas. Morte de velhos hábitos, velhas crenças. Morte de uma versão sua que só sabe sobreviver — mas não se permite prosperar.

Quer se declarar independente? Comece com um ato revolucionário: educação financeira. Autonomia sobre o próprio dinheiro é um ato político. Aprender a gerir seu dinheiro é tomar o controle da sua história. E isso é mais transformador que qualquer decreto. Sem independência, o que morre todos os dias é você — sua potência, criatividade, liberdade de escolha.

Por isso, hoje, no Dia da Independência do Brasil, te convido a iniciar a sua. Independência ou morte? Os dois. Porque para viver livre, algo em você vai precisar morrer. O que você vai escolher?

✦ REGISTRE

Que aspecto da sua vida financeira ainda depende de alguém ou de alguma ilusão? O que precisa morrer em você para que sua independência, de fato, aconteça?

8 setembro

Se quiser enriquecer, aprenda a vender.

Dia 251 de 365

Se você ainda tem vergonha de vender, está atrasando a sua prosperidade. No Brasil, o estigma do vendedor persiste. Criamos um arquétipo coletivo: o vendedor chato, insistente, ganancioso. Com isso, esquecemos que absolutamente *tudo* o que consumimos vem de uma venda.

A médica que te atende? Vende consultas. A doula que te acompanhou? Vende acolhimento. A escola do seu filho? Vende educação. A academia? Vende o acesso aos equipamentos. O supermercado? Vende alimento.

Todo mundo que recebe por algo vende. E, se você quer enriquecer, vai ter que fazer o mesmo: vender seu trabalho, seu conhecimento, seu talento, suas ideias. Porque vender, de verdade, é entregar uma solução a alguém que precisa, um ato de serviço e de generosidade. É oferecer o que você tem de melhor.

Mesmo dentro de casa, estamos vendendo o tempo inteiro: para o parceiro, para os filhos. Vendemos valores, visões de mundo, projetos & estilos de vida.

Então que tal abandonar essa narrativa ultrapassada de que "vender é feio"? Feio é quem oferece mentiras — uma pessoa assim não é uma vendedora, é uma estelionatária. Caso contrário, feio é esconder o que você tem de potente. Feio é guardar seus talentos por medo de ser julgada. Vendedora não é quem manipula, mas quem comunica o bem que faz ao mundo. É quem oferece com integridade e sustenta com entrega. Você não se torna mercenária por vender; se torna humanitária.

✦ REGISTRE

O que você tem deixado de vender por medo de ser julgada? A quem tem deixado de ajudar? O que aconteceria se você assumisse com orgulho o valor do que entrega ao mundo?

9 setembro

Quer reduzir o consumo? Invista em experiências.

Dia 252 de 365

Quer reduzir os gastos e se sentir mais disposta? Vá viver experiências. Essa é uma das formas mais potentes e comprovadas de reduzir o consumo impulsivo e aumentar a felicidade.

Um estudo conduzido pelos pesquisadores Leaf van Boven e Thomas Gilovich, da Universidade Cornell, comprovou que investir em experiências, e não em bens materiais, gera níveis mais altos e duradouros de bem-estar. Segundo eles, objetos nos dão prazer momentâneo, mas experiências se tornam parte da nossa identidade e memória afetiva. A ciência já entende o que o coração sempre soube: viver é melhor do que ter.

Olhe agora para a fatura do seu cartão: quanto você gastou em coisas e quanto gastou em experiências? A gente compra uma poltrona, comemora no dia, e logo esquece. Mas aquela viagem? Aquele passeio especial? Aquele almoço com quem você ama? Só de lembrar, seu corpo inteiro se alegra. Sabe por quê? Porque memórias são dopamina armazenada.

Quando você investe em momentos, constrói um tesouro que pode ser revivido quantas vezes quiser. E não precisa ser nada grandioso. Não estou falando só de Paris e Maldivas, mas também de passeios em família no parque mais próximo, de um jantar feito em conjunto e de tardes com as amigas. A experiência não precisa ser cara, apenas gostosa. Se você quer reduzir sua compulsão por consumo, comece a investir na criação de histórias. Porque, quando a alma está preenchida, o desejo por acúmulo diminui.

✦ REGISTRE

O que você pode fazer ainda hoje para viver uma experiência nova, simples & afetiva? Que momento pode criar para transformar a sua semana em uma boa memória?

10 setembro

Use seus hormônios para enriquecer.

Dia 253 de 365

Você precisa saber: há um grande poder disponível a favor da vida financeira das mulheres. Estou falando dos seus hormônios. Eles influenciam seu humor, criatividade e, sim, sua forma de gastar, economizar e investir.

A neuroeconomia confirma: decisões financeiras são altamente influenciadas por fatores hormonais e emocionais. Na fase lútea — antes da menstruação —, você pode se sentir mais impulsiva ou pessimista. Preencher planilha ou fazer investimentos nesse período pode ser uma péssima ideia. Por outro lado, é um excelente momento para negociar aquele financiamento com o gerente que vive te enrolando! Já no período logo após a menstruação, muitas mulheres experimentam um pico de energia, nitidez mental e autoconfiança. Esse é um excelente momento para fazer investimentos mais sofisticados ou finalmente preencher a planilha de gastos.

Com a chegada da perimenopausa e a consequente queda dos principais hormônios sexuais, há uma tendência natural à busca por mais estabilidade & segurança — inclusive nos investimentos. Quando entendemos essa dinâmica, paramos de simplesmente reagir e passamos a aproveitar o que há de melhor na nossa natureza. Você não precisa lutar contra seus ciclos. Respeitando o tempo do seu corpo, pode planejar reuniões, decisões de compra, investimentos e até conversas difíceis. Autoconhecimento hormonal não é misticismo; é estratégia. É ciência aplicada ao seu enriquecimento.

✦ REGISTRE

Você já percebeu padrões no seu comportamento ao longo do mês? Quais decisões importantes você poderia agendar estrategicamente em harmonia com seus ciclos?

11 setembro

O que cai da sua xícara?

Dia 254 de 365

Era 2001, e eu estava no quarto dos meus pais — televisão ligada, minha mente tentando entender o que significava ver dois aviões colidindo com prédios tão altos. A cena era de filme, mas tudo estava acontecendo no mundo real, naquele momento. Nas semanas seguintes, escolas, mesas de jantar, programas de TV foram tomados pelo assunto. A palavra "guerra" pipocava com frequência nos diálogos cotidianos.

A terceira guerra mundial não aconteceu. Mas outras guerras acontecem todos os dias. Em vozes que se exaltam dentro de casa. No trânsito. Entre colegas de trabalho. A guerra também acontece quando uma mulher se machuca para caber num padrão, quando alguém aceita um emprego que dilacera seus valores, quando se diz "sim" com o coração sangrando um "não".

Esse tema me lembra de um conto budista que conheci em 2016. Uma mestra oferece chá à sua discípula. Quando a xícara está cheia, ela a derruba de propósito. A discípula, surpresa, reage:

— Mestra! Por que fez isso?

— O que caiu da sua xícara? — pergunta a mestra.

— Chá, ora...

— Exatamente. Caiu chá porque era o que estava dentro. Se fosse água, teria caído água. — A mestra então olha no fundo dos olhos da jovem e diz: — Quando a vida sacudir você, e ela vai, você derramará o que estiver dentro de si.

Damos o que temos. Espalhamos o que temos de sobra. O mundo sangra porque há gente sangrando por dentro. Mas também se pacifica quando alguém respira fundo em vez de gritar. A guerra não é feita de bombas, mas de pessoas. E a paz mundial não vai chegar pela ONU, mas pelo espelho.

✦ REGISTRE

O que transborda da sua xícara quando a vida te sacode? Que pequena guerra você pode encerrar hoje, em si mesma ou no mundo?

12 setembro

Por hoje, permita-se chorar.

Dia 255 de 365

Certo dia, uma amiga querida me mandou um áudio chorando. Estava passando por um dos momentos mais difíceis da sua vida. Dívidas, pedidos de demissão em série, uma empresa desestruturada e um casamento em crise. Ela me perguntou: "Amiga, como você deu conta? Como você suportou tudo o que viveu no passado?".

Fui honesta: eu não dei conta. Também chorei. Também gritei no banho. Também me perguntei o que estava fazendo da vida. Lembro-me de um dia em particular. Aos domingos, minha família sempre se reunia na casa dos meus avós. Mas, naquela ocasião, na minha nova vida, os domingos eram vazios. Liguei para a minha irmã aos prantos. Sentia saudade, medo e solidão. Sentia o peito esmagado por não saber o que fazer. Ainda assim, algo em mim escolheu continuar.

Às vezes, suas dores só precisam atravessar o dia. Não tomar decisões, não salvar ninguém, não resolver nada — apenas atravessar. A "noite escura da alma" — expressão poderosa que conheci no livro *Mulheres que correm com os lobos*, da dra. Clarissa Pinkola Estés — não é o fim da linha. É o fim do poço, mas também a garantia de que acabou a queda. E mais: a certeza de que você já pode subir.

Se for preciso, peça ajuda. Psicólogos, terapeutas, psiquiatras. Colo de amigas. Abraços dos irmãos. Não há vergonha em precisar de amparo. A vergonha está em fingir força quando tudo que o corpo pede é acolhimento. Você não se tornará inteira negando a dor, mas reconhecendo as partes quebradas e percebendo que, mesmo partidas, elas ainda são *suas*. Não desista. Só por hoje, permita-se chorar. E descanse.

✦ REGISTRE

Em que área da sua vida você está se cobrando para ser forte, quando tudo de que precisa é acolhimento? Quem pode ser seu apoio hoje? E a quem você pode oferecer colo (caso esteja bem para fazê-lo)?

13 setembro

A fonte é infinita.

Dia 256 de 365

Ao me sentar para escrever esta mensagem para você, me sinto exausta. O corpo pesa, os olhos ardem e a cabeça tenta negociar uma pausa. Foram dias & madrugadas acordando cedo para escrever este livro. O prazo é apertado — e, sim, fui eu mesma quem escolheu a data de entrega. Mas a editora, que foi um presente, o diminuiu (era o único jeito de ele sair na data que eu queria). Desejei isto, pedi isto; portanto, me comprometi.

Mas, entre a vontade e a realização, existe o caminho. E o caminho, às vezes, é cansativo. Especialmente nos dias em que o cursor pisca sozinho na tela e a mente parece estéril. Foi assim que me senti por um momento: seca. Com medo de não ter mais ideias, não lembrar das histórias, não conseguir continuar.

Respirei fundo. Fechei os olhos. Pedi ajuda a quem quer que tivesse me confiado esta missão. E recebi uma resposta silenciosa no coração: *A fonte é infinita.* E não mora em mim, apenas *flui* através de mim.

Entrei nas redes sociais. Perguntei às leitoras que me acompanham há anos o que elas gostariam de ler neste livro. As respostas vieram como chuva boa sobre terra seca. Senti de novo o afago da vida. O lembrete de que estou sendo guiada. E de que quem me prometeu este projeto não me faltaria.

Estou escrevendo isso para que você também se lembre de que sua fonte é infinita. A criatividade não é sua — é da vida. Você só precisa estar disponível, respirar, pedir ajuda & confiar que a resposta sempre virá.

✦ REGISTRE

Quando foi a última vez que você duvidou da sua própria capacidade de criar? O que faria, para o que diria sim se, hoje, apenas confiasse que a sua fonte é infinita?

14 setembro

Nada detém a inexorável marcha do tempo.

Dia 257 de 365

Durante minha formação na Polícia Militar, ouvi uma frase que, desde então, guardo comigo: "Nada detém a inexorável marcha do tempo". Na época, era um consolo. Entre treinamentos exaustivos, alimentação restrita e escassez de tudo, essas palavras eram um lembrete de que aquilo também passaria. Que o corpo dolorido, a disciplina hipócrita & os dias de clausura teriam fim. Mas hoje, tantos anos depois, essa mesma frase retorna com uma força diferente.

Ela não me diz apenas que o tempo ruim passa, mas que tudo passa — o bom, o ruim, o insosso e o exímio. E que a única coisa que não muda é que o tempo segue sem poupar ninguém. Estamos quase encerrando o terceiro trimestre. Talvez você tenha adiado planos, metas e decisões. Talvez o inverno tenha deixado tudo mais lento e introspectivo. Mas repita essa frase para se lembrar que, se você não se mover, o tempo vai te atropelar. Daqui a um mês, um ano ou dez, ou talvez amanhã, você vai se questionar: "Por que não comecei naquele dia? Por que ignorei a mensagem que parecia um sinal?".

Por amor a você mesma, pare de adiar os sonhos. A vida arrastada, à margem, não é o seu destino. Você nasceu para mais. E ainda dá tempo. Não espere se arrepender para entender que a vida boa é para você também. Esse é, inclusive, um dos exercícios mais poderosos que proponho às minhas alunas: feche os olhos e visualize seus últimos dias nesta Terra... Quem está ao seu lado? Que relações permaneceram? Que corpo você habitou? Que obras deixou? De que se orgulha? Do que se arrepende?

Se não gostar das respostas, comece a mudá-las agora. Porque nada — absolutamente nada — detém a marcha do tempo. Mas você ainda pode mudar o rumo do pelotão.

✦ REGISTRE

Se o tempo não vai parar, o que você está esperando para começar? O que precisa ser feito hoje para que, no seu último dia, você possa dizer: "Eu vivi, e vivi bem"?

15 setembro

Você prefere comprar isso ou viajar?

Dia 258 de 365

Em setembro de 2015, fiz meu primeiro mochilão. Trinta dias para visitar o Paraguai, a Bolívia e o Peru. Tudo pago antecipadamente. Sem dívidas nem parcelamentos. Foi minha segunda viagem para fora do Brasil — a primeira, em 2010, para a Argentina, ampliou ainda mais meu endividamento, e ali parei de acreditar que viajar era para mim. Isso até mergulhar na educação financeira no final de 2014 e retomar a esperança.

Dessa vez, foi diferente. Cada noite dormida em hostel, cada travessia de ônibus entre as montanhas, cada refeição simples ao som de novos sotaques carregava outro sabor. O sabor da liberdade. A cada fronteira cruzada, uma certeza se desenhava: toda a dedicação para cuidar do meu dinheiro tinha valido muito.

Quando voltei, fiz um pacto com meu futuro: colei um post-it na carteira. A pergunta era simples: "Você precisa mesmo disso ou prefere viajar?". Naquela época, não havia Apple Pay, cartão por aproximação nem pix. O pagamento morava na carteira. E, para pagar, eu precisava pegá-la. Mas aí encontrava o bilhete e lembrava: meu sonho é maior do que esse impulso. Funcionava. Durante muito tempo, esse papelzinho foi meu antídoto contra o consumo impulsivo. Um lembrete do que realmente importava.

O mundo mudou. A tecnologia evoluiu. E os gatilhos do consumo são ainda mais sutis. Por isso, se você sente que gasta mais do que gostaria, se falta consciência na hora de consumir, deixo aqui uma sugestão prática & poderosa: desabilite o cartão do celular e use apenas o físico. E escreva seu próprio post-it.

Lembre-se: o dinheiro serve melhor quando é colocado a serviço do que você realmente quer viver.

✦ REGISTRE

Você precisa de um post-it? Que impulso você pode conter hoje para direcionar seu dinheiro ao que realmente importa? Qual frase você vai escrever no seu post-it da consciência?

16 setembro

Todo excesso é uma falta.

Dia 259 de 365

Durante minha formação na Polícia Militar de Alagoas, uma aula sobre os aspectos psicológicos por trás do abuso de drogas me marcou profundamente. A psicóloga que ministrava a aula fez uma afirmação que, desde então, ecoa em mim como um sábio alerta: "Todo excesso é uma falta". Com o tempo, percebi que aquela frase serve para todos nós. Para a vida no geral. Para os nossos hábitos. Para a nossa relação com o dinheiro.

Ter roupas demais não é ser estilosa. Fazer procedimentos estéticos demais nem sempre é apenas vaidade. O excesso de comida, álcool, sexo, controle, regras, rigidez, tudo isso são gritos do vazio. E não se engane, porque o mesmo vale para excessos "bem-vistos": trabalho demais, produtividade demais, economia demais, investimentos demais.

O excesso de controle financeiro é medo, insegurança disfarçada de competência, um trauma envernizado de planejamento.

Donald Winnicott, pediatra e psicanalista britânico, falava do *falso self* — uma estrutura criada para nos proteger da dor de não sermos aceitos como somos: um personagem socialmente funcional, mas emocionalmente descompensado. Muitas vezes, é esse *self* que consome demais, economiza demais, trabalha demais. E é ele quem busca validação no dinheiro, no status ou nas posses.

Mas riqueza de verdade não nasce do excesso. Nasce da integridade. De uma vida em que o que sentimos, pensamos & fazemos estão em harmonia. Em que o consumo é consciente. Em que o dinheiro serve com equilíbrio ao bem-estar. Hoje, te convido a observar seus excessos com coragem. Talvez você não precise de mais uma blusa, um curso ou um investimento, e sim de um colo, de descanso ou de confiança.

✦ REGISTRE

Qual excesso tem falado mais alto na sua vida? O que ele está tentando disfarçar? Que gesto de gentileza você pode oferecer a si mesma hoje? Que tipo de ajuda profissional você talvez deva procurar?

17 setembro

O paladar não retrocede.

Dia 260 de 365

Em 2024, Vinícius e eu voltamos à cidade onde nossa história começou. Foi ali que recebemos nossos cachorros, montamos nossa primeira casa e fundamos a Multiplique. Na época, achávamos que a cidade era "ok". Que o condomínio onde vivíamos era um bom lugar. E talvez fosse. Para quem éramos naquele momento. Mas, ao visitar aquela cidade de novo, éramos outros, e bastaram poucos minutos para que o estranhamento começasse.

As ruas pareciam menores, empoeiradas, sujas, e as cores, mais desbotadas. A sensação era de abandono. Mas o que havia mudado? A cidade? Sim. Mas também *nós*.

A verdade é que o paladar não retrocede. Quando você experimenta algo mais refinado, belo & bem-cuidado, é como se uma parte sua fosse reeducada. Seu corpo reconhece. Seu olhar pede mais harmonia. Sua pele deseja mais maciez. Seu ouvido rejeita o ruído. Seu espírito não aceita mais o que antes suportava.

Viemos de famílias simples. Bairros populares. Nunca nos faltou amor, mas também não sobrava referência estética nem sofisticação sensorial. Fomos acostumados a receber o mínimo — e, por muitos anos, isso pareceu excelente. Porém, à medida que nos permitimos viver mais, conhecer mais, provar mais, algo dentro de nós se expandiu. Cresceu. Refinou-se. Essa é a beleza da prosperidade: não nos faz querer mais; nos ensina a querer melhor. E quando o "excelente" se apresenta, o medíocre se escancara.

Por isso, provoque o seu paladar. Vá a um concerto. Visite uma galeria de arte. Passe a mão em tecidos de linho puro. Não se trata de se endividar, mas de reeducar o seu senso de valor. A vida pede repertório. E a riqueza mora nos detalhes.

✦ REGISTRE

De quais repertórios você tem se nutrido? A quais sensações você tem se exposto? Que nova experiência pode te levar ao seu próximo nível de riqueza?

18 setembro

Quando você vai se permitir viver como uma mulher rica?

Dia 261 de 365

Na infância, nunca fui a menina rica da turma, mas, por um período, estudei como bolsista na melhor & mais cara escola da cidade. Era ali, entre uniformes impecáveis, mochilas importadas e viagens internacionais, que eu convivia com as famílias mais ricas da região. Eles iam para a Disney, Paris e Londres, enquanto eu voltava suando no ônibus lotado do meio-dia. Naquela época, minha mente concluiu que ser rico era isto: viajar para os Estados Unidos e para a Europa. E, de forma muito silenciosa, essa imagem se assentou dentro de mim como verdade absoluta.

O tempo passou. Eu estudei, trabalhei, investi, enriqueci e aproveitei. Fiz minhas primeiras viagens internacionais ainda como servidora pública. Cheguei a realizar três em um único ano. Mas, curiosamente, mesmo depois de mais de uma década pisando em solo estrangeiro, nunca tinha ido à Europa ou aos Estados Unidos. Um dia, percebi: não era falta de dinheiro; era falta de permissão. Minha mente ainda não tinha atualizado... "Não sou rica", eu pensava inconscientemente.

Em 2024, fui duas vezes à Europa. Primeiro à Inglaterra, depois à Itália. E ali, algo mudou — ou se curou — em mim. Chorei diante de museus, monumentos e catedrais. Senti que minha mente, enfim, estava alcançando o meu corpo. Na Itália, agradeci aos meus ancestrais. Comi chorando. Eu era a primeira da minha linhagem a pisar na terra de onde um tataravô partira.

Porque a escassez, quando nos atravessa na infância, não deixa só marcas visíveis. Também sussurra palavras secretas para a alma. Narrativas íntimas que, mesmo no meio do sucesso, ainda cochicham: "Você não pode". Mas eu posso. E você também.

✦ REGISTRE

O que você ainda não viveu por achar que não é para você? Que narrativa precisa desconstruir para, enfim, ser plenamente a mulher que já se tornou?

19 setembro

Empolgação não é ansiedade, e reserva não é de emergência.

Dia 262 de 365

Dizer que está "ansiosa" para um momento bom pode parecer inofensivo, mas, para o seu cérebro, essa troca vem com alto custo. Ansiedade é uma resposta fisiológica de alerta, que vem com tensão & medo. Já a empolgação é antecipação com alegria, entusiasmo, esperança no que pode dar certo. Percebe a diferença?

Vários estudos em linguística cognitiva, como os da dra. Lisa Feldman Barrett, mostram que a forma como nomeamos o mundo molda profundamente o modo como o percebemos. Quando você nomeia com precisão uma emoção, acalma o sistema nervoso e concede ao cérebro um sinal de equilíbrio. "Dar nome aos bois" não se trata apenas de semântica, mas de autocuidado.

É por isso que, no meu método, você não vai encontrar o termo "reserva de emergência". Aqui chamamos esse dinheiro de Reserva da Paz. Porque o que você tem guardado não precisa ser acionado só para desgraças. Essa reserva pode ser usada com tranquilidade para enfrentar desafios ou para aproveitar boas oportunidades — uma viagem dos sonhos, uma ação com ótimo desconto, um curso transformador.

Emergência ativa alarme. *Paz* ativa centramento. Treine seu cérebro para agir com sabedoria, não com desespero.

Hoje, preste atenção nas palavras que você tem usado. Nomear o mundo com intenção é construir nossa realidade com precisão!

✦ REGISTRE

Que emoções financeiras você costuma confundir ou nomear de forma imprecisa? Quais palavras vem usando e atribuindo ao seu dinheiro?

20 setembro

Intolerância não enriquece.

Dia 263 de 365

Certo dia, em um grupo de negócios de que participo, testemunhei um debate acalorado nascer de uma simples frase: "Eu não contrataria esquerdista". A réplica veio de imediato: "E eu não contrataria um extremista de direita que subjuga mulheres". A conversa virou discussão; a discussão, gritaria; e a gritaria, desrespeito. Fiquei ali, em silêncio, pensando.

A verdade é que eu contrataria qualquer pessoa. Desde que esse alguém estivesse alinhado com os valores da minha empresa & da minha vida. Porque, para mim, caráter é premissa. E diversidade é potência. Se você só se cerca de quem pensa como você, não está liderando uma empresa, mas criando um culto. Empresas vivem de inovação. E inovação nasce da diversidade, do desconforto e do contraste.

Tese. Antítese. Síntese. Não há nova ideia sem contraponto. Não há avanço sem confronto. Desde que seja respeitoso.

O problema não é a polarização política. O problema é que não sabemos mais conversar com quem pensa diferente. Cercamo-nos apenas de versões repetidas de nós mesmas e depois nos perguntamos por que nossa criatividade estagnou. Por que nossos negócios não crescem. É o vício da comunicação personalizada. Dos algoritmos que só entregam o que agrada. Das redes que premiam o raso e punem o profundo. Do hedonismo de querer só o que dá prazer imediato: o *like*, o eco, o aplauso.

A verdadeira riqueza não se constrói no conforto, mas na escuta atenta, no questionamento honesto, na divergência bem conduzida. Se sua ideia não sobrevive a uma boa conversa, não é ideia — é rigidez.

✦ REGISTRE

Você se permite ouvir ideias diferentes das suas ou só conversa com quem concorda com você? Que diálogo você tem evitado por medo do desconforto, mas que poderia apresentar uma ideia nova para a sua vida?

21 setembro

O amor, um milagre.

Dia 264 de 365

Nem todo mestre ensina com metáforas suaves. Alguns, como Jesus, não toleram hipocrisias. Você é dessa linhagem. Da paixão honesta, da indignação precisa, da sensibilidade aguçada, que percebe o mundo antes mesmo de entendê-lo. Eu me lembro da nossa conversa sobre tatuagens. Com minha alma filosófica, eu buscava significados, mas você respondeu simplesmente: "Salmo 23". Sem explicação, só conexão. Tempos depois, descubro, antes de você, que esse mesmo salmo repousava no altar que uniu seus pais. Antes de você nascer, já existia um fio sagrado o guiando. Você andou pelo vale da sombra. Venceu a morte ainda menino.

Você me ensinou a beleza do olhar atento que captura feito um fotógrafo e da engenhosidade criativa que encontra solução até no que parece perdido. Me ensinou o valor da disciplina e da ordem. Você me devolveu a esperança no casamento e me mostrou que o amor maduro existe. Que existem homens que não permaneceram na infância, que decidiram ser agentes de transformação. Você me ensinou o valor da precisão, da constância e do cuidado. E, de forma silenciosa, me ensinou até a lavar a louça com respeito, porque foi em você que vi, pela primeira vez, um homem fazer isso por zelo, não por obrigação.

Vi você mergulhar em noites escuras da alma e atravessar os próprios desertos. E vi você sair ressurreto. Vi, com meus próprios olhos, o milagre da reconstrução íntima. Você é meu milagre. Sem você, a Multiplique não existiria, nem este livro. Talvez, nem eu mesma existisse assim, tão inteira.

Hoje, minha oração é para que sua vida seja longa, fecunda e boa. Que o bem que você semeia multiplique em abundância, e que todo mundo possa viver um amor como o nosso. Que encontrem um mestre feito você. Um sócio tão íntegro. Um amigo tão leal. Um motivo de fé na humanidade.

✦ REGISTRE

Escreva hoje uma mensagem a alguém que você ama.
A alguém que te ensina. Que te provoca a ser melhor.

22 setembro

Depois do inverno, há vida em flores.

Dia 265 de 365

Me espera, amor, que estou chegando
Depois do inverno, há vida em cores
Espera, amor, nossa temporada das flores

Esses versos, eternizados na voz delicada de Leoni, sempre florescem em mim quando setembro vai chegando ao fim e a primavera se instala com doçura no ar. Desde a infância, é como se essa música tivesse guardado, nas entrelinhas, um pacto com minha alma: lembrar-me que tudo volta a florescer, que mesmo os dias cinzentos têm fim, e que, ao final do inverno, sempre haverá flores.

Hoje, te convido a pausar por um instante. Preste atenção. Respire fundo. Sinta os aromas. Olhe em volta: as janelas parecem mais abertas, os sorrisos mais leves, o céu mais azul? Sim, há um frescor que embriaga — e não é só o das flores que voltam a colorir os jardins. É a vida que recomeça, silenciosamente, dentro de nós. Às vezes esquecemos, mas estamos sempre conectadas à natureza.

A natureza ensina, sem pressa, que nada é permanente. Que a mesma árvore seca, que aquilo que juramos impossível voltar à vida, pode brotar em verde e flor ao primeiro sopro da nova estação. Se você ainda está atravessando um inverno, confie na sua própria natureza. Ela sabe os caminhos para desabrochar. Sua primavera já vem vindo.

Compre flores. Perfume a casa. Deixe o novo entrar pela porta da frente. Vista seu melhor sorriso e dance descalça sobre o chão quente da vida. A estação mudou. E talvez você também tenha mudado.

✦ REGISTRE

O que está florescendo dentro de você neste momento? Que nova estação quer viver? Como pode se abrir para ela com mais leveza, entrega & gratidão?

23 setembro

Você não está construindo um ano.

Dia 266 de 365

Faltam cem dias para terminar o ano. O último trimestre está batendo à porta. E, se tem uma coisa que vejo acontecer todos os anos nesta mesma época, é gente desistindo.

Ah, deixa para o ano que vem.

A dúvida chega para todo mundo: "Será que ainda dá tempo?", "Será que eu consigo?", "Será que é pra mim?". Sim, dá tempo. Sim, você consegue. Sim, é para você. Desde que você entenda uma coisa: você não está construindo um ano, mas uma obra, uma vida.

Muita gente acha que, se o sucesso não vem rápido, então "não era para ser", mas a história nos prova o contrário. Muitos dos nomes de maior sucesso que conhecemos levaram décadas para virem à tona. A grande atriz Viola Davis, apesar de atuar há décadas, só conquistou o estrelato global com *Histórias cruzadas*, de 2011, aos 46 anos. Ludwig van Beethoven compôs a *Nona sinfonia* — sua obra-prima — já surdo, aos 54 anos. Cora Coralina, uma das maiores poetas brasileiras, lançou seu primeiro livro aos 75 anos. Tenho alunas que aprenderam a investir com mais de 80 anos.

Pensando nisso... Será que você está mesmo atrasada ou só está a caminho?

Existe uma sabedoria oriental que diz que devemos viver como se fôssemos morrer amanhã, mas sonhar como se fôssemos viver para sempre. Na minha opinião, é uma das frases mais perfeitas sobre o bem viver. Sim, ainda dá tempo. Mas o tempo não espera. Sim, você tem permissão para recomeçar. Mas não se esconda atrás do "amanhã eu começo". Hoje é sempre o melhor dia para dar o próximo passo. E cada passo que você dá, mesmo que pequeno, é mais um tijolo na grande obra que é a sua vida.

✦ REGISTRE

Qual passo você pode dar hoje para ainda aproveitar os últimos cem dias deste ano & se sentir orgulhosa quando a sua obra estiver pronta "amanhã"?

24 setembro

Ninguém tem tempo.

Dia 267 de 365

Outro dia, uma mulher me escreveu dizendo que não conseguiria estudar finanças. Não tinha tempo. Cuidava do próprio negócio, da casa, do casamento. Eu entendi, mas não aceitei, e respondi com a história da Ana.

Ana é mãe solo. Tem três filhos pequenos. Não tem empregada nem babá. Não tem "tempo". Mas tomou uma decisão: ser dona da própria vida.

Ana reconstruiu a carreira depois de um divórcio traumático, durante o qual perdeu três empresas. Hoje empreende, atende clientes e fatura em média 30 mil reais por mês como gestora financeira. Sem ajuda, sem desculpas, sem tempo... mas sabendo estabelecer suas prioridades.

Talvez você pense: "Ah, mas minha vida é diferente". Sim. Cada mulher tem a sua história e contexto. Mas deixa eu dizer uma verdade difícil: se existe alguém provando que é possível, talvez o que falta a você não seja tempo, mas uma decisão. Talvez você esteja alimentando a desculpa em vez do resultado, dando palco para a distração, enxugando gelo na rotina e chamando isso de urgência. Está na hora de parar de romantizar a falta de tempo. De se esconder atrás da agenda cheia para justificar uma vida vazia de evolução.

Você consegue ver stories, conversar no WhatsApp, assistir a uma série no fim do dia, rir no grupo da família e reclamar com as amigas, mas não consegue separar quinze minutos diários para mudar sua relação com o dinheiro? Desculpa, mas isso não é falta de tempo, e sim falta de prioridades, direção e vontade.

Hoje, o meu convite não é fofo. É assertivo: PARE. Pare de contar a si própria histórias que te mantêm no mesmo lugar. Pare de repetir que "não dá". Pare de acreditar no roteiro da escassez. E comece a agir como uma mulher que quer algo. Porque tempo ninguém tem. Tempo a gente faz.

✦ **REGISTRE**

Que gelo você está enxugando sem notar?
Como pode criar mais tempo em sua rotina?

25 setembro

O mundo precisa da sua luz & do seu megafone.

Dia 268 de 365

> É a nossa luz, não nossa escuridão, o que mais nos apavora. Nos perguntamos: "Quem sou eu para ser brilhante, maravilhosa e talentosa?". Na realidade, quem é você para não ser? Se fazer de pequena não ajuda o mundo. Não há nenhuma bondade em você se diminuir, recuar para que os outros não se sintam inseguros ao seu redor. Todas nós fomos feitas para brilhar. Nascemos para manifestar a glória de Deus que está dentro de nós. E, conforme permitimos nossa própria luz brilhar, damos às outras pessoas permissão para fazer o mesmo. E, conforme nos libertamos do nosso medo, libertamos outros.

Foi o livro *O que eu sei de verdade*, de Oprah Winfrey, que me levou a esse texto de Marianne Williamson. Durante muito tempo, também temia quem eu poderia me tornar se tivesse sucesso demais. Temia me corromper. Ser julgada. Que o amor das pessoas por mim tivesse limite — um teto baixo que o sucesso pudesse ultrapassar. Acreditava que, quanto mais eu crescesse, mais incomodaria.

Hoje, posso dizer com serenidade: dinheiro & sucesso não te afastam de quem você é, apenas ampliam. Se você é generosa, vai multiplicar. Se é arrogante, vai transbordar. O sucesso não muda sua essência, potencializa-a. Sua prosperidade é um presente para o mundo, porque, quanto mais você brilha, mais outras mulheres sentem que também podem brilhar. Quanto mais sua voz ecoa, mais mulheres escutam possibilidades onde antes só havia silêncio.

O dinheiro pode ser só um meio de ampliar seu poder aquisitivo... ou pode ser seu megafone. E é por isso que a riqueza precisa ser alcançada por gente boa. Por mulheres conscientes, generosas, humanas. Como você.

✦ REGISTRE

Você já percebeu, conscientemente, que tem medo de "dar certo"? O que mudaria se você decidisse prosperar não *apesar* de quem é, mas exatamente *por quem* é?

26 setembro

Erre pequeno, erre rápido.

Dia 269 de 365

No universo dos negócios, há um conceito que revolucionou a forma como startups desenvolvem produtos, e que pode — e deve — ser aplicado à sua vida pessoal e financeira. No livro *A startup enxuta*, Eric Ries popularizou a ideia do MVP — Mínimo Produto Viável. O princípio é simples: comece pequeno, teste rápido, aprenda com agilidade. Errar barato é melhor do que acertar caro demais. Foi Vinícius, meu marido e sócio, quem me despertou para aplicarmos esse conceito a tudo, dos negócios à vida pessoal.

O mantra, curto mas poderoso, é: erre pequeno, erre rápido. Ou seja: risco pequeno, retorno rápido. Quando você dá um passo assertivo, calculado e pequeno, os aprendizados vêm com mais rapidez. Os ajustes são possíveis sem grandes prejuízos. É melhor errar com cinquenta reais do que com 50 mil.

Quer começar a investir? Comece com trinta reais. Quer abrir uma empresa? Teste a ideia vendendo para três pessoas. Quer aprender sobre finanças? Comece com um conteúdo simples, mas aplicado. Em vez de tentar transformar toda a sua vida de uma vez, transforme um hábito. Quando você acerta no pequeno, repete com mais confiança no grande. Quando erra no pequeno, corrige sem traumas.

Essa é a diferença entre viver em um laboratório de crescimento ou em um campo minado de expectativas frustradas. O segredo do progresso sustentável não está em grandes saltos, mas em pequenos passos intencionais. Erre pequeno, erre rápido. É assim que se constrói uma vida rica: testando, ajustando, aprendendo e evoluindo — sem precisar pagar o preço da pressa ou da megalomania.

✦ REGISTRE

Qual projeto você poderia começar com uma versão mínima & viável? O que pode testar, ainda hoje, com um pequeno risco e que tenha um aprendizado rápido?

27 setembro

O gosto da escassez vicia.

✦✦✦✦✦✦✦✦✦✦✧✧✧

Dia 270 de 365

Era uma vez uma mulher que decidiu caminhar. Carregava sonhos na mochila, mas, na ânsia de partir, não planejou. O alimento que levava acabou. Chegou à primeira parada e pediu comida. Recebeu um pedaço de bolo úmido e embolorado. Ao questionar, ouviu: "É o que temos". Ela hesitou, mas cedeu. Na cidade seguinte, o mesmo se repetiu. "É o que temos aqui", diziam. Ela, com medo de não aguentar a jornada, seguiu engolindo. Dias e cidades se passaram. Por onde andava, encontrava a mesma coisa. Ficou doente, mas se acostumou. Já não questionava. O estômago parou de sentir. A mente se adequou. Até que, meses depois, voltou à cidade de origem, onde o alimento era fresco. Quando recebeu um prato com alimentos saudáveis, estranhou. Achou tudo insosso e ficou nauseada. O corpo, desacostumado, rejeitou o que era natural, nutritivo e farto.

Essa história é sobre a forma como, aos poucos, vamos aceitando migalhas da vida. O salário que não cobre os sonhos. A dívida que sangra a paz. O assédio moral que paga o holerite. A poupança que não rende. É sobre como normalizamos a escassez, até acharmos que é o único cardápio disponível. Repete-se o discurso: "A vida é dura", "Só sendo herdeira", "Isso não é para mim". E, assim, vamos engolindo mofo, dia após dia.

A pior pobreza não é a da conta bancária. É a que aceita sofrimento como destino. A que desconfia de tudo que é bom demais. Que acha que realmente não tem jeito. Você merece fartura. Merece aprender a se nutrir de abundância. Mas precisa, primeiro, parar de aceitar lixo como prato principal.

✦ REGISTRE

O que você tem escolhido engolir todos os dias? Que passo concreto pode dar hoje para recusar o mofado & se reeducar a receber o melhor?

28 setembro

A que Deus você serve?
Que preço ele cobra?

Dia 271 de 365

Já vi quatro papas assumirem o trono de Pedro. Vi a transição da tradição para o afeto, da severidade para a esperança. Tive o privilégio de assistir a uma missa no próprio Vaticano. Senti o peso da história e a força simbólica de estar ali. Mas também senti um incômodo. Uma inquietação que me acompanha desde os dezesseis anos, quando decidi abandonar a religião formal.

Uma possível origem da palavra "religião" está no latim *religare* — religar. Um elo entre o humano e o sagrado. Mas o que acontece quando essa conexão vira espetáculo? Eu vi a fé ser usada como instrumento de medo. Vi dogmas servirem para limitar vidas, oprimir corpos e silenciar vozes. Vi o púlpito tratar mais de política do que de espírito e o altar virar cofre. Por isso, minha espiritualidade hoje é livre. E inegociável.

Não estou aqui para atacar a fé de ninguém, mas para lembrar que o divino nunca esteve trancado num templo. Ele vive em você. E em todos os seres, independentemente do Deus que se venera. Vive na respiração que dá vida. No trabalho honroso. Até nas decisões financeiras. Porque a ideia de que dinheiro é impuro, de que prosperidade é vaidade, serve a um único fim: manipulação. Um discurso que beneficiou séculos de concentração de renda, que omitiu a presença feminina como parte do milagre, que fez da doação uma obrigação.

Acredito em um Deus que se alegra com a nossa autonomia. Que vibra com a nossa liberdade. Que não se ofende quando prosperamos. Seja qual for sua crença, lembre-se: espiritualidade não é terceirização de responsabilidade, mas a reconexão com o poder que já habita em você, mesmo sem intermediários.

✦ REGISTRE

Qual crença ainda limita sua relação com o dinheiro?
Que ensinamento precisa ser reavaliado para você viver uma fé que enriquece, liberta & honra o sagrado que é viver bem?

29 setembro

O medo é maior na iminência do salto.

Dia 272 de 365

Se você nunca assistiu ao filme *Os Croods*, considere este convite. A trama gira em torno de uma família das cavernas que vive segundo uma regra absoluta: "Nunca saia da caverna". Ao longo da história, somos presenteadas com uma versão lúdica do mito de Platão. Tudo que é novo é visto como ameaça. Uma bela metáfora para a forma como muitas de nós fomos educadas. A vida começa quando saímos da caverna.

Mas nosso cérebro luta contra isso. E pior, quanto mais perto estamos do salto da mudança que desejamos, maior o pânico. O medo grita. A mente sabota. Estudos da Universidade Yale mostram que, ao identificar uma possível ameaça ao *status quo*, mesmo uma "ameaça" positiva, como mudar de carreira, o cérebro ativa a amígdala, o centro do medo. O problema é que ela não sabe diferenciar um ataque real de uma oportunidade benéfica. Por isso, muitas pessoas permanecem presas a rotinas medíocres, mesmo almejando expansão.

Como quebrar esse ciclo? Você pode mostrar ao seu cérebro que a nova rota oferece mais chances de segurança. Estudos de economia comportamental divulgados por autores como Daniel Kahneman, Dan Ariely e George A. Akerlof indicam que decisões são tomadas menos pela lógica e mais pela emoção. Então faça seu cérebro *desejar* o novo. Mais do que temer. Projete cenas da vida que deseja viver. O cérebro responde melhor a imagens do que a conceitos. Dê pequenos passos. O cérebro teme rupturas bruscas. Compartilhe seus planos com quem já realizou algo semelhante. Isso reduz o senso de ameaça.

Na trilha do novo, o medo não desaparece, apenas muda de lugar. Ou você assume o volante ou ele sempre vai comandar.

✦ REGISTRE

Qual salto você tem adiado por medo? Se o medo é sinal de que o salto está próximo, o que você pode fazer hoje para preparar sua mente para essa travessia?

30 setembro

Não permita que um áudio se transforme em uma barreira.

Dia 273 de 365

Certa vez recebi um áudio de uma pessoa que amo muito dizendo assim: "Desapareceste depois que ficou rica, né? Como mudam as pessoas". A verdade é que ela está certa, eu mudei. E muito. Talvez, hoje, ela nem sequer reconhecesse aquela menina que fui um dia. Era essa a intenção.

Cresci ouvindo: "Vai lavar essa mão, menina. Dinheiro é sujo", "Dinheiro corrompe famílias". Hoje entendo por que ouvi isso. Foram muitos traumas. Fome. Violência. Medo. E sinto muito por tudo isso. Também tenho os meus traumas. Fui para a terapia. Cuidei das feridas. Olhei para dentro. Encontrei a mim. E, veja, é possível: eu enriqueci. Não carrego mais os velhos medos. Em vez de feridas abertas, levo cicatrizes. Talvez por isso essa pessoa já não me reconheça. Porque escolhi romper o ciclo.

Muitas pessoas só focam em sobreviver. Mas é possível fazer diferente. É possível *escolher* viver. Com paz, dignidade e abundância. E te peço, de coração, pessoa amada que me enviou o áudio: me veja com bons olhos. Porque o que estou construindo é a cura de uma dor geracional.

Talvez você, cara leitora, tenha uma pessoa íntima, um pai, um marido, uma tia ou uma amiga que também diga coisas assim. Não se amedronte. Não se questione. Não duvide da sua jornada. Esse é um sinal poderoso de que você está rompendo com a história que te deram, e criando a sua. Celebre!

✦ REGISTRE

Que julgamento ou frase da sua história ainda ecoa como freio?
Qual nova narrativa você escolhe viver — e deixar como herança?

OUTUBRO

1º

A obra não é minha... é da vida.

Dia 274 de 365

Algo mágico acontece quando nos colocamos a serviço de uma grande obra. Parece que algo — ou alguém — também se compromete conosco. Não sei se são anjos, musas, o *self*, vozes da minha cabeça ou o próprio Deus. Só sei que *não estou sozinha*.

Quando olho para tudo o que já criamos na Multiplique — aulas, cursos, palestras, eventos, este livro —, sei que essa obra não é minha, nem de Vinícius (meu sócio), da equipe, nem de nossas alunas. É de algo maior. São incontáveis as noites em que acordo com textos inteiros na cabeça. Histórias perfeitas me atravessam. E eu até poderia dar uma explicação científica para isso. Mas prefiro acreditar: *estamos sendo cuidadas*.

A Multiplique é uma missão. Nunca a identifiquei como um CNPJ de Ítala dos Anjos, como "minha consultoria financeira". Desde o começo, tinha identidade, alma. Sou apenas uma colaboradora. E você, leitora, faz parte dessa construção. Muitas histórias de alunas, por mais que sejam resultado de método, também são milagres. Porque toda vez que uma mulher enriquece, um pouco mais dessa grande obra se realiza.

É por isso que a razão social dela, que até hoje pouca gente sabe, é Inspiração Treinamentos Ltda. Porque o nome veio de uma inspiração. Durante a formalização do CNPJ, nossos sobrenomes foram recusados pela Receita. Ao telefone com o contador, veio o estalo: "Coloca Inspiração Treinamentos Ltda., depois a gente vê". E passou. Como se o invisível dissesse: *Sim, é isso mesmo.*

Que a Multiplique siga sendo essa força coletiva, esse canal entre o visível & o invisível. E que a gente continue dizendo que sim, estamos prontas para cumprir a grande obra da riqueza divina. Afinal, quanto mais mulher rica no mundo, melhor!

✦ REGISTRE

Se você confiasse que está sendo guiada,
o que ousaria começar ainda hoje?

2 outubro

O tempo não cura!

Dia 275 de 365

Crescemos ouvindo que "o tempo cura tudo", mas quantas pessoas você conhece que estão há anos reclamando dos mesmos problemas, das mesmas dores e da falta de dinheiro? Então... será mesmo que é o tempo que cura?

O tempo não faz milagres. É você quem faz! O tempo passa. Se você não muda, ele apenas prolonga a dor, cria abismos, deteriora e leva à ruína.

A transformação está no que você faz com o tempo. Ele, assim como dinheiro, é uma lupa: amplia tudo o que toca. Pode ser um excelente aliado ou um grande carrasco. O que o transforma em um aliado é a decisão de agir de forma diferente, a coragem de romper antigos padrões, a ousadia de se tornar melhor. Hoje, pare de usar o tempo como desculpa. Use-o como ferramenta.

Não espere que o calendário te salve. A mudança começa dentro de você. A cura não está nos dias que passam, mas nas escolhas que você faz enquanto os atravessa. Viva com intenção. E transforme o tempo em ponte, não em prisão.

✦ REGISTRE

Olhando para a sua realidade de cinco anos atrás, houve mudança & crescimento? Você tem problemas novos ou antigos? O que pode fazer hoje para que o tempo se torne seu aliado?

3 outubro

Faça negócios com suas amigas.

Dia 276 de 365

Outro dia, ouvi de um empresário indignado: "Que raiva dos meus clientes! Às vezes queria mandar todos a m… Gente ignorante, que não valoriza meu trabalho". Confesso que senti pena. De verdade. Ele criou a própria prisão.

Pensei com satisfação na Multiplique. Nas clientes que se tornaram amigas. Em como me realizo ao servi-las. E me lembrei da Carla.

Cirurgiã, professora e mãe, Carla se sentia exausta, com investimentos minguando e um histórico de *burnout*. Ela me procurou com humildade, e se tornou exemplo de coragem & renascimento. Estudou, treinou, investiu e transicionou de carreira. Virou empresária, mentora e se especializou em gestão financeira (no método Multiplique) para levar conhecimento às suas clientes. Dominou a IA, prosperou. Carla é a prova viva de que a transformação exige humildade e a inteligência de quem sabe que a sabedoria não mora em diplomas, mas em ação.

Nos tornamos amigas há alguns anos. Ou seja: construí uma empresa com clientes muito legais.

Então pergunto: você está construindo a empresa que gostaria de ver no mundo? As aulas que ministra são as que gostaria de ter tido? Seus produtos são os que você mesma compraria? Seu atendimento é o que gostaria de receber? Você não está imune à cultura que critica. A cultura é você. A economia é você. A sociedade é você. Ouse ser a mudança que você gostaria de ver no mundo.

✦ REGISTRE

Que tipo de cliente você tem atraído? Que tipo de profissional você tem sido e que tipo de marca está deixando no mundo?

4 outubro

A riqueza também é multiespécie.

Dia 277 de 365

Tico morava com meus avós. Mas andava comendo os pneus do carro, e vovô decidiu doá-lo. Fiquei triste, mas eu mesma, décadas depois, também doei uma cachorrinha. Calma, não me julgue ainda.

Em 2014, colegas da Polícia Federal encontraram uma filhotinha abandonada e acharam que ela teria sorte comigo. Eu a amava, mas vivia entre plantões. Ela passava horas sozinha em uma casa pequena, o que doía. E doeu mais quando decidi doá-la. Mas ela merecia mais atenção. Mais tarde vieram Tutu e Preta, o casal de labradores que vocês veem nas minhas redes e que amo muito.

Minha conexão com os animais nunca foi só doméstica. Começou com cavalos no sertão, cresceu em mergulhos com peixes, arraias e tubarões e aumentou na observação de pássaros e lendo *Chico Xavier, o amigo dos animais*, de Carlos A. Baccelli.

Sinto que eles têm uma inteligência sofisticada. Outro dia, vi uma moça dizendo que sua cachorra era muito ansiosa, mesmo tendo "cama, ar-condicionado e ração cara". Mas a verdade é que lhe faltava o básico: o mundo natural.

Tentamos domesticar os animais ao nosso modo de vida. A maior lição que eles me ensinaram foi que é necessário respeitar a natureza do outro. Nunca devemos impor nossas verdades a nada nem a ninguém.

É por isso que a única imagem de santo que comprei na vida é a de são Francisco de Assis, o protetor dos animais, meditando, para ter paciência com os humanos! Se algum dia o futuro olhar para trás, vai se envergonhar do modo como escravizamos outras espécies — como já nos envergonhamos de termos feito isso com humanos.

Riqueza não é só uma questão de números, mas de diversidade. É saber que inteligência, afeto & sabedoria existem em formato multiespécie.

✦ REGISTRE

Que pequenas mudanças você pode fazer hoje para viver com mais respeito multiespécie?

5 outubro

O dia em que as mulheres tiveram direito à riqueza.

Dia 278 de 365

Não, você não é ruim com dinheiro; só é herdeira de um silenciamento histórico. No Brasil, só em 1827 as meninas tiveram permissão legal de ir à escola e, em 1879, de ingressar nas faculdades. Até 1962, uma mulher casada precisava da autorização do marido para abrir conta bancária, trabalhar fora ou herdar bens. Em 1974, as mulheres passaram a ter acesso a um cartão de crédito sem a necessidade da assinatura de um homem. E, pasme, só em 5 de outubro de 1988, com a atual Constituição Federal, que mulheres conquistaram igualdade legal de direitos financeiros. Ou seja, a sua liberdade econômica é mais jovem que boa parte das mulheres que me leem agora.

Disseram que dinheiro era coisa de homem. Que o "importante é o amor". Deram-nos panelas, nunca planilhas. Ensinaram a economizar no mercado, mas não a investir. Não era questão de falta de capacidade, mas de falta de acesso. E o mais perverso: nos culparam por isso. Taxaram-nos de gastonas, desorganizadas e consumistas. Espalharam que descontrole financeiro é "coisa de mulher", quando é o reflexo de um sistema que nos excluiu da formação e depois nos culpou pela ignorância.

Hoje, 5 de outubro, não é só o aniversário da Constituição, mas um lembrete de que você já possui os mesmos direitos econômicos dos homens.

Agora, esse direito é responsabilidade sua. Porque não basta ter acesso. É preciso educação, estratégia e decisão. Se nunca ensinaram você a gerar, gerir e multiplicar, ou um método, um plano, talvez seja porque nunca quiseram que você soubesse dessas informações. Mas agora você sabe. O que vai fazer com isso?

✦ REGISTRE

O que você ainda não aprendeu sobre dinheiro por ter acreditado que isso não era para você? Como você poderia, a partir de hoje, honrar esse direito conquistado?

6 outubro

Leve a alegria adiante!

Dia 279 de 365

Se você ainda não assistiu a *Divertidamente*, da Disney, aqui vai o convite: inclua no seu próximo "cine família". Parece filme de criança, mas é um verdadeiro tratado sobre emoções humanas. Com consultoria técnica de psicólogos, o roteiro apresenta as cinco emoções básicas: alegria, tristeza, medo, raiva e nojo. A sacada é que apenas uma dessas emoções não dispara estresse no nosso corpo. Adivinha qual? Sim, a alegria.

Mais que uma emoção gostosinha, alegria é uma ferramenta estratégica. Shawn Achor, no livro *O jeito Harvard de ser feliz*, comenta que a alegria precede o sucesso — inclusive o financeiro. Em um estudo, médicos que receberam pirulitos antes de atender pacientes, mesmo sem comer os doces, fizeram diagnósticos melhores e mais rápidos. Em outro, vendedores que assistiram a um vídeo engraçado antes do trabalho venderam mais.

Mas nada disso é mágica, e sim química cerebral.

A alegria ativa dopamina. Dopamina gera foco. Foco gera ação. Ação com entusiasmo gera resultados. E é por isso que, hoje, meu convite é simples mas poderoso: elogie alguém. Nada de ficar bajulando. Tem que ser um elogio sincero, direto do coração. Nosso cérebro já tem o péssimo hábito de encontrar defeitos. Que tal começar a destacar virtudes? Diga ao seu marido o quanto admira sua paciência. Aos seus filhos, o quanto são corajosos. À sua colega de trabalho, o quanto a organização dela inspira você. Leve a alegria adiante.

O mundo se transforma quando alguém se sente visto. E você também se transforma quando começa a ver mais beleza ao redor. A alegria é uma forma de prosperar e de fazer o mundo prosperar com você.

✦ REGISTRE

Quem você vai elogiar hoje? Que elogio sincero pode ser o início de uma corrente de alegria & de sucesso?

7 outubro

Se você tem medo da solidão, você já está sozinha.

Dia 280 de 365

Recentemente, em uma conversa com uma aluna, ouvi: "Ítala, eu morro de medo de crescer. Tenho medo de ganhar dinheiro, de vender meu trabalho, de me destacar... e acabar sozinha". Dava para perceber que aquilo doía. Segundo ela, o medo maior era o julgamento da família. Da mãe, que talvez a visse como arrogante. Do marido, que talvez se sentisse diminuído. Dos irmãos, que talvez a excluíssem. Respondi, gentil, porém direta: "Se você tem medo da solidão, já está sozinha". Quem te ama de verdade, te ama enquanto você cresce. Torce por você. Se hoje você convive com pessoas que só a apoiam se você for pequena, submissa, apagada, isso é uma prisão.

Dinheiro não afasta. Riqueza não corrompe. Crescimento não isola.

O que a sua evolução faz é revelar. Revela quem realmente está do seu lado. Revela quanto os laços são fortes. Revela se havia afeto ou controle. Se havia admiração ou inveja. Porque, como diria um homem sábio que passou nesta terra: "Conhecereis a verdade, e a verdade vos libertará". O dinheiro revela a verdade.

Sim, o seu sucesso pode provocar incômodo e acionar inseguranças nos outros, mas nada disso te diz respeito. O problema é *deles*. Talvez possa se transformar em uma incitação ao crescimento, um convite para que se desenvolvam. Se não quiserem aceitar, que sigam murchos, mas sem te limitar.

Como dizia Frida Kahlo: "Onde não puderes amar, não te demores"... E eu complemento: onde não puderes enriquecer, não permaneça. Você merece estar rodeada de pessoas que aplaudem sua grandeza, que se inspiram na sua coragem & que te amam por inteira — e não pela parte que lhes convém.

✦ REGISTRE

Quem você teme perder ao se tornar a sua melhor versão? Esse medo é sinal de amor ou de aprisionamento? O que você pode escolher hoje para se cercar de relações que fortalecem, e não que limitam, a sua riqueza?

8 outubro

Semana do saco cheio para quem?

Dia 281 de 365

Outubro é mês da "semana do saco cheio", uma pausa no calendário letivo. Sempre que ouço essa expressão, me questiono: saco cheio de quê? De aprender? De ampliar horizontes? Se for isso, talvez estejamos virando as costas para a única ferramenta que, de fato, muda destinos: a educação. Sim, o sistema educacional tem falhas, mas isso também é resultado do nosso "saco cheio".

A educação ainda é o maior veículo de mobilidade social do mundo. Segundo dados do IBGE e da OCDE, uma pessoa com ensino superior completo ganha, em média, 2,7 vezes mais do que uma com apenas o ensino médio. Quem conclui uma pós-graduação tem ainda mais chances de ter estabilidade financeira, acesso a cargos de liderança, bem-estar emocional e autonomia nas decisões de vida. Ou seja, quanto mais você estuda, mais chances tem de crescer. E isso não se limita a diplomas. Educação é uma escolha diária que podemos fazer de aprender, estando sempre atualizadas, questionando o mundo ao redor e buscando mais. Inclusive quando o assunto é dinheiro.

Transformar conhecimento em ação é o que faz a ponte entre o que somos e tudo o que ainda podemos ser. E falo com propriedade. O estudo foi o que me permitiu sair da periferia alagoana & ascender financeiramente. Precisamos parar de tratar esse tema como se fosse um estorvo. A educação precisa ser tão intrínseca quanto escovar os dentes, tão prazerosa quanto um banho morno, tão desejada quanto as férias. Sem ela, não há avanço social nem avanço real. Se você não precisou começar do zero, é porque alguém antes de você leu, escreveu, pensou e registrou. Cada biblioteca é um portal. Cada aula é uma revolução.

✦ REGISTRE

Como a educação poderia transformar a sua realidade hoje? E se, em vez de suspender a jornada, você decidisse se apaixonar por ela?

9 outubro

Quem mexeu no meu pão?

Dia 282 de 365

Quando criança, minha mãe me dava um real e me mandava ir comprar pão. E lá ia eu, feliz da vida. Voltava com uma sacola cheia. Se fosse dia de promoção na padaria, ainda sobrava troco para um salgadinho de queijo. Hoje, um real não compra sequer uma unidade de pão. Esta é uma lição silenciosa que o tempo tenta nos ensinar: dinheiro parado perde valor.

No mundo inteiro, a inflação age como uma ferrugem invisível, que corrói, aos poucos, o nosso poder de compra. E é por isso que investimos: para preservar & multiplicar nosso poder de escolha.

A ideia de investir não é para ficarmos ricas da noite para o dia, mas para não sermos tolhidas sem perceber. É garantir que, daqui a cinco, dez, trinta, cinquenta anos, ainda vamos ter liberdade para decidir como queremos viver.

Você pode até não entender de investimentos ainda, mas tem que saber que: *se o seu dinheiro não está rendendo acima da inflação, está encolhendo*. E quem não despertar para esse assunto agora vai ser derrubada da cama no susto em um futuro não muito distante.

✦ REGISTRE

Você tem deixado seu dinheiro se desvalorizar por medo ou desconhecimento? Que decisão pode tomar hoje para proteger e multiplicar o que já tem?

10 outubro

Saúde mental é um ativo inegociável.

Dia 283 de 365

Vivemos na era da exaustão. Cansaço crônico, excesso de estímulos e hiperconectividade. *Burnout*, ansiedade generalizada, insônia, depressão, irritabilidade constante... A lista é extensa. E eu sei, porque já estive lá.

Demorei a admitir que minha mente estava adoecida.

É fácil entender quando alguém está com o braço quebrado. Ninguém espera que essa pessoa levante sequer uma sacola de pão. Mas, quando a mente está na pior, seguimos exigindo de nós mesmas a força de levantar o mundo. E assim, dia após dia, descemos mais um degrau rumo ao fundo do poço. Vi meu esposo quebrar o braço da mente duas vezes. Saúde mental não é frescura, falta de fé nem ausência de resiliência. É um aspecto biológico da nossa vida, e precisa ser tratada como tal.

Precisamos cuidar da nossa mente todos os dias. Ela exige manutenção, boa alimentação, sono regulado, exercícios físicos, limites de exposição às telas e às notícias, tempo de qualidade com quem nos nutre, silêncio intencional e muito mais. E não é fácil fazer a manutenção de tudo isso sozinha.

Terapia não é luxo, é investimento. E se você sente que precisa de ajuda, por favor, não a negue como eu neguei por tanto tempo. Certos estados emocionais podem alterar o cérebro de forma quase irreversível. E um cérebro adoecido não sustenta sonhos, não cria valor em abundância, nem multiplica.

Hoje, no Dia da Saúde Mental, te convido a ser a guardiã da sua própria mente. Filtre o que entra, o que fica e o que precisa sair. E escolha, todos os dias, zelar por esse ativo inegociável chamado você.

✦ REGISTRE

Que práticas você pode incluir ou reforçar na sua rotina para cuidar da sua saúde mental? Você dá à sua mente o mesmo cuidado que dá ao seu corpo, à sua carreira & à sua conta bancária? Que ajuda você pode buscar — ou oferecer — hoje?

11 outubro

Impor limites também é um ato de amor.

Dia 284 de 365

Ao educar crianças, aprendemos logo o valor de um "não". Impomos regras e enfrentamos o choro porque sabemos que limites educam e que impô-los não é ausência de amor, mas sua manifestação. Um amor que prepara para o mundo real.

Curiosamente, essa percepção desaparece quando o assunto é nossa própria vida. Muitas mulheres não colocam limites em si mesmas nem nos clientes que exigem além do combinado, nos parceiros que quebram acordos, no trabalho que invade todos os espaços da existência. Sobretudo, não colocam limites no próprio dinheiro.

Orçamento, teto de gastos e mínimo mensal de investimento são tipos de limites que podemos impor à nossa vida, e não se tratam de uma prisão, mas de direção. Da mesma forma que educa uma criança, o "não" fortalece relacionamentos, o vínculo com o trabalho e a carteira de investimentos.

Investidoras maduras sabem: não é apenas o quanto se investe, mas o quanto se respeita os próprios critérios de alocação, exposição a risco e segurança. Num portfólio financeiro, não ter limite é a receita para o desastre. Porque, sem um critério do quanto se expõe, você se rende ao pior inimigo dos investidores: a própria mente. E então, o risco não vem do mercado, mas da sua instabilidade emocional. Medo e ganância tomam o controle, e o que era para ser uma jornada de crescimento se torna um campo minado de impulsos.

A mulher que constrói riqueza de verdade sabe que limite não é contenção: é canalização. O rio que corre livre precisa de margens para seguir ao seu destino. Limite é sabedoria. Limite é estratégia. Limite é amor-próprio.

✦ REGISTRE

Em que áreas da sua vida é preciso impor alguns limites? Em que áreas você tem confundido liberdade com desordem? Que regra de ouro você pode estabelecer hoje para direcionar a sua jornada de riqueza?

12 outubro

O milagre da Aparecida.

Dia 285 de 365

Era uma manhã comum de trabalho, em um janeiro quente, na fronteira com o Paraguai. Eu sorria sem saber o que estava por vir. Àquela altura, estava concentrada na tela do computador. Até que ele entrou pela porta da sala. "Oi, me chamo Mansur, estou tomando posse hoje. Muito prazer. Tudo bem?" Foi o suficiente para eu sentir que ficaríamos juntos. Combinei comigo mesma que precisava observá-lo. Também precisava me observar e entender se aquele sinal era da minha intuição mais pura ou dos meus instintos mais mundanos. Mas já desconfiava da resposta.

O tempo foi passando. Ele era pontual, matutino e sempre entregava excelência no trabalho. Nos papos de corredor, todos o elogiavam e o admiravam. Fato curioso: sempre estava com um livro ou uma *Superinteressante* embaixo do braço. Gostava de música clássica, jazz, Djavan e forró! É, Djavan & forró! Que belo sinal! Tinha terminado um namoro, mas nunca falou mal da ex. Solteiro, diferente dos outros, não se comportava como um moleque e respeitava as mulheres com quem saía. Nunca o vi se vangloriando por "pegar" alguém. Nunca o vi desabonar mulher alguma. Era discreto e respeitoso. Por vezes, o vi dar conselhos maduros a colegas de trabalho no happy hour. Sempre saía antes da bagunça ficar pesada no fim de festa. Tinha uma alma de velhinho. Como a minha.

Foi em 12 de outubro de 2016, em São Miguel dos Milagres (AL), que formalizamos nosso vínculo. Ao brilho da lua cheia. Depois de tantos dissabores, Nossa Senhora Aparecida leu a carta em que eu pedia você na minha vida. E por isso repito todo santo dia: acredito em milagres.

✦ REGISTRE

Que memória faz você ter fé na riqueza do amor?

Que memória renova sua fé em milagres?

13 outubro

Filho não é investimento.

Dia 286 de 365

Outro dia, vi uma manchete sobre uma atriz outrora famosa que, aos 85 anos, passava por dificuldades financeiras. Nos comentários, ataques às filhas e às netas, que supostamente não a ajudavam com as finanças. Mas, segundo a própria atriz, ela nunca economizou: "Dinheiro foi feito para gastar". Para mim, isso bastou. Mesmo em uma situação difícil, a atriz não deixava de ser negacionista, hedonista e irresponsável.

A filha, em entrevista, desabafou que a mãe sempre levou uma vida de luxo, sem planejamento financeiro. Herdou imóveis, assinou contratos com as maiores emissoras de TV, mas nunca fez uma reserva. Agora, com uma aposentadoria de 3 mil reais e trabalhos cada vez mais escassos, segue sem querer saber o preço de nada. A pergunta é: diante da triste situação da matriarca, quem tem que pagar a conta?

Filho não é investimento. Se você cria seus filhos esperando que um dia eles "devolvam" o investimento de tempo e dinheiro que você fez, você não está criando filhos, mas projetando um plano de aposentadoria emocionalmente disfarçado de altruísmo. Isso é inescrupuloso e, no fundo, manipulação.

E esse é o destino de boa parte dos aposentados no Brasil. A maioria das pessoas não quer se planejar. Conta com os jogos de aposta, mas não investe um real em educação financeira.

Você vai envelhecer. E o que decidir agora definirá quem você será aos 85 anos: a mulher que inspira ou a que é estorvo na vida de outra pessoa. A avó que construiu uma herança ou a que deixou dívidas e mágoas.

Uma aposentadoria digna é uma construção, assim como seus relacionamentos familiares. Nada disso é uma obrigação. A vida não dá nada, apenas devolve.

✦ REGISTRE

Quem você quer ser aos 85, 90, 120 anos? Que decisão precisa tomar hoje para que sua velhice seja digna & livre?

14 outubro

A lacuna dos sonhos.

Dia 287 de 365

Existe um projeto social chamado The Dream Gap, baseado na constatação de que, em algum momento da infância, as meninas param de se ver como capazes e de se imaginar líderes, inventoras, astronautas e cientistas. Não porque falte capacidade, mas porque sobra interferência. É sutil, mas devastador. Começa quando ganham uma boneca, enquanto o irmão ganha um robô. Quando são elogiadas pela beleza, enquanto os meninos são estimulados à inteligência. E depois, quando são taxadas de "mandonas", enquanto os homens têm "pulso firme". Quando escutam, da boca do pai, que é bom que os meninos aprendam sobre dinheiro, afinal vão ser "o homem da casa". E assim, tijolo por tijolo, ergue-se uma prisão invisível em torno do sonho.

Na infância, nunca tive uma aula sequer sobre finanças. Nunca ouvi que poderia ser dona de uma corretora, fundadora de uma fintech, conselheira de um banco. O dinheiro era assunto de gente grande. De homens. Tema que nada tinha a ver com o universo feminino.

E se meninas fossem incentivadas a ganhar, multiplicar, construir, liderar, investir, arriscar e conquistar? Quantas mulheres teriam se tornado milionárias, não por sorte ou casamento, mas por preparo e competência? Há uma urgência silenciosa que corre embaixo de tudo que ensinamos às nossas meninas. Não basta dizer "você pode ser o que quiser". É preciso oferecer estrutura, narrativa, espaço e exemplo. Nenhuma menina se torna o que não vê. Ninguém se reconhece naquilo que não conhece. É urgente criarmos garotas que se interessem por fazer dinheiro. Mas, sobretudo, é urgente iniciarmos o movimento de exemplo. A riqueza começa com a gente.

✦ REGISTRE

Qual foi o sonho que um dia te disseram que não era para você? Você convive com alguma menina que possa apoiar & para quem possa servir de exemplo?

15 outubro

O mundo é feito por quem ensina.

Dia 288 de 365

Foi meu pai quem semeou em mim uma das paixões mais duradouras da minha vida: ensinar. Cresci sendo ensinada & ensinando. Primeiro, quando estudava com meu pai, e, depois, quando ensinava às amigas que tinham mais dificuldade na escola ou vergonha de perguntar. Foi assim com os tratados de filosofia, história da arte, física e fórmulas de geometria. Minha alma se alegrava profundamente no estudo e no ensino. Porque há um prazer sagrado em ouvir o outro dizer "Ah, agora eu entendi!".

Hoje, no Dia do Professor, quero aplaudir de pé todos que abriram portais para mim. Ainda me recordo de muitos pelo nome: professora Val, professor Juliano, professora Regina, professor Beto e tantos outros. Seus nomes ainda me visitam como preces. Suas vozes plantaram mundos em mim.

Professores são como monges jardineiros. Cultivam futuros sem saber se verão o fruto. Constroem nações, muitas vezes, sem qualquer remuneração. Ainda assim, seguem.

Mas hoje não quero falar apenas de professores diplomados. Quero falar das amigas que me ensinaram tantas lições; dos irmãos com quem aprendi em meio à diversão; dos protagonistas de problemas que, a contragosto, me ensinaram sobre o que *não* fazer; dos pais que me educaram com fé; e das quedas que me ensinaram a levantar.

Você, minha cara leitora, também teve mestres assim. Hoje, pare um instante e tente se lembrar de um nome, uma frase, um gesto. Alguém que ensinou algo importante a você — sobre o mundo, sobre si, sobre o que é ser humana. Afinal, o mundo não é feito por quem governa, é feito por quem ensina.

✦ REGISTRE

Quais nomes, rostos ou lições ainda habitam sua memória? Que forma de gratidão você pode expressar hoje por quem te ensinou — seja em sala de aula, seja na sala da vida?

16 outubro

A viagem dos sonhos não é feita de véspera.

Dia 289 de 365

O corpo do verão não se constrói na primavera. As férias de janeiro não se pagam com o décimo terceiro. Quer viajar mais? Então é preciso parar de tratar viagem como urgência e começar a tratá-la como projeto.

Viajar está entre os maiores desejos das brasileiras, perdendo apenas para o sonho da casa própria. Mas, para muitas, permanece só no campo das ideias. Porque falta planejamento e sobram pressa, desorganização e, infelizmente, aquela velha mania de colocar a culpa no que é "caro" ou nas circunstâncias.

Mas me deixa contar um segredo: é possível viajar com até 70% de economia, sem perder em conforto. Dá para se hospedar em hotéis de luxo pagando zero e voar de executiva a preço de econômica. Mas isso não é possível para quem vive no improviso, só para quem estuda. Estou falando de estratégias legítimas, acessíveis e testadas: geração de milhas a partir de compras orgânicas, mesmo sem cartão de crédito; monitoramento inteligente de preços com alertas em sites especializados; compra estratégica em datas comemorativas, como Black Friday ou aniversários de companhias aéreas. E o principal: antecedência, constância e inteligência.

O problema é que muita gente quer conforto sem preparo. Quer luxo sem paciência. Quer liberdade sem estrutura. E aí, quando o voo aparece por trezentos reais, não tem saldo na conta. Quando a oferta vem, não tem estratégia. Assim fica mais fácil dizer que "não é pra mim". Mas é para você, sim. Se você realmente se dispuser a mudar o padrão. Se houver comprometimento com o planejamento. Porque viagem não é golpe de sorte, é resultado de método.

✦ REGISTRE

Qual viagem dos seus sonhos você está disposta a transformar em meta? Que primeiro passo você pode dar hoje para torná-la realidade com planejamento, conhecimento & estratégia?

17 outubro

Seu cérebro está te julgando sem você nem perceber.

Dia 290 de 365

Não se julga um livro pela capa? Quem dera fosse verdade... No mundo real, o julgamento visual é instantâneo, involuntário. Estudos como os de Edgar Dale e David Williams mostram que, para quem possui a visão intacta, cerca de 80% das informações que processamos vêm desse sentido.

Somos condicionadas a interpretar sinais visuais. É um mecanismo de sobrevivência. Um ambiente desorganizado sinaliza perigo. Uma aparência descuidada sinaliza possível disfunção. Isso não é julgamento moral, é neurociência.

Certa vez, indo pela primeira vez ao consultório de uma dentista indicada por uma pessoa de confiança, deparei-me com quadros tortos e cadeiras puídas. Na hora, meu cérebro disparou: "Se ela não alinha nem os quadros, como vai alinhar meus dentes?". Não me orgulho disso, mas nem pensei, já havia julgado: aquele ambiente comunicava falta de zelo.

Agora pergunto: como você se apresenta a si mesma? A forma como se veste ou organiza o espaço onde trabalha não afeta apenas o modo como os outros te percebem, mas também como você se percebe. Um estudo de Hajo Adam e Adam D. Galinsky mostra que o simples ato de trocar de roupa altera o comportamento. É o chamado *enclothed cognition*: quando vestimos ou calçamos algo simbólico (jaleco, roupa de treino, sapatos de salto alto), nossa mente ajusta o comportamento à expectativa da peça. A postura fica diferente.

Se está difícil gerar dinheiro, experimente começar pela sua imagem. O cérebro acredita no que lê. Dê a ele pistas de que você está pronta para agir, gerir, enriquecer, multiplicar.

✦ REGISTRE

O que sua aparência, sua casa ou seu espaço de trabalho estão dizendo sobre você? Que ajuste visual ou simbólico você pode fazer hoje para acionar sua versão mais confiante & próspera?

18 outubro

Não permita que sua arrogância tire sua esperança.

Dia 291 de 365

Tendo passado por convulsões na infância, desmaios na adolescência, hérnias de disco na juventude e adenomiose na vida adulta, já recebi algumas sentenças médicas assustadoras.

Durante muito tempo, me recusei a aceitar diagnósticos como destino. Mas essa minha resistência também se tornou um cárcere: por medo da insensibilidade dos médicos, tornei-me insensível. Por rejeitar a arrogância, tornei-me arrogante.

Foi preciso humildade e coragem para seguir buscando, até encontrar profissionais que me enxergavam o ser humano como um todo: corpo, mente, espírito e emoções. A esses, minha gratidão neste Dia do Médico. Minha cura começou quando parei de lutar contra e comecei a buscá-la com o coração aberto. E aqui entra a ponte com a vida financeira.

Muitas de nós, feridas pelas más experiências — durante a infância, nos primeiros empregos —, desconfiamos do dinheiro. Rejeitamos tudo que nos parece "frio demais". Fazemos da rebeldia um álibi para a estagnação. Julgamos os que prosperam, vendemos a nós mesmas a ideia de que ser pobre é mais ético — e perpetuamos um ciclo de escassez disfarçado de moralidade.

Mas, como na medicina, existem caminhos mais humanos. Você não precisa abandonar seus valores para enriquecer. Pode & deve buscar uma nova forma de se relacionar com a abundância: íntegra, ética e sábia. Não se trata só de ganhar mais nem de investir melhor. Trata-se de se curar da relação doentia — talvez herdada — com o dinheiro e se permitir criar outra, mais saudável, mais plena, mais verdadeira.

Não permita que sua arrogância tire sua esperança. Uma nova forma de se relacionar com o dinheiro já existe, e a busca já faz parte da cura.

✦ REGISTRE

Qual mágoa relacionada ao dinheiro você precisa deixar de lado para que a cura financeira também aconteça em sua vida?

19 outubro

Nos ombros de um gigante.

Dia 292 de 365

Ele foi meu primeiro professor. E meu primeiro aluno. Enquanto minha mãe estudava na universidade, era ele quem me alfabetizava. Escrevia a lição no quadro de giz do meu quartinho rosa. Depois, com o mesmo cuidado, me pedia que o ensinasse. Como se dissesse: "Eu confio em você. Você é capaz. Me ensine o que aprendeu". E, sem perceber, ali nascia a professora que eu viria a ser.

Painho foi minha primeira referência masculina. E que sorte eu tive. Romântico, sensível, poeta. Cheio de afeto nos gestos mais simples. Era ele quem preparava o jantar com carinho para receber minha mãe ao final do dia. Quem me buscava no cursinho à noite para que eu não voltasse de ônibus no sereno. Quem me levava nas competições e gritava na arquibancada: "Vai, filha! Vai, filha!". E foi assim que construí a autoconfiança.

Meu pai me deu música. O canto, o piano, o violão. Foi de quem herdei o ouvido afinado, a sensibilidade para perceber as notas, apreciar a melodia e a canção da vida. Já foi trapaceado, mas nunca ressentido ou amargurado. Um homem raro, desses que enfrentam a vida com leveza e fé. Com ele, aprendi o poder do perdão. A força da generosidade. O valor de uma presença que sabe sustentar. A engenhosidade em cada gambiarra. A disposição para consertar.

Se hoje me acham forte e corajosa, é só porque tive onde me firmar. Se hoje sou grande, é porque ele me colocou em ombros gigantes. Hoje é o dia dele. E só quero agradecer. Pela vida, pelo chão, pelos ombros largos. Pela família. Pelo lar. Pela bênção que é tê-lo como pai. Longa vida a você, painho. Que sorte é tê-lo como exemplo.

✦ REGISTRE

Quem foram as pessoas que sustentaram sua travessia até aqui? Que memória afetiva você pode reviver hoje? Que presença você quer honrar com amor & gratidão?

20 outubro

Milagres exigem persistência.

Dia 293 de 365

Hoje, quero te fazer uma pergunta com uma pitada de provocação: qual milagre você já desistiu de pedir? Aquele sonho profundo que, em algum momento, foi deixado de lado. Por medo, vergonha ou cansaço. Você parou de pedir porque o tempo passou? Porque parecia difícil demais? Porque passou a duvidar?

Em um dos eventos da Multiplique, compartilhei com minhas alunas o quanto 2024 foi um ano de milagres. Milagres no casamento, na saúde, nas finanças, na realização de sonhos. Mas também confessei: em alguns momentos, quase deixei de acreditar.

Quando as coisas demoram, a gente duvida. Mas eu aprendi: Deus não está preparando algo grandioso para você. Ele está preparando você para algo grandioso.

Muitas vezes, deixamos de pedir pelo milagre porque é financeiro. Porque nos ensinaram que desejar dinheiro é ganância. Que buscar liberdade é egoísmo. Mas a riqueza — ah, a riqueza — ela também pode ser bendita!

Por isso, pergunto: o que você engavetou? O que passou a crer que era grande demais para você? Quero lembrar que você foi feita para viver grande. "Imagem & semelhança", lembra? E, sim, pode desejar riqueza, liberdade, paz. Tudo que você deseja já está disponível, mas, para viver isso, é preciso voltar a acreditar.

✦ REGISTRE

Que sonhos você abandonou por vergonha ou cansaço?
O que você voltaria a desejar se soubesse que a resposta é sempre sim?

21 outubro

Aquilo a que você resiste, persiste.

Dia 294 de 365

Negar um sintoma é adoecer. Negar um mau hábito é viciar. Negar a própria verdade é desaparecer dentro de si. Tudo aquilo a que você resiste, persiste — e ganha força. Cresce na surdina, se enraíza no silêncio e se instala feito espectro na alma. Com o dinheiro, não é diferente.

Por quase uma década, resisti à ideia de que precisava amadurecer financeiramente. Ganhei, em troca, um fosso de dívidas. Resistia à verdade sobre a infidelidade financeira no meu primeiro casamento. E cada omissão cavava, centímetro a centímetro, o divórcio. Resistia à voz que sussurrava em mim, quando ainda estava na Polícia Federal: "Este lugar já não é mais seu", e a cada dia que negava tudo isso me afundava mais na depressão.

Quanto mais resistimos, mais aquilo que negamos se agiganta. A vida não dá, apenas devolve. Devolve na conta, no corpo, nos relacionamentos. Nos boletos multados, nos sonhos abandonados, nos silêncios saturados. A liberdade que você busca não está na negação, mas na entrega e em encarar o que dói — e, mesmo assim, permanecer de pé.

Mas ainda há tempo. Há sempre tempo para se reconciliar com a verdade. Para deixar de resistir e, enfim, existir. Porque o novo não nasce no controle — nasce na coragem de se abrir, soltar e recomeçar.

✦ REGISTRE

O que você tem resistido a encarar na sua vida financeira? Que verdade está pedindo para ser vista & que liberdade você pode acessar se tiver coragem de encará-la?

22 outubro

A mensagem do chá.

Dia 295 de 365

Existe uma certa magia nos detalhes. Nos bilhetes esquecidos, nas mensagens de para-choque de caminhão. Hoje, enquanto eu preparava um chá de camomila, me dei conta de como o dia havia sido inquieto. Vinha me perguntando se este livro faria sentido, se tocaria a vida de alguém, se seria gostoso de ler... Até que vi. Um recado no pacotinho do chá. "Acredite. Vai dar certo". Eu não havia verbalizado, mas sabia que precisava de uma resposta.

Jung chamaria isso de *sincronicidade* — quando acontecimentos externos coincidem com estados internos de significado profundo, sem relação causal evidente. Uma dança entre o nosso mundo e o invisível. Os antigos talvez chamassem de oráculo. Os de fé firme diriam que é Deus. Para outros é o *self*, o Eu maior, ou talvez anjos que nos escutam antes mesmo de verbalizarmos.

Ainda hoje, compartilhei uma passagem de Jesus com uma amiga que passava por uma crise. Ela estava lendo um livro de autoajuda, nada bíblico. Quando desligamos, ela retomou a leitura. Na página seguinte, lá estava a mesma mensagem. Minha amiga me mandou uma foto, a mesmíssima passagem que eu havia citado. *Isso* é sincronicidade.

A vida está o tempo inteiro nos respondendo — a gente só precisa se atentar e ouvir. E mais: podemos ser essa resposta para alguém. Uma flor. Um elogio. Uma música enviada no meio do dia. Já escrevi um "tô com saudade" que encontrou uma mulher chorando.

Hoje, te convido a ser essa mensagem. Pode parecer que isso não tem nada a ver com finanças... mas tem. Quanto mais humana você se torna, mais valiosa você é. E não existe riqueza maior do que saber que você foi a resposta que alguém pediu.

✦ REGISTRE

Que semente de gentileza você pode plantar agora e que, um dia, alguém talvez lembre como milagre?

23 outubro

Crescer é assumir os próprios boletos.

Dia 296 de 365

Laís era uma mulher adulta e casada, com casa e trabalho. Mas, todo mês, lá estava ela correndo para o colo do pai para pagar a fatura do cartão. Não porque não ganhava nada, mas porque ainda não havia assumido a própria responsabilidade financeira. E este é um retrato comum: mulheres que envelhecem sem amadurecer; que têm salário, mas não têm orçamento; que têm profissão, mas não têm reserva; que vivem como meninas crescidas, fazendo seu "dinheirinho para suas coisinhas", mas que deixam o peso da vida — ou da dívida — nos ombros de alguém.

Tem algo profundamente distorcido nessa ideia de que enriquecer é egoísmo. Que se ocupar das finanças é papel do parceiro, do pai, do banco ou de Deus. Mas o que ninguém diz é que não enriquecer é o verdadeiro ato de egoísmo. Porque, quando você não se sustenta, alguém precisa te sustentar. Quando você não cuida do seu futuro, alguém vai ter que cuidar. E nem sempre vai poder.

Liberdade feminina só existe com autonomia financeira. E autonomia começa com autorresponsabilidade. Com encarar a planilha de gastos. Com estabelecer um orçamento. Com aprender a investir. Gerar, gerir & multiplicar. Laís fez esse movimento. Assumiu a própria vida. Parou de pedir socorro no fim do mês e começou a construir patrimônio. Apaixonou-se tanto pela educação financeira, que se tornou gestora financeira de outras empresas. Hoje, é referência. Espelho para o filho que ela adotou e que vai crescer vendo a mãe como fonte, não como fardo. É isto que desejo para toda mulher: que amadureça tanto a ponto de ser fonte de si.

✦ REGISTRE

Você ainda depende financeiramente de alguém? Em que área da sua vida você precisa amadurecer? Que escolha concreta pode fazer hoje para caminhar rumo à independência?

24 outubro

Nada vale a pena.

Dia 297 de 365

Repetimos muitas expressões sem sequer questionar. Uma das mais comuns é "valer a pena". Já notou como essas palavras aparecem em vários contextos? Parecem inofensivas, mas carregam um significado perverso: de que tudo que é valioso precisa vir com dor. Precisa do ônus, da pena.

A neurociência já demonstrou que a linguagem que usamos molda a forma como percebemos e interagimos com o mundo. Estudos do neurocientista Friedemann Pulvermüller mostram que palavras não são neutras: elas ativam áreas do cérebro ligadas à ação, à emoção e à memória — ou seja, fortalecemos em nossa mente o que nomeamos e vivemos como falamos.

Se você repete que tudo que "vale" precisa ser legitimado com uma "pena", adivinha? Seu cérebro começa a boicotar tudo que for leve, prazeroso, "bom demais para ser verdade". Vai sempre criar penalizações para que, no fim, a recompensa conquistada seja válida. Como o dinheiro carrega valor, o caminho para que ele chegue até você vai ser sempre penoso!

Mas e se a gente ousasse apenas trocar o "vale a pena" por "vale muito"? E se você permitisse que as experiências boas simplesmente valessem? Você não precisa mais pagar com dor. Desejar leveza não é preguiça, é equilíbrio. Desfrutar com prazer não é futilidade, é direito.

Hoje, minha provocação é direta: pare de programar sua mente para a dor. O que você quer viver pode vir com alegria. Você pode (e deve!) usufruir de uma vida que vale muito — sem precisar da pena como pedágio.

✦ REGISTRE

Quais frases você repete que ainda propagam dor?
Como você pode reformular sua linguagem —
suas finanças & sua vida — a partir de hoje?

25 outubro

Prosperidade é um "&"

Dia 298 de 365

"Sorte no amor, azar no jogo." "Não quero dinheiro, eu só quero amar." "Não se pode ter tudo nessa vida." Frases aparentemente inofensivas, mas que carregam um veneno ácido: o da limitação. Fomos treinadas a acreditar que não se pode ser tudo, nem ter tudo, nem viver tudo. Que mulheres bonitas não podem ser inteligentes. Que quem tem fé não deve se preocupar com dinheiro. Que quem é rica certamente é menos íntegra. Que quem é sensível não serve para a área de negócios. Que mulher ambiciosa não tem bom casamento. E que desejar uma vida completa é ilusão.

Mentiras. Mentiras repetidas por séculos para manter mulheres pequenas, obedientes e desconectadas do próprio poder. A verdade é que você pode — e deve — desejar uma vida ampla. Amor e dinheiro. Fé e razão. Família e carreira. Saúde e riqueza. Porque prosperidade não é uma equação de perdas. É um teorema de inteireza. Não estou dizendo que é possível ter tudo em perfeição. Mas é possível ter tudo o que importa para você. E isso começa quando você define o que importa. Qual é o seu parâmetro de sucesso? Quem é a mulher que você quer ser no mundo? O que significa, para você, uma vida rica?

Enquanto você acreditar que precisa escolher entre ser feliz e ser rica, continuará se sabotando em nome de uma falsa humildade. Por isso, da próxima vez que te fizerem escolher entre duas coisas que você sabe que quer e que são para você, repita nosso bordão em voz alta: "Quero os dois. Porque prosperidade é um '&.' Nunca um 'OU'".

✦ REGISTRE

Que "OU" você precisa transformar em "&"? Em que parte da sua vida você tem acreditado que não pode tudo? O que muda se você se autorizar a desejar e realizar mais?

26 outubro

Quando alguém está se afogando, não é hora de ensinar a nadar.

Dia 299 de 365

Outro dia, vi nas redes sociais o desabafo de uma mulher sobre um término de relacionamento traumático. No vídeo, ela expunha os anos de violência — física, psicológica, patrimonial. Contou que precisara fugir da cidade para preservar sua integridade. Nos comentários, o tribunal popular se instalou: "Ela sempre foi desequilibrada"; "Ela também era agressiva"; "Ela nunca colocou limites"; "Por que não saiu antes então?".

Sim, relacionamentos abusivos são, muitas vezes, relações de codependência. Não existe um lado cem por cento saudável emocionalmente. Mas isso não justifica a violência. E o ponto que quero trazer hoje é outro: quando alguém está se afogando, não é hora de ensinar a nadar.

Você já viu alguém se debatendo em alto-mar, quase sem fôlego, ser resgatada com uma bronca? Não. Nessa hora, não se pergunta por que entrou na água, por que não aprendeu a boiar, por que não pediu ajuda antes. Nessa hora, joga-se o bote. Depois, com a pessoa segura, resgatada, amparada, aí sim, a gente ensina. A gente mostra, conversa, orienta. Mas, primeiro, ajuda.

Com o dinheiro é igual. Se uma mulher está endividada, desesperada, envergonhada, não é hora de cobrar lucidez. É hora de acolher, de oferecer ferramentas. Somente uma mulher fortalecida consegue mudar de vida. E se você não vive essa dor, lembre-se: não ocupe o pedestal de quem diz "Eu avisei". Em todos os âmbitos, quando uma mulher sofre, todas nós perdemos um pouco. E quando ela se levanta, todas nós ficamos mais fortes.

✦ REGISTRE

Você tem sido bote salva-vidas ou tribunal de julgamentos?
Para quem você pode estender a mão hoje, sem exigir
lucidez de quem ainda está lutando para sobreviver?

27 outubro

Como sente, pensa & age sua versão milionária?

Dia 300 de 365

Na infância, que mulheres você admirava? Poucas de nós cresceram tendo como referências mulheres investidoras, líderes empresariais, cientistas, empreendedoras de impacto. Poucas de nós vimos, ao redor, mulheres falando sobre dinheiro com naturalidade, investindo com estratégia ou ocupando espaços de poder. E isso não é culpa de nossas mães — elas também cresceram em um mundo onde ser rica e ser mulher não podiam coexistir. Mas isso precisa mudar com a nossa geração.

Hoje, temos acesso a histórias reais, livros, vídeos, palestras, filmes sobre mulheres que trilharam um caminho de autonomia e prosperidade. E a neurociência já comprovou que o cérebro aprende por observação. Ele copia. Espelha. Por isso é tão importante você ter *referências femininas de riqueza*.

Estude as mulheres que você admira. Não para copiá-las, mas para entender sua visão de mundo. Como enfrentam desafios, tomam decisões financeiras, persistem. Como cuidam de si, das relações, dos sonhos. Só que, mais do que observar, *pratique*.

Escolha sua meta financeira. Imagine-se com esse valor conquistado. Pergunte-se: "Como essa mulher pensa?", "Como ela se sente em relação ao dinheiro?", "Que hábitos ela cultiva?". Não estou falando de fingir ser rica. Estou falando de se portar como uma mulher que *sabe para onde está indo*. Que sustenta seus planos. Que honra seus compromissos. Rodeie-se de boas referências. Siga perfis que te inspiram. Leia mulheres. Assista a filmes que ampliam a sua visão de mundo. Reconfigure sua mente com novos exemplos. E lembre-se: se não teve a referência de que precisava, você pode ser essa mulher — para si e para as que virão.

✦ REGISTRE

Quem são as mulheres que te inspiram a enriquecer? Que hábitos você pode adotar hoje para se aproximar da versão que deseja ser?

28 outubro

Uma fábrica de moer talentos.

Dia 301 de 365

Fui servidora pública por treze anos e meio. Vivi de perto as nuances de instituições que, a princípio, me pareciam chamados vocacionais. Acreditava que ser policial era meu destino. Até descobrir, em terapia, que buscava também algo mais profundo: segurança, certezas, garantias. Acontece que a vida não oferece garantias. E foi exatamente na rotina pública que comecei a compreender um paradoxo cruel: o nivelamento se dava por baixo. As ideias, a dedicação, a busca genuína por excelência eram lidas como excesso, vaidade ou ameaça. O estudo tornava-se suspeito. A competência era punida com mais carga, nunca com reconhecimento financeiro proporcional. O velho jargão "Burro bom, carga nele" ecoava em cada corredor.

Houve momentos em que senti minha mente, antes vibrante, ser entorpecida. Era como assistir a um processo de emburrecimento coletivo, uma lavagem mental sutil que penalizava o brilho individual em nome da homogeneização. Fui testemunha não apenas da minha própria estagnação, mas da erosão silenciosa de tantos talentos brilhantes, rendidos à promessa de um salário certo, ainda que pouco digno. Recordo a frase de um chefe: "Policial nunca será rico, mas também não morrerá de fome".

Mas será que viemos a este mundo apenas para ter o que comer? Hoje, como empresária e educadora, afirmo com lucidez: os talentos públicos têm potência para empreender, inovar & servir à sociedade de maneira ainda mais impactante e serem justamente remunerados por isso. No Dia do Servidor Público, minha prece é para que as boas almas que ainda resistem nesse sistema sejam protegidas. Que encontrem forças para manter sua dignidade, alimentar sua inteligência e, se necessário, ousar criar novos caminhos, para que seus talentos não sejam sepultados junto com seus sonhos.

✦ REGISTRE

Qual talento seu ainda está adormecido?
Em que espaço ele poderá florescer?

29 outubro

O gerente do banco
não é seu amigo!

Dia 302 de 365

Se tem um conselho que pode te poupar tempo, dinheiro e frustração, é este: o gerente do banco não é seu amigo. Nem o assessor de investimentos. Eles são pagos para bater metas. E o que rende mais comissão para eles quase nunca rende mais para você.

Hoje, com mais de onze anos de estudos e vivência no mundo dos investimentos, te digo com tranquilidade: você é capaz de fazer isso sozinha. E se, em algum momento, quiser apoio, que você seja capaz de conversar de igual para igual. Porque só você conhece a dedicação em cada centavo que gerou. Só você vai cuidar do seu dinheiro com o respeito que ele merece.

Sabe aquele "investimento incrível" que te ofereceram? Leia as letras miúdas. Pergunte sobre taxas, liquidez, riscos. Avalie se faz sentido para a sua estratégia. A maioria dos produtos que os bancos oferecem — capitalização, previdência privada, CDBs de longo prazo, fundos de fundos — não serve para quem quer enriquecer. Servem para o banco.

Ter suporte é ótimo. Mas confiar cegamente em quem está do outro lado do balcão pode sair muito caro. Eu que o diga. Em 2015, ainda insegura, fui atrás de "ajuda especializada" numa das maiores corretoras do país. Passei dois anos investindo mal, presa em COEs, fundos multimercado e CDBs com rentabilidade vergonhosa. Só depois percebi: se eu queria retorno de verdade, teria que pagar com autorresponsabilidade. Busque por educação & um suporte isento. Essa é uma das missões da Multiplique. Afinal, quanto mais mulher rica no mundo, melhor!

✦ REGISTRE

Você tem delegado suas decisões financeiras a outras pessoas? Que ação prática é possível tomar hoje para assumir a direção do seu dinheiro?

30 outubro

Desça a espada.

Dia 303 de 365

"Não penseis que vim trazer paz à terra; não vim trazer a paz, mas a espada", disse Jesus. E eu, que amo a simbologia sagrada, não leio essa passagem com os olhos da violência, mas com os olhos da alquimia. A espada representa a *separatio,* a separação, o corte. A ruptura necessária para que o novo se inicie. A alquimia antiga sabia disso. A transformação exige o fim do que já não serve. A espada não fere, ela liberta.

A dra. Clarissa Pinkola Estés, autora de *Mulheres que correm com os lobos*, estuda esse momento, seguindo a psicologia junguiana, no conto de Vasalisa, diante da grande prova em que a menina precisa separar o milho bom do milho podre; o joio do trigo. Ela não pode mais adiar. Ou faz, ou morrerá. O teste da maturidade é sempre o mesmo: você consegue dizer "basta"?

Você não vai transformar sua vida financeira se continuar com as mesmas desculpas infantis de sempre. "Não tenho tempo." "Tenho medo de investir." "Não sou boa com números." "Odeio planilhas." Essas falas já foram suas companheiras por tempo demais. Elas são o que te prende. Chega. Desça a espada.

Corte o que drena. Corte o gasto desgovernado. Corte a preguiça que te impede de abrir o extrato. Corte a culpa por querer mais. Corte o pacto silencioso com a mediocridade. Corte a história repetida de que você não nasceu para isso. A *separatio* dói. Vem com tensão. Vem com batalha, ainda que simbólica. Resistência contra musas, como diria Steven Pressfield no livro *Como superar seus limites internos*. É a luta entre a mulher que você já foi e a mulher que deseja nascer. Sinta a fúria da ruptura. O fogo sagrado. A força que permite o corte. Sim, a Bíblia também fala de espada. Porque até a fé exige atitude.

✦ REGISTRE

Qual ruptura você está adiando? O que você precisa cortar agora para viver a vida que diz querer?

31 outubro

Nós somos as netas que não conseguiram queimar.

Dia 304 de 365

Ainda adolescente, veio a reflexão: por que nos contos de fadas a bruxa é sempre a mulher má? Por que bruxas são sempre mulheres? Foi estudando história, patriarcado e economia que encontrei as respostas.

A caça às bruxas foi real. Um feminicídio em massa, legitimado por instituições religiosas, jurídicas e políticas. Estima-se que, entre os séculos XV e XVIII, centenas de milhares de mulheres tenham sido assassinadas na Europa — enforcadas, afogadas, queimadas vivas — sob a acusação de bruxaria. E quem eram essas "bruxas"? Viúvas, parteiras, camponesas: mulheres que sabiam demais. Sabiam de botânica, de astronomia, de química. Sabiam dar à luz e sabiam, também, iluminar. Essas mulheres viviam à margem da autoridade institucionalizada. Muitas produziam seu próprio sustento, trocavam saberes, organizavam comunidades. Não dependiam de homens. E isso ameaçava o sistema. Porque mulheres que sabem cuidar da própria saúde, do próprio dinheiro e da própria voz são perigosas para as estruturas de poder que lucram com ignorância e submissão.

A "bruxa" foi o rótulo usado para silenciar mulheres livres, independentes & sábias. E se você acha que isso ficou no passado, olhe em volta. Mulheres ainda são queimadas. Não em praças públicas, mas em cancelamentos, em julgamentos morais, em salários mais baixos, em silêncios forçados. A fogueira só mudou de forma. Por isso, o chamado de hoje é político: conheça sua história. Não para reviver o passado, mas para impedir que ele se repita. Toda mulher livre carrega em si uma ancestral que sobreviveu. E hoje, a nossa liberdade financeira é a maior ferramenta de proteção.

✦ REGISTRE

Que saberes femininos você carrega e talvez tenha silenciado por medo de julgamento? Como você pode honrar a memória das que vieram antes & construir um futuro em que nenhuma mulher precise mais se esconder?

NOVEMBRO

1º

Black Friday: Endividamento ou enriquecimento?

Dia 305 de 365

Começa agora o período mais comercial do ano. Banners em todo lugar. Promoções piscando a cada clique. Se você não tiver estabilidade emocional e planejamento financeiro, novembro e dezembro podem ser o começo de mais um ciclo de endividamento — que vai custar sua paz em janeiro, sua estabilidade em fevereiro e seus sonhos pelo resto do ano. Mas esse também pode ser o seu momento de maior crescimento financeiro. Você escolhe.

Esse é o momento em que o dinheiro circula mais. Vem 13º salário, distribuição de lucros, bônus, aumento nas vendas. As pessoas querem presentear, renovar a casa, o guarda-roupa, as esperanças. Se você souber aproveitar com inteligência, essa também pode ser sua chance de multiplicar.

Comece agora o seu planejamento: planeje os presentes que você quer dar no Natal; monitore preços reais, não banners; tenha uma lista de compras para fugir do consumo por impulso, faça dinheiro com as compras: *cashback*, pontos, milhas. Aproveite para negociar dívidas. Fique de olho nas oportunidades do mercado financeiro. Corretoras e bancos digitais fazem suas próprias "Black Fridays" com taxas e rentabilidades melhoradas. Planeje os custos de janeiro, como IPTU, IPVA, matrícula e material escolar. É possível fazer boas compras & fazer dinheiro ao mesmo tempo.

Se você ainda não sabe como fazer isso sozinha, talvez a compra mais inteligente da sua Black Friday seja um curso, uma consultoria, um plano de educação financeira. Porque gastar menos com frequência não é o melhor caminho. Mais poderoso é aprender a fazer mais dinheiro com o dinheiro que você já faz.

✦ REGISTRE

O que você vai fazer neste mês para transformar a temporada de consumo em uma temporada de riqueza?

2 novembro

Saudade de herança.

Dia 306 de 365

— História de antigamente é assim que já foi há muito tempo?
— Sim, filho.
— Então, antigamente é um tempo, avô?
— Antigamente é um lugar.
— Um lugar assim longe?
— Um lugar assim dentro.

Esse pequeno diálogo-poema do artista angolano Ondjaki me emociona sempre, mas ainda mais hoje. Porque ele nos lembra que os que se foram não estão exatamente longe. Estão dentro. Moram nas histórias, nas expressões, nas receitas de domingo, nos bordões de família, nas decisões financeiras que tomamos sem perceber. Partiram, mas continuam vivos naquilo que nos tornamos depois deles.

Hoje é dia de silêncio espaçado. Silêncio que ouve, que recorda, que se emociona. Dia de acender velas, mas também de reacender promessas. De cuidar das flores, mas também da memória. Você é herdeira de quem? Quem ensinou a guardar troco na gaveta da cômoda? Quem dizia "dinheiro não aceita desaforo"? Quem te mostrou, com o pouco que tinha, que a vida pode ser rica mesmo nos dias minguados?

Hoje, honrar a morte é também honrar a vida que ainda pulsa em você. É assumir o bastão & seguir caminhando. É fazer do legado recebido um ponto de partida. Se eles te ensinaram a poupar, desfrute com sabedoria. Se te ensinaram a sonhar, viva com mais coragem. Se te ensinaram a respeitar o dinheiro, respeite sua história. Se eles deixaram herança, que você saiba multiplicá-la.

✦ REGISTRE

Quem te deixou a herança mais valiosa? Que ensinamento financeiro você carrega dessas pessoas? O que vai fazer hoje para honrar essa história com a sua própria vida?

3 novembro

O voto é seu, mas o poder, ainda não.

Dia 307 de 365

Em 3 de novembro de 1930, um decreto assinado por Getúlio Vargas abriu caminho para que as mulheres pudessem votar no Brasil. Um marco jurídico, sem dúvida. Mas quantas de nós realmente se sentem parte ativa do jogo político, econômico e social do país?

A história do voto feminino é celebrada como conquista, mas, em quase um século, seguimos sub-representadas em praticamente todos os espaços de decisão. Segundo o IBGE, menos de 20% do Congresso é composto de mulheres. Apenas 2% das grandes empresas são lideradas por mulheres negras, de acordo com o Instituto Ethos e uma pesquisa da McKinsey & Company. E os dados financeiros? Em 2025, apenas 33% das mulheres têm algum tipo de investimento, segundo a Anbima. Muitas ainda acreditam que "dinheiro é coisa de homem".

Você percebe a contradição? Temos o direito legal, mas ainda não nos apropriamos dele. Somos a maioria da população, mas a minoria no poder. Somos a maioria nos lares, mas a minoria nas heranças. E isso não vai mudar até que a gente decida se responsabilizar pelo que é nosso. Nosso corpo. Nosso voto. Nosso dinheiro. Nosso destino.

Você não precisa se candidatar a um cargo público para exercer sua cidadania. Toda vez que estuda finanças, ensina algo a outra mulher, conversa sobre política fiscal, exige mais de uma marca, escolhe uma empresa alinhada aos seus valores, você está votando com o bolso. Toda vez que planeja seu futuro, recusa a ignorância, assume sua liberdade financeira, você está ocupando um lugar de poder. E o mundo precisa disso. Sim, o voto é seu. Mas o poder ainda precisa ser conquistado. O direito foi dado, mas a realidade nós é que temos que construir.

✦ REGISTRE

O que você tem feito com os direitos que outras mulheres conquistaram para te entregar? De que forma você tem usado seu voto, seu dinheiro & sua voz para construir a realidade que deseja viver?

4 novembro

Não volte, Maria.

Dia 308 de 365

Seu cérebro vai tentar te puxar de volta. Sempre. É o que ele faz. E ele só quer te proteger. Poupar energia. Quer te manter no conhecido, mesmo que o conhecido doa. Mesmo que o conhecido seja um campo de batalha onde você já quase não tem forças para lutar. Mesmo que aquele lugar já tenha te tirado o brilho, os planos, os passos. O cérebro quer sobrevivência. Não crescimento. E é por isso que toda evolução parece, no começo, exaustiva.

Você começou um novo ciclo. Um novo investimento. Uma nova fase da empresa. Uma nova planilha. Mas, no primeiro erro, na primeira dúvida, na primeira curva de aprendizado, o cérebro diz: "Volta, Maria". Volta para a poupança. Volta para o relacionamento antigo. Volta para a zona que você chama de conforto, mas que sempre foi um cárcere. Eu já voltei. Já insisti no investimento que não rendia só porque era conhecido. Já quis recontratar quem eu sabia que não estava alinhado só porque era mais fácil do que treinar novas pessoas. Mas o mais doído — e o que mais vejo acontecer — é quando a gente volta para a relação que prometeu abandonar. E, nesse lugar, não falo só de amor romântico. Falo de amizades, contratos, parcerias.

Em 2021, vi uma campanha de uma delegacia da mulher que me marcou: "Não volte, Maria". Era a resposta aos cartazes espalhados nas ruas por homens dizendo: "Volta, Maria. Eu te amo"; "Volta, Joaquina. Eu mudei". Era um lembrete: não volte para o lugar do qual você teve que fugir para sobreviver. Toda vez que pensar em voltar ao que já te feriu, ao que já te estagnou, ao que você já prometeu nunca mais repetir, lembre-se desta frase: "Não volte, Maria". Sua nova vida precisa de uma nova versão sua. E ela não vai nascer se você continuar voltando para a antiga.

✦ REGISTRE

Que lugar, hábito, pessoa ou comportamento você precisa, definitivamente, deixar para trás? Qual "não volte, Maria" você precisa repetir hoje?

5 novembro

Quando foi a última vez que você fez algo *pela primeira vez*?

Dia 309 de 365

"Ah, viajei"; "Ah, conheci um restaurante novo"; "Ah, assisti a um filme diferente!". Legal. Mas não vale.

Se viajar já virou hábito, se experimentar comida nova é seu programa preferido, se a sua ideia de novidade é só um look diferente para fazer o mesmo passeio de sempre, essa atividade não vai mais te provocar tanto. Pior, já pode até ter entrado no seu "normal". Estou falando de *primeira vez de verdade*. Participar de uma aula de dança, fazer uma oficina de cerâmica, plantar uma árvore, escrever uma poesia, saltar de paraquedas, visitar um abrigo, pintar um quadro ou participar de um projeto social.

Coisa nova mesmo. Onde talvez você não conheça ninguém. Que dá frio na barriga. Que deixa o cérebro em estado de alerta — aquele "meu Deus, o que eu tô fazendo aqui?". Porque é nesse lugar que nasce a mágica: *novos caminhos neurais, novas conexões, nova vida.*

Ainda me lembro da primeira vez que fiz um mergulho com cilindro. Foi em Fernando de Noronha (PE). Uma das experiências mais mágicas & aterradoras que já vivi. Ou de quando desci uma montanha, de bicicleta, por uma trilha de terra. Nunca me senti tão assustada e tão encantada. Você quer mudança, mas faz tudo igual. Espera resultado novo, mas só roda a mesma *playlist* emocional de sempre. Não faz sentido. É assim que se morre por dentro: pela falta de surpresa, de desafio, de curiosidade.

Hoje, meu convite é simples (e ousado): faça algo inédito. De verdade. Dê ao seu cérebro uma nova estrada. À sua alma, uma nova experiência. E ao seu coração, aquela batida mais forte de quem sabe que está *viva*.

✦ REGISTRE

Qual foi a última vez que você fez algo pela primeira vez? Que experiência completamente nova você pode se permitir viver ainda esta semana?

6 novembro

Nem sempre é falta de dedicação.

Dia 310 de 365

Cara leitora, você já se sentiu frustrada por se dedicar ao máximo e não ver os resultados que esperava? A gente cresce ouvindo que "vence na vida quem faz mais". Mas e quando o esforço não traz retorno? O que justifica a falta de resultado de um trabalho dedicado?

Recentemente, comecei um plano nutricional, treinos com personal, acompanhamento médico para alta performance. Esperava que a recomendação fosse: comer menos, treinar mais. Mas me pediram o exato oposto: comer mais, treinar menos. Entrei em curto-circuito. Quis desistir. Mas confiei nos profissionais & no processo, e os resultados vieram.

Com o dinheiro, é igual. Talvez você acredite que precisa trabalhar mais, se esforçar mais, se privar mais. Mas talvez o que te falte não seja suor, seja estratégia. Talvez você esteja tentando enriquecer com certezas erradas.

A Revolução Industrial ensinou que "trabalho duro enriquece". Mas se isso fosse verdade, *burnout* seria sinônimo de riqueza. E não é. Enriquecer não é uma questão de fazer cada vez mais. É fazer do jeito certo. Com lucidez. Com inteligência. Com direcionamento.

✦ REGISTRE

O que você precisa desaprender sobre dinheiro? Que velhas certezas ainda estão te mantendo longe da riqueza que você deseja viver?

7 novembro

Nem tudo precisa ser útil.

Dia 311 de 365

"Há quem passe pelo bosque e só enxergue lenha para a fogueira." Repito esse jargão popular, frequentemente atribuído a Liev Tolstói, como um lembrete: não, a vida não precisa ser só útil. Ela pode ser bela, ampla, confortável. Pode ter flores no meio do caminho, janelas com vista pro jardim, banheira, silêncio. Pode ter arte. Pode ter alma.

Em 2023, quando me mudei para o interior de São Paulo, algumas pessoas me questionaram: "Pra que uma casa tão grande? São só vocês & dois cachorros!". E é verdade. A casa tem mil metros quadrados. Muitos cômodos, muita área verde, escritório, estúdio, espaço para receber gente querida, espaço para caminhar, tomar sol, respirar. E não, ela não é *só* para mim. Ela é também para o trabalho. Para as alunas. Para os livros. Para os dias de descanso, para os jantares em família, para as ideias que florescem com espaço.

A verdade é que, para quem só consegue ver função, beleza parece desperdício. Conforto vira exagero. Sonho vira capricho. Mas eu te provoco: desde quando viver bem virou pecado? Desde quando desejar mais virou arrogância?

Talvez seja desconfortável ver alguém ocupando um espaço grande quando a gente se acha pequena demais. A crítica, quase sempre, vem de quem ainda não realizou ou de quem nunca se permitiu desejar. É mais fácil julgar do que criar. É mais cômodo diminuir do que crescer. A próxima vez que alguém te perguntar "Para que tudo isso?", sorria. Você está exatamente onde deveria estar: ocupando seu lugar.

✦ REGISTRE

Qual sonho você tem silenciado por medo de parecer exagerado demais? Em que aspecto da sua vida você pode começar a ocupar um espaço maior, mesmo que incomode quem só vê lenha onde você vê floresta?

8 novembro

Não tome o recorte como o todo.

Dia 312 de 365

Com frequência, ouço mulheres dizendo que se inspiram no meu casamento. De fato, hoje tenho com meu marido uma relação muito saudável, mas ela não foi sempre assim.

Em 2021, estive a ponto de me separar. Sentei diante do meu marido e disse, com serenidade e dor, que não dava mais. Foi só nesse momento que ele se posicionou. Assumiu a responsabilidade, procurou ajuda, mudou. E nós ficamos juntos.

Você olha um recorte de quinze segundos e tira conclusões sobre uma vida inteira. Mas o que as redes sociais mostram é uma fração ínfima da realidade. Em seu livro *12 regras para a vida*, Jordan B. Peterson traz uma boa percepção das armadilhas que nossa mente pode pregar. Comparamos nosso pior com o melhor de outras pessoas. Mas não comparamos o todo com o todo. É assim que esquecemos que todo mundo tem problema, que todas nós estamos passando por algum tipo de desafio. E, ainda que esteja tudo desmoronando, esquecemos que sempre temos a possibilidade de nos reconstruirmos.

Não somos fraudes por termos problemas. Mas, por acharmos que só nós temos defeitos, nos vemos cada vez mais afogadas em conversas mentais cruéis, que possivelmente nos afastam das pessoas que mais poderiam nos ajudar.

Eu sei que muitas vezes é desafiador, mas a comparação só é justa quando feita com você mesma. Quem você era há um ano? O que você já superou? E mesmo que o passado seja melhor, talvez agora você só tenha tropeçado, e sempre pode voltar a caminhar.

Você até pode se inspirar num recorte. Mas jamais permitir que trechos editados de quinze segundos invalidem o brilho e a grandiosidade da sua vida.

✦ REGISTRE

Em que momento da sua vida você tem se sentido menor por se comparar com os outros? O que muda quando você registra as vitórias & as lições da sua própria história?

9 novembro

Você vai perder dinheiro antes de fazer muito dinheiro.

Dia 313 de 365

Com frequência, recebo mensagens de mulheres em busca do "investimento perfeito". Querem aplicações que tragam retorno garantido, sem qualquer risco. A verdade é simples: viver tem risco. *Investir também!* Respirar carrega risco. Sair de casa carrega risco. E enriquecer também. Mas o maior risco não é a perda pontual de dinheiro. O maior risco é não aprender a lidar com perdas. Ken Honda, autor do livro *Dinheiro feliz*, entrevistou mais de 10 mil milionários. Todos eles perderam dinheiro antes de enriquecer. *Todos.*

Há quem acredite que imóveis são o investimento mais seguro. Mas o que dizer das famílias que perderam tudo em deslizamentos, alagamentos ou crimes ambientais? O caso de Maceió, de que falo com conhecimento de causa, fez minha família e outras milhares perderem suas casas, memórias — muitos, até o trabalho. A minha perdeu os únicos três imóveis, sendo um deles fonte de renda. O único patrimônio dos meus avós e dos meus pais. De uma vida inteira. E recebeu pela perda um ressarcimento irrisório. No Brasil, alugar quase sempre é mais vantajoso que comprar. Imóveis podem ser ótimos para diversificação, especialmente para quem já possui patrimônio robusto ou para famílias de baixa renda que contam com subsídios. Mas para a grande parcela, alugar e investir a diferença com inteligência é o caminho mais estratégico.

Não se assuste com riscos. Assuste-se com a ausência de preparo. Com a falta de estudo. Com a dependência de promessas prontas. Errar faz parte. Ainda assim, é possível errar & enriquecer. Porque quem investe com sabedoria sempre transforma erros em patrimônio.

✦ REGISTRE

Qual foi seu maior erro financeiro e o que aprendeu com ele? Você tem buscado conhecimento suficiente para se tornar uma investidora de verdade?

10 novembro

Só isso? Não!

Dia 314 de 365

Com frequência escuto coisas como: "Ítala, eu só quero fazer dinheiro pra ter um pouco de conforto"; "Quero fazer mais dinheiro só pra pagar minhas dívidas"; "Queria só garantir uma aposentadoria digna". Essas frases me apertam o peito. Porque se tem uma palavra que não combina com uma mulher, é "só". *Só* pagar os boletos? *Só* não dever a ninguém? *Só* conseguir descansar na velhice?

Não, minha querida. Você não veio ao mundo *só* para sobreviver. Você veio para *viver*. E viver bem! Viver com conforto, com dignidade, com plenitude. Viver com brilho nos olhos, riso solto, alma satisfeita. Lembre-se: "imagem & semelhança" de quem tudo criou. Você veio com potência, com ideias, com talentos. E cada vez que se apequena, se encolhe, se limita por medo ou condicionamento, o mundo perde.

Perde uma criadora, uma empreendedora, uma artista, uma voz, uma voluntária, uma mentora. O mundo nos ensinou a desejar pouco. A falar baixo. A pedir com vergonha. Mas quero te incentivar a querer muito. A ser ambiciosa. A sonhar. A viver grande.

Porque, quando você cresce, você abre caminho para que outras também cresçam. Quando você acende sua luz, ilumina outras. E tem mais: o cérebro não entende "não". Quando você diz: "Não quero ter dívidas", ele escuta "dívidas". Quando diz: "Não quero passar vontade", ele entrega escassez. Por isso, mude o comando. Mude o símbolo. Mude a meta. Pode querer pagar suas dívidas, desejando a riqueza. Pode querer se aposentar com dignidade e também viver com abundância agora.

✦ REGISTRE

O que você tem dito que "só" quer por medo do "mais"?
E se hoje você se autorizasse a querer grande, a desejar com coragem, do que você gostaria?

11 novembro

Que tipo de casa você tem sido?

Dia 315 de 365

Outro dia, ao procurar um filme para relaxar, me deparei com a capa de um suspense espiritual. Algo sobre espíritos bons e ruins travando batalhas. E, sem perceber, fui sendo conduzida a uma reflexão muito mais íntima do que eu imaginava. Me perguntei: "Se alguma força divina quisesse habitar uma vida hoje, escolheria a minha?".

Olhe para sua vida com honestidade. O que você tem comido? O que você tem assistido, escutado, permitido entrar pelos seus sentidos? Como tem tratado seu corpo, sua casa, suas contas, seu dinheiro? Você seria abrigo de anjos ou de demônios?

É fácil demais espiritualizar os acertos e terceirizar os erros. O acaso, o karma, a sorte, o inferno astral. Mas a verdade é que, quando a gente assume a responsabilidade, entende: Deus sopra o vento, mas é você quem precisa ajustar as velas. Ele entrega a vida, mas a obra é sua. A potência está aí, mas ela precisa de um canal. E esse canal é você.

Você é um milagre em movimento. Uma combinação rara e preciosa de tempo, matéria e espírito. Não se trata só de riqueza financeira. Trata-se de dignidade existencial. E, sim, isso se reflete no dinheiro também. Porque quem não honra o pouco, tampouco saberá o que fazer com muito. Quem despreza o corpo, despreza também a ponte entre o sonho & a realização.

Hoje, não te peço que acredite em anjos, em chacras ou em orações. Te peço apenas que honre o que te foi dado. Que trate sua vida como tesouro. Que viva como se a própria divindade estivesse usando o seu nome.

✦ REGISTRE

Se Deus quisesse habitar uma vida hoje, a sua estaria pronta? O que você pode transformar agora para tornar sua vida um espaço digno do milagre que deseja viver?

12 novembro

Você vai mudar de carreira!

Dia 316 de 365

Durante muito tempo, disseram que bastava estudar, escolher uma profissão, subir degrau por degrau até se aposentar. Mas esse roteiro, que parecia tão seguro, está cada vez mais obsoleto. Se você ainda acredita que vai viver a vida inteira exercendo a mesma profissão, numa mesma empresa ou área, é hora de atualizar seus conceitos. Com o aumento da expectativa de vida, somado às aceleradas mudanças tecnológicas e sociais, estudos indicam que teremos cinco a sete carreiras ao longo da vida. Eu mesma já passei por três.

Uma pesquisa da Dell Technologies em parceria com o Institute for the Future revelou que 85% das profissões que existirão em 2030 ainda nem foram criadas. Isso significa que os empregos como os conhecemos hoje estão entrando em extinção neste exato momento. E que o único plano de carreira que faz sentido agora é o da recriação constante.

Mais do que um desafio, essa é uma convocação à liberdade. Porque não é o mercado que vai garantir sua segurança. É você. É a sua reserva financeira. É o seu preparo. É a sua capacidade de construir uma base sólida, que te permita dizer sim ou não com confiança. Já que o mundo vai mudar (porque vai!), a única forma de não ser engolida por ele e manter a sanidade mental é se antecipando. Fazer dinheiro com sabedoria, aprender a investi-lo com estratégia & construir um futuro no qual você seja a dona das suas decisões, jamais refém das circunstâncias. Não há mais espaço para ingenuidade. A velha ideia de "estabilidade" é uma promessa que não será cumprida. Mas o planejamento, esse sim, pode te libertar.

✦ REGISTRE

Como você está se preparando para as mudanças inevitáveis do mercado? Você está se apegando a um cargo ou construindo uma liberdade que nenhum mercado pode tirar de você?

13 novembro

Deus nem sempre põe o chão.

Dia 317 de 365

A frase "Dá o passo que Deus põe o chão embaixo" carrega a beleza da fé. Mas, com imensa frequência, é usada como desculpa para a irresponsabilidade. E a vida, minha cara leitora, não premia a impetuosidade, premia a coragem responsável.

Não basta declarar: "Vou comprar a casa dos meus sonhos! Deus proverá" e sair financiando sem orçamento, achando que o universo vai resolver a prestação. Não basta dizer: "Vou largar esse trabalho horrível amanhã!" sem uma Reserva da Paz, sem estratégia, sem uma renda estruturada mínima. Não basta ter a ideia de abrir um negócio sem ter estudo, capital. Isso não é fé, é infantilidade. É terceirizar para Deus aquilo que é seu dever construir.

Sim, a vida sempre encontra caminhos. Mas você precisa mesmo seguir pelo caminho do sofrimento, da falência, da ansiedade? Deus não te criou para viver em sobrevivência. Te criou para manifestar toda a potência que você já carrega. E potência carece de estrutura para se manifestar.

A frase que abre este dia faz sentido quando colocada em contexto. Já vivi essa tensão quando decidi sair da Polícia Federal. Eu tinha reservas, plano, estratégia. Mas o medo existia. A grande obra que somos exige de nós maturidade. Exige planejamento. Exige a sabedoria de plantar, estudar as estações, regar, cuidar, para só então receber o milagre do fruto. Você não precisa fabricar a laranja, mas, sim, plantar as sementes. Não adianta espernear por frutos se não respeitou o ciclo da semeadura. Fé sem ação é fantasia. Fé com responsabilidade é força de criação.

✦ REGISTRE

Em qual área da sua vida você tem usado a fé como desculpa para agir sem preparo? Que passo responsável e corajoso você pode dar hoje?

14 novembro

Riqueza não é fazer nada.

Dia 318 de 365

No livro *A hora da estrela*, Clarice Lispector nos presenteia com uma frase que parece simples e, por isso mesmo, é tão perigosa: "O seu sonho era ter dinheiro para fazer exatamente o que queria: nada". Esse é um sonho que atravessa o imaginário de muita gente. Ficar rica para não fazer mais nada. Para não ter mais chefe, nem boletos, nem preocupações. Só sombra, água fresca e uma agenda vazia entre spa, piscina & drinks com as amigas. Mas isso é uma fantasia das mais avassaladoras. Uma ilusão imatura criada por alguém que desconhece os caminhos do dinheiro.

A verdade é que até mesmo herdeiras precisam estudar, cuidar, aprender, gerenciar. O dinheiro não se sustenta sozinho. E mesmo quem opta por viver de renda, em algum momento, será chamada a realizar algo. Porque o ser humano, em sua essência mais profunda, não quer apenas consumir dias: quer construir legado. A vida de ócio constante, como propõe a personagem de Clarice, é uma promessa vazia. Areia movediça. E quase sempre conduz a uma angústia silenciosa, à depressão corrosiva, à apatia inquietante. Porque o que realmente nos sustenta não é o descanso eterno, é o movimento equilibrado. É o calor da criação, o pulsar dos desafios, o frio na barriga das decisões.

Por isso prefiro a citação de Guimarães Rosa: "A vida esquenta e esfria, aperta e daí afrouxa, sossega e depois se desinquieta. O que ela quer da gente é coragem" (*Grande sertão: veredas*). Coragem para construir. Para servir. Para criar. Para encontrar sentido. Riqueza verdadeira não é viver de "nada em nada". É poder escolher para que é válido entregar nossos dias.

✦ REGISTRE

Se hoje você tivesse todo o dinheiro do mundo, o que escolheria fazer com seu tempo? O que te realiza de verdade? O que, mesmo sem obrigação, você faria com a alma?

15 novembro

Sua vida, sua república.

Dia 319 de 365

O Brasil comemora hoje a Proclamação da República. A palavra vem do latim *res publica*, "aquilo que pertence ao povo". A república é o modelo de governo em que o poder está nas mãos de representantes escolhidos pelos cidadãos, partindo de decisões compartilhadas, de uma responsabilidade coletiva. A república é, antes de tudo, um pacto. Um pacto de cidadania. De liberdade. De corresponsabilidade com o bem comum.

E, se olharmos bem de perto, cada vida também é uma república em si. Governada por cada uma de nós. Com seus ministérios emocionais, seus conselhos internos, suas leis morais. Uma vida que tem orçamento, projetos, fronteiras, territórios sagrados. Que tem aliados, relações exteriores, segurança & soberania. O problema é que muita gente abandona a presidência da própria vida. Terceiriza decisões. Aprova leis que nem sequer leu. Assina contratos que violam sua Constituição interna. Vive de medidas provisórias, de improvisos, de "achismos" alheios. E, quando se dá conta, já não governa mais nada.

É a mulher que vive do sonho do outro. Que pergunta tudo para todo mundo porque não confia em si mesma. Que não investe porque o marido não apoia. Que não avança em seus projetos porque a mãe vai julgar. Que não vive porque espera a permissão de quem nem a elegeu. Nenhuma república sobrevive assim. A república da sua vida pede por uma presidenta ativa. Por decisões coerentes. Por ministérios responsáveis. Por um orçamento bem regido. E, principalmente, por soberania emocional e financeira.

Hoje, olhe para a sua própria estrutura de governo. Você está no cargo? Um país não pode ser governado por quem não o habita.

✦ REGISTRE

Você está na presidência da sua vida? Que ministério precisa ser reformado com urgência? Que decreto você vai assinar hoje em nome da sua liberdade?

16 novembro

**Viva seus descansos —
e não desista de si.**

Dia 320 de 365

Às vezes, mesmo tendo uma vida muito boa, o dia amanhece muito ruim. Você tropeça no lençol. Derruba o café. Chega atrasada. O trânsito fere. O corpo dói. A cabeça pesa. O coração, sem aviso, se entristece. E lá está você, diante do espelho, se perguntando: "Como posso me sentir assim, se tenho tanto para agradecer?".

Não se culpe. A alma também tem suas marés. E gratidão não anula tristeza. Abrace seus dias ruins como quem abraça a criança cansada depois de um dia longo demais. Chore suas dores. Honre seus lutos invisíveis. Permita-se cansar, mas sem fazer morada na exaustão.

A dra. Clarissa Pinkola Estés nos lembra: precisamos fazer nossos "descansos". Velar nossas pequenas mortes simbólicas. Suspensões da alma que, se ignoradas, se acumulam. Causam exaustão. Te fazem desistir.

Não deixe que seus descansos se tornem desistências. Descanse nos dias difíceis. Descanse das exigências. Descanse da necessidade de sorrir o tempo todo. E, então, volte. Mais inteira, mais forte, mais humana. A vida, esta eterna mutação, não pede que sejamos invencíveis. Pede apenas que sejamos verdadeiras.

Permita-se viver a tristeza como quem atravessa uma noite longa: sabendo que a madrugada não é o fim, mas o presságio do próximo amanhecer.

✦ REGISTRE

Que pequenas mortes simbólicas você precisa viver hoje? Que parte de você está pedindo descanso antes que confunda cansaço com fracasso?

17 novembro

O ciclo se repete —
mas você não é a mesma.

Dia 321 de 365

"Como é dentro, é fora. Como é acima, é abaixo." Esse é um antigo princípio hermético que continua sendo um mapa potente para quem decide viver com mais intencionalidade & riqueza.

A economia se movimenta em ciclos. A inflação sobe, a taxa de juros acompanha. A taxa de juros sobe, a inflação desce. Em tudo há oportunidades. Ciclos não são repetições, são convites para evoluir.

Se você sente que está vivendo um déjà-vu, não é drama. Talvez seja só a vida te chamando para o próximo nível.

Em 2014, quando o Brasil passava por um ciclo de pico de taxa de juros, comecei a estudar finanças. Comecei a investir. Sem saber tudo, sem apoio, sem grandes quantias. E foi a decisão de me movimentar que me trouxe até aqui. O tempo passou, e hoje colho os frutos daquele início. O que me trouxe até aqui não foi sorte, foi dedicação.

Na espiral da vida, os mesmos pontos reaparecem. Me encontro agora, mais de dez anos depois, revivendo um mesmo ciclo econômico no país. Mas alguns degraus acima. Com mais sabedoria. Com mais ferramentas. Com mais coragem.

Sua vida financeira também vive em ciclos. Tem hora de guardar e tem hora de investir. Tem hora de estudar e hora de executar. Mas, se você não se posiciona no ciclo, ele só se repete, não evolui.

Não deixe que esse ciclo volte daqui a dez anos e encontre você no mesmo lugar. Não se permita reviver os mesmos arrependimentos, se perguntando: "Por que não comecei antes?". Não espere o ano-novo, o dia primeiro ou a próxima grande onda. Amanhã, você vai se agradecer por ter começado hoje!

✦ REGISTRE

O que você precisa decidir hoje para viver o próximo ciclo de um lugar mais elevado?

18 novembro

Minha riqueza também tem patas.

Dia 322 de 365

Quando comecei a namorar o Vini, ele chegou com um sonho: ter um labrador caramelo. Brincávamos que ele, branco, era o biscoito; eu, parda, era o chocolate; e o labrador seria o caramelo. Foi assim que veio o nome. Da icônica propaganda do chocolate Twix: biscoito, chocolate, caramelo! (Apesar de a vida ter trazido nosso Twix quase branco.) Já a Preta morava em mim muito antes. Desde antes de conhecer o Vini, eu já sabia: teria uma cachorrinha preta chamada Glock (sim, feito a arma — eu era policial vocacionada, não me julgue).

Vieram ao mundo com um dia de diferença, como irmãos de alma. Tão diferentes, tão complementares. São companhia, ternura. Me chamam para dormir, me acordam quando é hora de tomar sol. Me consolaram nos meus piores dias, me viram sair da escuridão da depressão. Me acompanharam na criação da Multiplique, deitados aos meus pés. São protagonistas das minhas melhores memórias. Nunca foram "filhos". Foram e são amigos. Professores. Guardiões.

Foi por eles que comecei a estudar longevidade canina — e aprendi sobre longevidade humana. Foi observando o ritmo deles que compreendi a importância da autorregulação, do silêncio, da rotina. Foi por eles que organizei a agenda, reduzi as viagens, ampliei a Reserva da Paz. A qualidade de vida deles conta tanto quanto a minha. E, sim, um plano de saúde ou seguro pet pode fazer parte da sua carteira financeira. Porque amor também exige preparo. Hoje celebro essa dupla e todos os animais que são, silenciosamente, mestres da nossa vida. Que a gente saiba amar reciprocamente. Sem reservas.

✦ REGISTRE

Você já pensou no impacto que os animais têm na sua vida? De que forma você pode retribuir esse amor com mais cuidado & responsabilidade financeira?

19 novembro

O empreendedorismo feminino é coletivo.

Dia 323 de 365

Empreender sendo mulher é, ao mesmo tempo, milagre e revolução. É mover montanhas com um empurrão de coragem. Temos criado negócios, gerado renda, liderado projetos, inovado mercados. Somos quase 11 milhões de mulheres à frente de empresas no Brasil — mais de 34% do total de empreendedores no país, segundo dados do Sebrae. Mesmo assim, o investimento que nos chega ainda é 50% menor do que o direcionado a homens.

Empreendedorismo feminino é ato político. Ainda que, para muitas, seja necessidade básica, não escolha. Além de sonho, é declaração de autonomia. É forma legítima de romper com a dependência financeira que foi orquestrada por milênios. Mas é também, ou deveria ser, construção coletiva. Representatividade real. E é aqui que começa o meu incômodo.

Há um empreendedorismo feminino que se vende como causa, mas atua como culto. Culto à própria imagem. Mulheres que se dizem líderes, mas só se cercam da sua pálida semelhança. Que constroem comunidades espelhadas não para outras se reconhecerem, mas vitrines narcisistas de autoveneração. Falam em coletivo, mas não compartilham palco. Falam em representatividade, mas não incluem corpos pretos, trans, grisalhos, gordos, indígenas, diversos.

No Dia do Empreendedorismo Feminino, faça sua parte na mudança: ofereça vagas, oportunidades, microfone, crédito, visibilidade. Porque não basta ser mulher, é preciso ser ponte. Façamos negócios com outras mulheres. E, acima de tudo, questione-se: "Quem está comigo? Quem está à margem? Que espaço posso abrir?".

✦ REGISTRE

Qual foi a última mulher que você apoiou com seu dinheiro, sua voz ou sua audiência? Seu negócio está servindo a um coletivo ou apenas à sua própria ascensão? Que ação concreta você pode tomar hoje para tornar o empreendedorismo feminino mais plural & mais justo?

20 novembro

A senzala não acabou.

Dia 324 de 365

Hoje é o Dia da Consciência Negra no Brasil. E tenho muito orgulho de dizer que meu sangue vem do seio de União dos Palmares (AL), a terra de Zumbi. Sou da terra que teve coragem de agir pela liberdade e pela justiça. Tenho em mim a força de quem quebrou grilhões e ajudou outros a romperem suas correntes.

Zumbi dos Palmares liderou o maior quilombo do Brasil e ousou lutar pela liberdade em uma terra que ainda hoje insiste em manter prisões invisíveis. Em todos os censos do IBGE, desde criança, me declarei parda. Aos dezesseis anos, meu primeiro namorado foi um jovem preto, retirante do Sertão, periférico. Senti o peso do racismo nos olhares. Vi de perto a dor da exclusão. A senzala não acabou. Duvida? Então me diga: quem você segue, ouve, lê, recomenda? Quantas pessoas pretas compõem o seu círculo de convivência e referência de sucesso?

Segundo o Ipea, a cada cem pessoas assassinadas no Brasil, 77 são negras. A renda média de uma pessoa branca, de acordo com o IBGE, é 73,9% superior à de uma pessoa preta ou parda. Apenas 27% dos cargos de liderança no país são ocupados por pessoas negras ou pardas. Isso não é acaso. É estrutura. E se você não age para mudar a estrutura, você a fortalece. Você é parte do problema!

Não basta não ser racista. É preciso ser ativamente antirracista. Isso significa comprar de empreendedoras negras. Indicar profissionais pretos. Estudar autores pardos. Apoiar projetos sociais, artísticos e educacionais liderados por pessoas negras. Não tem referências? Vá buscar! Em tempos de internet, falta de informação é apenas preguiça.

Mas, acima de tudo, seja capaz de reconhecer seus imensos privilégios & colocá-los a serviço da reparação.

✦ REGISTRE

O que você tem feito, de forma intencional, para combater o racismo? Que passo concreto pode dar hoje para tornar o mundo mais justo, não só no discurso, mas na prática?

21 novembro

O recuo que tenciona o arco.

Dia 325 de 365

Pode ser que você esteja olhando para seus resultados agora — da empresa, da dieta, do casamento, da conta bancária — e se perguntando: "Foi só isso que consegui este ano?". Talvez já tenha feito todas as contas, olhado as promessas feitas em janeiro e sussurrado baixinho para si: "Não vai dar". Mas, antes de continuarmos, permita-me uma pergunta: você falaria para uma criança que acabou de cair no chão que ela nunca vai aprender a andar? Você olharia nos olhos de sua filha e diria que, por um tropeço, jamais será capaz de correr? Não, né?! Seria cruel. Então por que você insiste em dizer isso a si mesma? Quem foi que disse que a vida é linear? Quem te prometeu uma escada reta? A vida é curva, minha cara. É espiral.

Já houve anos em que minha empresa cresceu menos do que no ano anterior. Anos em que a depressão me visitou. Anos em que ganhei peso, perdi rotina, li menos livros do que gostaria. Anos em que me escondi de mim. E a primeira reação, como boa colérica que sou, foi a raiva. Me questionei com fúria: "Como deixei isso acontecer?"; "Como não vi antes?"; "Como fui tão ingênua, irresponsável?". Mas o tempo, sempre ele, me trouxe de volta a um colo mais generoso: o colo da verdade.

A verdade é que nem toda retração é derrota. Às vezes, é só inverno. E, no inverno, as árvores não morrem. Elas economizam. Fazem silêncio, guardam energia, esperam. Talvez seja esse o seu tempo. Talvez sua alma esteja tentando te dizer: "Calma, estou em tempo de preparo". Talvez o que parece retrocesso seja, na verdade, o recuo potente que tenciona o arco & faz voar a flecha.

✦ REGISTRE

Qual parte da sua história você vem tratando como fracasso, mas que talvez seja apenas um tempo de silêncio? Que curva você pode aceitar hoje, com mais leveza, como parte do caminho que ainda vai florescer?

22 novembro

Cante sua riqueza.

Dia 326 de 365

Herdei o gosto pela música de meu pai. Músico de berço, aprendeu a tocar violão sozinho, não com partitura, mas com sentimento, ouvido absoluto e alma afinada com a vida. Com ele, entendi que música é muito mais do que som: é linguagem. É idioma que se canta quando as palavras faltam. Na minha família, a gente se comunica com cifras e tons. A gente canta o luto & o riso. A gente se cura entoando. Cantei nos corais da igreja, nos aniversários, nas viradas de ano e no enterro de meu avô. Uma ode à vida. Um refrão à eternidade.

A música me deu ritmo. Me ensinou que não existe riqueza sem compasso, sem tempo, sem pausa, sem rima. Me fez uma humana mais sensível, mais atenta ao diverso. Me presenteou com Djavan, Tom Jobim, Pixinguinha, Dominguinhos e Gonzaga. Me embalou com Bach, Tchaikovski e Ludovico Einaudi. Me emocionou com Elis, Sandy e Gadu. Me encantou com versos mais raros que a *Odisseia*.

E acredito com todo o meu coração que todo bom músico é um mensageiro de Deus. Toda boa música é um canal com o divino. Toda canção, uma frequência de realização. Porque, afinal, música vem do grego *mousiké*, a arte das musas. A arte que inspirava até os deuses. Platão dizia: "Se quiser conhecer um povo, conheça sua música". E arrisco dizer: conhecemos uma mulher pela trilha sonora que ela escolhe. Pelas músicas que embalam seus dias.

Que tipo de riqueza sua *playlist* invoca? O que clama seu fado, seu samba, seu pop, seu baião? Hoje é Dia do Músico. Coloque a canção que mais ama. Cante sua alegria, sua dor, sua travessia. Cante sua transformação. Cante a mulher que você está se tornando. Porque a riqueza, minha leitora, também deve ser cantada.

✦ REGISTRE

Qual música representa seu momento de vida? Que canção você precisa ouvir e cantar hoje para se lembrar da mulher que você é e daquela que está se tornando?

23 novembro

A síndrome de Peter Pan financeiro.

Dia 327 de 365

Por muito tempo, Peter Pan foi meu herói. Na infância, na adolescência, eu me encantava com a Terra do Nunca, com a promessa de aventuras eternas, com o voo livre sobre o mundo adulto que parecia tão cinza. Mais tarde, já adulta, comprei uma edição luxuosa da história, com capa dura, papel encorpado, como quem resgata uma memória sagrada da infância. Mas, ao reler o livro, algo mudou. Peter já não era mais apenas o menino voador. Ele me parecia sádico, irritante, imaturo. E me peguei refletindo: quanto evoluímos e quanto precisamos evoluir para que antigas narrativas sejam atualizadas? É assim também com a nossa vida financeira.

Há quem insista em permanecer na Terra do Nunca: emocional, financeira, existencialmente. Gente que ainda acredita que enriquecer é questão de sorte. Que o problema é dos políticos, da economia, do mercado. Carregam um Peter Pan financeiro no peito: sonham com ganhos mágicos, investimentos milagrosos, promessas de liberdade que não exigem responsabilidade. Querem voar, mas sem construir asas. Querem colher sem semear. Querem riqueza, mas sem atravessar o rito do amadurecimento.

Só que a vida real não é a Terra do Nunca. O investimento que fazia sentido para uma jovem de vinte anos não serve mais para uma mulher que está a três passos da aposentadoria. O que te protegia ontem pode te limitar hoje. O rio mudou. Você mudou. E o que assusta não é mudar — é recusar a mudança. A vida pede atualizações. Estratégias financeiras pedem atualizações. Objetivos mudam, a maneira de gerenciar sua riqueza também precisa mudar. Crescer pode ser doloroso. Mas permanecer sempre pequena pode doer muito mais.

✦ REGISTRE

Que crença, hábito ou estratégia financeira precisa amadurecer?
Que narrativa de infância você ainda carrega e precisa ser atualizada para a mulher que você está se tornando?

24 novembro

Comece a enriquecer pelos seus relacionamentos.

Dia 328 de 365

Sua qualidade de vida não depende apenas de dinheiro. Em última análise, ela depende da qualidade dos seus relacionamentos. E essa não é uma percepção poética ou filosófica, é uma constatação científica. O Estudo de Desenvolvimento Adulto de Harvard, iniciado em 1938 e considerado a pesquisa longitudinal mais longa sobre felicidade já realizada, chegou a uma conclusão inequívoca: bons relacionamentos são o principal fator de bem-estar e longevidade. Mais do que genética, status social ou riqueza material, a qualidade das conexões humanas foi o que melhor previu quem se sentia mais feliz, saudável e realizado ao longo das décadas.

E os impactos não param aí. Um corpo de pesquisas recentes publicado pelo National Bureau of Economic Research reforça que indivíduos com redes de amizade mais estáveis e relacionamentos saudáveis apresentam maiores índices de sucesso financeiro ao longo da vida. A explicação é elegante: felicidade e estabilidade emocional afetam diretamente a nossa capacidade de tomar boas decisões econômicas. Quando cultivamos bons vínculos, reduzimos níveis de estresse, ansiedade e impulsividade. Ou seja: ter bons amigos não é só agradável. É literalmente lucrativo.

Portanto, se hoje você quer enriquecer de forma sólida e duradoura, olhe para além da planilha de gastos. Examine seus relacionamentos. Ser seletiva não é arrogância. É sabedoria estratégica. Bons relacionamentos constroem felicidade. Felicidade sustenta estabilidade emocional. Estabilidade emocional gera boas decisões financeiras. E boas decisões constroem riqueza real. Quer enriquecer? Comece cultivando e selecionando seus vínculos.

✦ REGISTRE

A quem você vem dedicando seu tempo e sua atenção? Quem são as pessoas que somam à sua vida? Quem te drena? Que decisão sobre seus vínculos você pode tomar hoje, em nome da sua felicidade & da sua riqueza?

25 novembro

Não diminua o sonho.

Dia 329 de 365

Tem dias que a vida escorrega. Você planejou tudo. Fez planilha, visualizou, orou, moveu o que podia. E, mesmo assim, o plano falhou. O voo atrasou, a reunião desandou, as vendas caíram, a viagem foi cancelada, a resposta não veio. E você se pergunta: "Será que era pra ser?".

Nessas horas, te convido a respirar e fazer uma pergunta diferente: "Ainda quero isso? Se dinheiro não fosse um problema, se o medo não estivesse gritando, se as circunstâncias fossem outras, eu ainda desejaria viver essa experiência?".

Se a resposta for sim, não se pergunte mais se era para ser. Questione o plano: "Como posso fazer dar certo? Com quem posso aprender? Quem pode me ajudar? Como posso fazer o dinheiro para viver isso?".

Não diminua o tamanho dos seus sonhos por causa do tamanho dos seus obstáculos. Não encolha suas ambições para fazê-las caber no humor de um dia ruim. A vida é maior que um tropeço.

Aquela viagem cancelada pode ser só um desvio para uma versão ainda mais grandiosa. Aquele "não" pode ser só o intervalo antes do "sim" mais bonito da sua vida. O que parece atraso pode ser só a afinação antes de o espetáculo começar. Os sonhos mais vivos não acabam quando tudo desaba. Eles respiram fundo, apertam os cadarços, trocam o roteiro, mas continuam andando. Não desista dos seus sonhos. Amplie suas capacidades.

✦ REGISTRE

Quando o plano falha, como você reage? O que pode fazer para desenvolver suas habilidades ou quem pode te ajudar a chegar aos resultados que você gostaria?

26 novembro

Dinheiro bom, na mão de pessoas boas, faz coisas boas.

Dia 330 de 365

Por muito tempo, a humanidade acreditou que enriquecer era um ato de egoísmo. Que, para ganhar, outro precisaria perder. Que prosperar era sinônimo de dominar, de tomar, de extrair. E talvez fizesse sentido naquele tempo. Já vivemos épocas em que a riqueza era terra, ouro, cabeça de gado. Recursos finitos. Por isso, acumulá-los implicava inevitavelmente privar outros do acesso a eles. Mas o mundo mudou. E a forma de gerar riqueza também.

Hoje, não precisamos mais de hectares para gerar valor. Uma ideia é capaz de transformar uma sociedade. Um código, uma descoberta, uma inovação tecnológica, uma nova metodologia de ensino. Riqueza não é mais medida em quilogramas, mas em impacto. A moeda, inclusive, já nem precisa ser impressa. Projetos descentralizados, como o Bitcoin, estão moldando um novo paradigma. Um sistema em que qualquer pessoa — com estudo & estratégia — pode construir seu próprio ativo. A moeda agora é intelectual. É simbólica. É de quem cria soluções.

Se a riqueza já não é mais posse limitada, então enriquecer não é tirar de ninguém. É multiplicar. É criar pontes onde só havia muros. Por isso, insisto: dinheiro bom, na mão de pessoas boas, faz coisas boas. Quando você prospera, leva com você uma corrente inteira de gente. Seus valores ganham espaço. Seu trabalho transforma o mundo. Pense agora: quando você ganha, quem ganha junto? Quando você cresce, quem é iluminado pelo seu crescimento? Você não é ilha. Enriquecer não é trair os seus nem o mundo, mas honrá-los com novas possibilidades. Por isso sigo repetindo por onde passo: quanto mais mulheres ricas no mundo, melhor!

✦ REGISTRE

Que mentiras você ainda carrega sobre o dinheiro e a riqueza?
Quem vai usufruir sua prosperidade com você?

27 novembro

Você está escolhendo o que é melhor ou apenas o que é mais fácil?

Dia 331 de 365

Fazia meses que eu ensaiava mudar de academia. A que eu frequentava era mais próxima, mais prática, mas não me satisfazia. Escura, barulhenta, desorganizada, tomada por luzes artificiais que mais cansavam do que energizavam. Apesar do desconforto, permaneci ali por um tempo. Por quê? Porque era fácil. Porque era rápido. Porque era cômodo. Até que um dia, com um incômodo mais forte que a preguiça, decidi visitar outra academia. Vinte minutos mais longe. Vinte minutos que, até então, pareciam um obstáculo. Mas bastou atravessar a porta para sentir: mais luz, mais silêncio, mais espaço, mais vida. Ioga. Equipamentos melhores. Pessoas mais gentis. A dúvida insistia: vale o tempo de deslocamento? Vale a distância?

Foi então que compreendi: eu vinha treinando meu cérebro para o comodismo, para aceitar o que não tolerava. Não se tratava apenas de mudar de academia, mas de mudar de realidade. Era deixar de viver em função do que é prático para viver em função do que é belo, do que é melhor, do que é mais digno de quem eu me torno a cada dia.

A verdade é que o tempo que se gasta é o mesmo tempo que se ganha — dependendo de como você decide encarar. Vinte minutos podem ser desperdício ou investimento, a depender do que vale mais para você. Como é no micro, é no macro. A maneira como você escolhe sua academia, seu café, seu caminho de volta para casa é a mesma forma como você lida com o dinheiro, com os sonhos, com a vida. Mas lembre-se: quem se contenta com o fácil dificilmente experimenta o extraordinário.

✦ REGISTRE

Você tem investido seu tempo & seu dinheiro no que é excelente ou no que é mais fácil? O que pode fazer hoje, dentro da sua realidade financeira, para escolher o que é melhor para você, e não apenas o que é mais cômodo?

28 novembro

Não tema o que o dinheiro te revela.

Dia 332 de 365

Você já reparou como é fácil evitar o extrato bancário e mais fácil ainda parcelar compras no cartão? Isso revela algo profundo: não estamos com medo do dinheiro em si, mas do que ele revela sobre nós.

Costumo dizer que dinheiro é fofoqueiro: ele desvenda realmente quem somos. A que damos valor & o que estamos priorizando em nossa vida, esteja você escolhendo conscientemente ou não.

Você diz que valoriza a família, a saúde, a carreira. Mas seu dinheiro vai para altas proporções de junk food, vestuário e festas entre amigos. Nada para acompanhamento nutricional, nada para estudos, nada para terapia, nada para multiplicar o seu dinheiro e ampliar o tempo com quem ama.

Opa, seu cérebro sentiu cheiro de incoerência. Por isso foge! Fugir dos números é fugir da própria verdade. É se esconder dos porquês das escolhas, das consequências dos excessos, dos padrões familiares que nos trazem pertencimento. Mas liberdade não combina com fuga — ela exige coragem.

Hoje, o convite é simples: sente-se com você. Com a planilha de gastos, com o caderno, com o app de controle financeiro, ou até com um papel em branco. Anote o que entra, o que sai, o que realmente está por trás de cada decisão financeira. Faça isso sem culpa, sem autocrítica, sem melindres. Porque só quem encara os problemas consegue mudar de direção e chegar aonde realmente quer!

✦ REGISTRE

Quais necessidades seus números estão revelando?

Quais mudanças de consumo você escolhe fazer?

29 novembro

Você é mais do que disseram que seria.

Dia 333 de 365

Em *Dom Casmurro*, Machado de Assis escancara a expectativa da sociedade sobre nós em 1900: "As mulheres eram criaturas tão da moda e do dia que nunca haviam de entender uma ruína de trinta séculos". Mulheres, cogitava-se, não seriam capazes de contemplar a história. De reconstruir o tempo. De manejar o que é vasto.

Séculos depois, em *A lacuna de autoridade*, Mary Ann Sieghart mostra que pouco mudou. Pesquisas revelam homens descrevendo mulheres, pasmem, como "criancinhas". Mas será que, talvez, eles não tenham um pouco de razão?

Como você se sente diante do seu dinheiro, do seu trabalho, da sua liberdade? Inteira, madura, soberana? Ou ainda se enxerga pequena, como quem pede licença para existir? Se hoje pesa em você essa moldagem social, saiba: ela é antiga, mas não é eterna. Você pode reescrever a sua história. Não importa o que disseram — você nasceu capaz de tudo o que desejar.

Aprender sobre dinheiro é só mais uma travessia que a sua capacidade cognitiva pode vencer. Ter o dinheiro a seu favor não é um milagre reservado a poucas, é possibilidade real para todas. Não aceite a moldura pequena que tentaram te impor. Não aceite a história escrita por mãos que não conheceram a sua grandeza. Você não é só criatura do dia. É dona do seu próprio tempo. E, hoje, pode começar a reescrever o mundo, começando pela sua vida.

✦ REGISTRE

Que parte da sua história você vai começar a recontar hoje? Em que circunstâncias ainda se sente infantil? Quais habilidades pode desenvolver para mudar esse cenário?

30 novembro

O rio corre — e nós não somos mais os mesmos.

Dia 334 de 365

No romance *Mesmo rio*, Elisama Santos escreve: "Não há máquina do tempo que possa resgatar versões de quem fomos e trazê-las intactas para o presente". É isso: ninguém volta a ser quem já foi. Passados os aprendizados, os tropeços e as transformações inevitáveis da vida, resta a tarefa de nos conhecermos novamente e de conhecermos, outra vez, aqueles que amamos. Toda relação é um rio. E como dizia Heráclito, filósofo grego da Antiguidade: "Nenhum homem entra duas vezes no mesmo rio, porque já não é o mesmo homem nem o rio é o mesmo". O tempo passa. O curso muda. A corrente leva embora aquilo que um dia nos definiu. E, mesmo que pareça tudo igual por fora, por dentro já não somos as mesmas.

Em um momento tão líquido da vida, em que as rotinas nos atropelam e os diálogos escasseiam, corremos o risco de conviver com fantasmas do passado. Idealizações de quem o outro já foi. Mas ninguém é estático. Nem você. Nem sua mãe. Nem seu companheiro. Nem seu filho. Hoje, te convido a se apresentar de novo. A perguntar, com curiosidade & ternura: "Quem sou eu *agora*?". Talvez você esteja se recusando a mostrar sua nova versão a quem insiste em vê-la como antes. Ou talvez esteja exigindo de alguém uma versão que não existe mais.

Relações adoecem quando não se renovam. E a ponte começa com um passo: a escuta. A disposição em reconhecer que nossa versão é apenas uma fração da verdade. Que talvez a mesma mãe tenha sido amorosa para um filho e ausente para outro. Que talvez aquele filho rebelde fosse só um filho assustado. Que talvez o "não" de alguém não fosse desamor, mas apenas falta de dinheiro. Permita-se reconstruir. Reapresentar-se.

✦ REGISTRE

Existe alguma relação na sua vida que precisa ser reconstruída? Há espaço para um novo encontro? Se sim, por onde você começaria?

DEZEMBRO

1º

Beba o sumo, descarte o bagaço.

Dia 335 de 365

Dezembro sempre me devolve à Tatazinha. Aquela menina de olhos acesos pela promessa de um futuro bom. Dezembro tem cheiro de doce assando no forno, casa pintada, gente apressada e, ainda assim, mais gentil. Traz luzes piscando na varanda, canções desafinadas na TV, abraços que, mesmo breves, pareciam eternos.

Dezembro me acorda para uma lembrança antiga: éramos sol a pino. E éramos alma radiante. Por muito tempo, pensei que o mundo inteiro sentisse o mesmo. Mas, nas sessões de terapia, entendi que dezembro, para muitos, é angústia embalada em papel dourado. Que, nesta época, psicólogas & psiquiatras registram um aumento de crises de ansiedade, de recaídas, de dores. Entendi que dezembro escancara as últimas linhas dos balanços contábeis da vida: o saldo das nossas atitudes, a conta emocional.

Dezembro não é vilão. Nem carrasco. Está mais para um sábio amigo que se senta à nossa mesa, ergue um cálice invisível e diz: "Olha, minha cara, talvez seja hora de ajustar a rota". Sem julgamentos. Sem dramas. Sem sermões. Mas com a nobreza de quem ainda acredita que mudar é possível.

Isso me lembra de uma metáfora que carrego feito relicário. Imagine que cada experiência da vida é uma laranja. Quando vivemos algo, extraímos seu suco: o aprendizado, a nutrição, a essência. O problema é que, muitas vezes, nos recusamos a soltar o bagaço. Seguimos mascando ressentimentos, triturando culpas. E, sem perceber, carregamos pela vida sacos de lixo emocional. Um peso que nos encurva, que nos embota, que nos impede de dançar no ritmo da vida. Dezembro te convida: beba o sumo, descarte o bagaço. Pegue a lição. Deixe o que dói se decompor no solo fértil do tempo.

✦ REGISTRE

Qual bagaço emocional você precisa soltar para caminhar mais leve? Que lição você pode extrair da sua história este ano e que peso, enfim, você pode liberar?

2 dezembro

O ano-novo começa agora.

Dia 336 de 365

Esqueça a promessa pueril da calcinha amarela. Esqueça a esperança sonolenta do Primeiro de Janeiro. O ano-novo, minha cara leitora, não começa ao badalar das taças nem no estampido dos fogos. Ele começa agora. No silêncio premeditado de quem ousa revisitar a própria história antes que o calendário vire.

Já fui a que acreditava em uma virada de ano com simpatias e boas intenções. Mas a riqueza é cultivada no campo fértil do planejamento lúcido. Aprendi com o tempo, e sobretudo com o empreendedorismo, que a sorte sorri mais largamente para quem mapeia a estrada em que quer caminhar. É por isso que, desde os primeiros dias da Multiplique, ensino o que vivi.

Planejamento não é âncora. É vela. É esboço vivo, que pede revisão, adaptação, cuidado. Por isso, te convido a um ritual de maturidade: revise, reveja, sonhe & planeje. Não se contente com resoluções vagas — "Quero ser rica"; "Quero viajar"; "Quero emagrecer". Essas são apenas intenções sopradas ao vento. Use o método SMART como instrumento de lapidação. S (Específico): Defina o que exatamente você quer. M (Mensurável): Estabeleça como irá medir seu avanço. A (Atingível): Seja ambiciosa, mas não delirante. R (Relevante): Escolha metas que conversem com sua real prioridade. T (Temporal): Dê prazo ao seu milagre. E mais: crie o hábito de revisitar seus objetivos todos os meses, como quem rega uma muda rara. Pare e se pergunte: em que avancei? O que precisa ser refeito? Que micropassos posso dar esta semana? Porque o progresso verdadeiro não mora em grandes saltos — mora na constância quase imperceptível dos pequenos movimentos. Planejar é dançar com a realidade sem perder o compasso do sonho.

✦ REGISTRE

Você vem alcançando seus sonhos? Quais deles precisam ser planejados? Qual será o dia na sua agenda em que irá fazer a revisão do último ano e planejar as realizações do próximo?

3 dezembro

A linha de chegada também é campo minado.

Dia 337 de 365

Há uma perversidade silenciosa no final de um ciclo. Quando a linha de chegada começa a aparecer no horizonte, é aí — justamente aí — que muitas corredoras tropeçam. Não é porque o caminho se tornou mais difícil, mas porque a mente já se desconectou da travessia. Relaxamos a guarda. Flertamos com a dispersão. Somos seduzidas pelo cansaço ou pela ilusão de que "já deu". O corpo grita, a mente mente, o ego eufórico pede celebração precoce ou licença para a desistência dramática. Mas é nesse momento que o jogo realmente se desenha. E é aqui que você deve convocar sua parte mais madura, aquela que observa, que não negocia com o desânimo nem se embriaga com o falso júbilo.

É nos minutos finais de uma maratona que as câimbras aparecem. É no último degrau da escalada que o pé escorrega. É na reta final de um grande projeto que o perigo da autossabotagem desperta: através da pressa, da arrogância ou da distração. E tudo o que você construiu até aqui pode ser perdido num único instante. Por isso, refine seu estado de presença. Respire como quem ancora o corpo no agora. Silencie como quem blinda a mente da tagarelice interna. Não negocie sua disciplina. Não terceirize seu autocuidado. No último ato, toda distração é traição.

Esteja lúcida. Não se deixe desorientar nem pela euforia da vitória antecipada nem pela frustração do que não saiu como o planejado. Não negocie com a desistência, mas também não se renda ao delírio. Observe a sua própria mente como quem assiste a uma peça de teatro. Veja os pensamentos desfilarem e escolha com qual deles você dança. Porque, no fim, o verdadeiro prêmio nunca foi a medalha. Foi quem você se tornou para atravessar a linha de chegada.

✦ REGISTRE

Hoje, quais vozes internas estão tentando sabotar sua travessia? De que maneira você pode se fortalecer para honrar tudo o que construiu até aqui?

4 dezembro

Que história você escolhe contar a si mesma hoje?

Dia 338 de 365

Hoje é meu aniversário. Não sou a pessoa das grandes festas, dos fogos, dos balões. Sou do silêncio. Do ritual. Do mergulho. E, como boa amante da filosofia, desde menina, gosto de usar o 4 de dezembro para fazer uma retrospectiva da minha própria vida. Para me perguntar o que vim fazer aqui. Se estou no rumo certo, no meu rumo.

Ainda muito pequena, me lembro das noites deitada no quintal, olhando para o céu. Me perguntava: "De onde viemos?", "Somos seres das estrelas?", "Será que a Terra é uma célula de um corpo maior?", "Eu sou uma mitocôndria?". Filosofava com a inocência de quem já sentia, desde cedo, que a vida sempre seria esse grande mistério. A espiritualidade sempre me atravessou. Fui batizada, crismada, ateia, agnóstica, espiritualista. Já mudei de casa, de cidade, de carreira. Já fui muitas. Certamente quem me conheceu no passado e não me acompanhou nem me reconhece mais. Mas algo permaneceu: o amor pela vida. Um amor tão profundo que, quando adoeci em 2018, senti um medo sem precedentes. Senti a vida me fugir pelas mãos, a alma parecia morrer. Precisei escolher viver de novo.

Talvez por isso eu valorize tanto o tempo. Os livros. A história. As memórias. Porque, no fundo, a vida não é o que nos acontece. A vida é o que a gente conta sobre o que nos aconteceu. A neurociência mostra que não guardamos os fatos como eles são. Nosso cérebro preenche lacunas com narrativas. E a boa notícia é que você sempre pode criar as suas. Hoje, escolho contar a mim a história de que fui feliz. De que recebi muito mais do que fui capaz de perceber. De que sobrevivi. De que contribuo. De que sigo viva. E, por amar viver, sigo me construindo nova.

✦ REGISTRE

Que história você escolhe contar sobre si? O que ainda quer realizar para honrar a vida que tem?

5 dezembro

Diversidade é riqueza,
inclusão é prosperidade.

Dia 339 de 365

Na faculdade de arquitetura, uma experiência se gravou em mim com a força de um rito de passagem. Durante um estudo para proposição de intervenções urbanas, fomos convidados a assumir personagens distintos para transitar pelas ruas de um determinado bairro e enxergar, sob outra lente, o cenário que chamávamos de nosso. Escolhi ser cadeirante. Pedi emprestada a cadeira de rodas de uma colega da escola de balé, onde dançávamos juntas. Naquele dia, pela primeira vez, experimentei o mundo sem o privilégio da mobilidade plena.

A experiência foi avassaladora: calçadas que mais pareciam armadilhas, rampas inexistentes, acessos negados, olhares indiferentes. Descobri, com o corpo e com a alma, que a cidade que eu habitava não fora pensada para todos e que a nossa omissão cotidiana é também uma forma de violência.

Acessibilidade não é favor, é dignidade. Inclusão não é um capricho moderno, é um princípio de civilização. E cada decisão que tomamos — no urbanismo, no consumo, nos negócios, na política — é um voto silencioso do tipo de mundo que estamos criando. Seja qual for o privilégio que te foi concedido (e todos temos alguns), que ele não te sirva como pedestal, mas como alavanca para servir melhor ao coletivo. Ser humano exige mais do que empatia instagramável, exige compromisso real com o bem comum.

Hoje é o Dia Nacional da Acessibilidade. Lembre-se que diversidade é riqueza. Inclusão é prosperidade. Acessibilidade é necessidade vital. E, no fim das contas, o que ergue uma sociedade verdadeiramente próspera não é o brilho de poucos, mas a dignidade de muitos.

✦ REGISTRE

Como suas escolhas diárias podem tornar o mundo um lugar
mais acessível, humano, próspero & digno para todos?

6 dezembro

O pedido está a caminho.

Dia 340 de 365

Gosto de pensar que a vida é como fazer um pedido no delivery. Nossa parte é clara: escolher o que queremos comer, definir onde queremos pedir, escolher o preço que queremos pagar. Depois disso, basta enviar o pedido. Pronto, o pedido está a caminho. Mas o que fazemos, quase sempre? Oscilamos. Duvidamos. Cancelamos o pedido no meio do trajeto. Queríamos comida japonesa, mas agora achamos que pizza era melhor. Queríamos um sonho grande, mas agora achamos que o preço é alto demais. Queríamos independência, mas agora cogitamos o cupom da dependência emocional. E assim seguimos: inquietas, indecisas, descrentes, negando nossa fome, sabotando a chegada do que pedimos.

A natureza não tolera a hesitação eterna. O universo respeita a firmeza do gesto. Quem muda de ideia a cada esquina não recebe. E, se recebe, não reconhece. A vida exige da gente a mais rara das virtudes modernas: paciência convicta. Aquela serenidade elegante de quem fez o pedido e agora se ocupa em arrumar a mesa, acender as velas, preparar a alma para a chegada. Sem drama. Sem desespero de rastrear o entregador a cada minuto.

E se, por acaso, o pedido precisar ser alterado? Se o restaurante avisar que aquele prato acabou, que a entrega vai atrasar, que haverá substituição? Você será informada. Poderá mudar de pedido ou de restaurante. Outras formas de nutrir sua jornada surgirão — talvez até mais saborosas que as que você inicialmente desejou.

Escolha bem. Pague o preço. Solte o controle. E sobretudo: não cancele o pedido.

✦ REGISTRE

Em que área da sua vida você ainda está tentando cancelar e refazer o pedido? O que precisa simplesmente manter — com fé, presença & preparo — para receber o que pediu?

7 dezembro

Orai & vigiai suas finanças.

Dia 341 de 365

Existe uma máxima bíblica que atravessa séculos com inabalável sabedoria: "Orai e vigiai" (Mateus 26,41). Uma convocação à fé operante, mas também à responsabilidade diligente. Tanto que, mesmo as mais devotas ainda hoje trancam a porta de casa antes de dormir. Curioso é que, no campo financeiro, essa combinação se desfaz. Muitas rezam pela prosperidade, sonham com estabilidade, mas se esquecem de fazer a sua parte. Querem milagres, mas deixam o carro aberto com a chave na ignição.

No meu método, chamo esse pilar de Blindagem Financeira: um aparato de proteção não para sufocar sonhos, mas para que eles cresçam com raízes firmes. No Brasil, o mínimo necessário para se considerar blindada inclui: uma sólida Reserva da Paz, um plano de saúde com acesso a urgências e emergências, seguros essenciais — de vida, habitacional e veicular — e uma carteira autônoma de aposentadoria (e, sejamos francas, quase nenhum rótulo de "previdência privada" é digno dessa missão). Se você empreende, a exigência se redobra: blindar sua empresa é tão vital quanto blindar sua vida. Quem constrói algo grandioso sabe que paz não é um capricho, é infraestrutura. Não confunda blindagem com mau agouro — essa superstição é o tipo de ingenuidade que custa caro. Blindar é reconhecer que a vida é feita de incertezas e, ainda assim, honrar seu dever de proteger o que se ama.

A construção de riqueza exige menos romantismo e mais arquitetura estratégica. Fé, sim, mas fé madura. Que, como ensina a escritura, ora e vigia.

✦ REGISTRE

Qual aspecto da sua vida financeira ainda está desprotegido? Que ação concreta você pode tomar hoje para blindar seus sonhos e suas conquistas?

8 dezembro

A fruta não cai longe do pé.

Dia 342 de 365

Outro dia, em meio a uma conversa com uma amiga, ouvi seus relatos sobre conflitos no trabalho. Ela se queixava do assédio vindo da chefia — um cenário lamentavelmente comum. Contudo, entre suas palavras, algo emergia: ela também ocupava posição de liderança e acumulava queixas semelhantes de sua própria equipe.

Foi inevitável recordar-lhe o velho adágio: "O fruto não cai longe do pé". Não como acusação, mas como convite à lucidez. Resultados, sejam eles doces ou amargos, quase nunca são frutos do acaso. São colheitas fiéis das sementes que, consciente ou inconscientemente, lançamos ao longo do caminho.

No caso dela, a ausência de limites era a raiz silenciosa da desordem. Quem não impõe limites a si mesmo dificilmente respeita os dos outros. A vida que colhemos não é a vida que *desejamos* em noites insones, mas a que *toleramos* nos atos cotidianos. Falo também de mim. Durante anos minhas finanças tiveram roteiro semelhante: reclamava dos boletos, das dívidas, como se fosse uma conspiração cósmica, mas era apenas a consequência de uma omissão deliberada: a escolha imatura de não olhar para a realidade.

Não somos vítimas passivas do destino. Somos autoras teimosas de nossa história. E toda história mal escrita cobra seu preço: em ressentimento, em estagnação, em pobreza material & emocional. Hoje, te convido a olhar com honestidade para os frutos que a vida vem te entregando. Se não gostou da colheita, não amaldiçoe o céu. Replante(-se).

✦ REGISTRE

Qual limite você precisa aprender a impor — a si mesma ou ao mundo? Que novo plantio deseja iniciar agora?

9 dezembro

Tempo de refluxo.

Dia 343 de 365

Meu marido é uma marcha constante. Um relógio impecável. Um compasso que não falha. Sua energia segue como um rio firme e disciplinado. Admirável, sem dúvida, mas muito distante da natureza líquida que se passa em meu corpo. Apesar dos bons hábitos que cultivo, minha disciplina tem outro desenho. Percebo com nitidez: sou feita de fluxos. De marés. Hoje, enquanto escrevo este livro, menstruo. E minha energia encontra-se nas margens mínimas do que sou capaz de ofertar ao mundo. Até as palavras, que tantas vezes vinham em cascata, hoje se desenham lentas, pesadas. Mas faço questão de deixar este registro: talvez você também esteja assim, em dias de maré baixa.

As antigas civilizações compreendiam com sabedoria o que a modernidade parece ter esquecido: a vida pulsa em ciclos. Cada dia, cada estação, cada fase lunar tinha seu propósito, sua intenção sagrada. Era tempo de semear, tempo de colher, tempo de se recolher. Hoje, reconhecendo meu refluxo, escolhi honrá-lo. Troquei a musculação vigorosa por uma sequência suave de ioga ao ar livre. Alonguei meu tempo na cama. Estiquei os movimentos do corpo como quem acaricia o próprio cansaço. Respeitei o vazio para que ele me prepare, silenciosamente, para o próximo transbordar.

Na economia pessoal, a dança é a mesma. Há tempos de investir mais. Tempos de investir menos. Tempos de resguardar. Tempos de desfrutar. Quem não reconhece as marés corre o risco de naufragar. Ora por avareza, ora por imprudência. Saber discernir o tempo é, também, sabedoria financeira. Não tema o refluxo. Ele não é retrocesso. É convite à preparação para a próxima onda. Aceite os dias mais lentos como parte inseparável da riqueza da vida.

✦ REGISTRE

Em que área da sua vida você sente que é tempo de recolhimento? Como pode honrar seus ciclos naturais — pessoais e financeiros — para prosperar com mais sabedoria?

10 dezembro

Curiosidade também enriquece.

Dia 344 de 365

Talvez, a esta altura deste diário, você se pergunte: "Como pode ter tanta história? Tanta metáfora? Tanta citação de livro, música, arte, filme, filosofia?". E a resposta, minha cara leitora, não é privilégio intelectual nem bagagem de quem rodou o mundo, nem acesso a uma biblioteca secreta das grandes mentes. A resposta é simples: curiosidade.

Não se trata de genialidade, mas de paixão pela vida. É estar inteira ao atravessar uma rua. Perceber o tom da voz da amiga. Anotar o nome daquele filme que alguém que você admira mencionou por acaso. Perguntar-se o que aquele quadro antigo na parede de uma padaria do interior está querendo te contar.

Construir riqueza não é só uma questão de planejamento financeiro. É criar soluções. Porque, mesmo que você não empreenda, mesmo que nunca escreva um livro ou crie um produto, a sua vida vai exigi-las. E as melhores soluções vêm de boas conexões. Da disposição de fazer pontes entre assuntos improváveis. De transformar uma conversa atenta com o motorista do Uber em ideia. Um samba antigo em plano de ação. Uma dor vivida em sabedoria transmitida.

Criatividade não é dom. É domínio. É reler o mundo com olhos de principiante. Aprendi com Murilo Gun que criatividade é reaprender. Ter profundidade em alguns temas, mas diversidade em muitos outros. É juntar filosofia com planilha. Física com arte. Dinheiro com dança. Fé com investimento. A riqueza que multiplica é aquela que faz da vida um grande campo de observação. E que transforma chumbo em ouro. Que reconhece profundidade & curiosidade como investimentos.

✦ REGISTRE

Em que momento você parou de se interessar pelas coisas?
O que pode fazer hoje para reacender sua rica curiosidade?

11 dezembro

Não há crescimento sem investimento.

Dia 345 de 365

Durante muito tempo, resisti a pagar o preço do desenvolvimento. Não queria gastar dinheiro com cursos, mentorias fora da minha formação profissional — na época jurídica. Ainda mais se era para sentar e estudar um assunto que me incomodava tanto: finanças. Achava caro demais. Preferia o atalho da tentativa, da esperança, do "agora vai". Mas quanto mais resistia, mais caro pagava, com dívidas que aumentavam à velocidade da luz, frustrações diárias, brigas homéricas, noites insones e uma energia vital drenada por problemas que se acumulavam junto às contas vencidas.

A ignorância é uma dívida silenciosa: ela não cobra à vista, mas no rotativo da vida. E os juros são altíssimos. Cada escolha adiada me cobrava um preço invisível: o tempo que não volta, a autoestima que se esgarça, os sonhos que vão murchando. Descobri, tardiamente, que o preço pago por escolha própria — com dinheiro, estudo e tempo intencional — é sempre o mais barato. Custava muito caro não saber. E demorei a entender.

Investir no próprio crescimento é um ato de responsabilidade com a vida que você diz querer construir. Riqueza não cresce na negligência. Cada real investido em bom conhecimento vale como semente de uma floresta que se multiplicará.

Hoje, olho para trás & vejo: todo ciclo de prosperidade em minha vida foi precedido por um investimento — financeiro, emocional, intelectual. Crescer é caro? Talvez. Mas mais caro ainda é permanecer pequena diante das possibilidades que a vida oferece.

✦ REGISTRE

Que área da sua vida está sendo hipotecada pela resistência em investir em si mesma? Que decisão pode plantar hoje para colher uma nova realidade amanhã?

12 dezembro

Permita-se ser vista!

Dia 346 de 365

Por muito tempo, crescemos acreditando que existir em voz alta era um crime. Fomos treinadas a esconder o corpo, o brilho, a opinião. Roupa discreta. Cabelo preso. Olhar baixo. Gestos comedidos. Diziam: "Não seja amostrada"; "Não queira aparecer". Aprendemos cedo que batom vermelho era sinônimo de vulgaridade e que a inteligência deveria ser discreta, quase sussurrada, para não perturbar o ego masculino.

Nos ensinaram que o prego que se destaca leva martelada. Que a beleza pode ser desconcertante. Que a alegria é imprudência. Que a ambição é desatino. Pois hoje eu te convido: abandone essa mortalha invisível que te fizeram vestir. Queira aparecer. Queira se ver. Queira honrar sua existência. Vista sua melhor roupa. Passe aquele batom que te acende. Deixe o brinco balançar livremente, como bandeira erguida no vento. Perfume-se com seu cheiro predileto.

Porque, quando você se apequena na vida, também se apequena no bolso. Quando silencia seu valor, aceita rentabilidades pálidas, salários minguados e lucros acanhados para não "aparecer demais". E tudo que é reduzido, murcha. Tudo que é negado, adoece. Você não veio a este mundo para ser morna. Você veio para ser aurora, verão, tempestade de pétalas. Você veio para ser monumento da vida em movimento. Não se economize. Não se apague. Deixe sua luz brilhar — no olhar, no riso, no patrimônio.

✦ REGISTRE

Hoje, escolha uma forma concreta de se fazer vista.
Ponha sua melhor roupa — ainda que seja para ir ao mercado.
Passe o batom da sua cor predileta. Reivindique a potência
que existe em ser você. Liberte-se do armário onde esconderam
seu brilho. A riqueza gosta de quem ousa se reconhecer.

13 dezembro

Cuide dos seus ouvidos.

Dia 347 de 365

Com frequência, escuto alunas & mentoradas relatarem as vozes dissonantes ao redor: "Pra que tudo isso?"; "Você já tem um salário tão bom, por que mudar de carreira?"; "Investir? Melhor não. Fulano perdeu tudo". A minha pergunta é sempre a mesma: o que essa pessoa sabe? Mais do que isso: o que essa pessoa construiu? Cansei de ser chamada de louca quando comecei a investir e depois quando decidi empreender. A sociedade é pródiga em emitir julgamentos gratuitos. Familiares, colegas e até desconhecidos oferecem palpites sobre caminhos que nunca percorreram, sonhos que jamais ousaram sonhar. Há uma lição essencial aqui: jamais aceite conselhos de quem não construiu o que você deseja realizar.

Buscar a aprovação irrestrita de quem permanece na zona do marasmo é insanidade. Seria como consultar um florista sobre engenharia de pontes ou um maratonista sobre física quântica. Não há lógica. No entanto, em momentos de insegurança, muitas mulheres abrem espaço para dúvidas plantadas por quem não compreende a jornada que escolheram trilhar. É preciso respeito para ouvir, mas discernimento para filtrar. Muitas vezes, essas opiniões não dizem nada sobre você, e tudo sobre os medos e limitações de quem as profere. Não suspenda seus sonhos em nome dos delírios alheios, mesmo que venham das pessoas que você mais ama.

Se você estuda, se segue um método validado, se busca orientação técnica, é provável que saiba mais sobre finanças do que 99% da população — incluindo gerentes de banco e assessores. Honre o seu caminho. Confie na sua trajetória. A verdadeira autoridade na sua vida é você.

✦ REGISTRE

Em que área da sua vida você tem escutado quem nunca construiu o que você sonha? Que decisão você pode reafirmar hoje, em respeito à mulher que está se tornando?

14 dezembro

Fundos de investimento? Não, obrigada.

Dia 348 de 365

Em *Suficiente*, John C. Bogle — fundador da Vanguard e criador dos fundos mútuos de baixo custo — denuncia, com elegância e dados irrefutáveis, uma verdade incômoda: o mercado de fundos de investimento não foi desenhado para servir ao investidor. Foi estruturado para servir a si mesmo. Enquanto 13% dos fundos faliram na década de 1950, esse índice chegou a 60% na década de 2000. Porque, nas palavras do próprio Bogle, "a habilidade de vender superou a de servir". E quem paga a conta? O pequeno investidor. É ele quem sustenta as taxas, os giros desnecessários, a ilusão de gestão ativa eficiente — que, na prática, perde sistematicamente para o mercado.

Após mais de uma década de experiência, endosso essa visão. Já paguei meu preço em fundos ruins, assessorias interesseiras e produtos que beneficiavam apenas os vendedores, nunca os meus próprios sonhos. Hoje, minha política é clara: fundos? Raríssimas exceções. Fujo de fundos de renda fixa, multimercado, ações. Permito-me, criteriosamente, fundos imobiliários sólidos, fundos de debêntures incentivadas e os ETFs da própria Vanguard — os raros que honram o investidor. O problema, porém, extrapola os fundos. Infesta assessorias, bancos, plataformas. Onde deveria haver orientação, há venda inescrupulosa. Onde deveria haver prudência, há pressa e manipulação.

Foi a educação financeira que me libertou. Que me deu autonomia para atravessar crises, pandemias e euforias do mercado sem perder o prumo. Essa é a autonomia que desejo para você. Porque enriquecer não é terceirizar, é se responsabilizar. E ninguém nunca vai cuidar melhor do seu dinheiro do que você mesma.

✦ REGISTRE

Você tem confiado cegamente seu patrimônio a terceiros? Que passo pode dar hoje para assumir, de vez, o protagonismo da sua vida financeira?

15 dezembro

Há riqueza no vale.

Dia 349 de 365

Foi numa noite silenciosa que terminei *A biblioteca da meia-noite*, de Matt Haig. Um livro que quase me escapou às mãos. Popular demais, comentado demais, resenhado demais. E, confesso, o meu preconceito literário quase me convenceu de que ali não haveria profundidade. Mas, como tantas vezes na vida, fui surpreendida pela indicação de uma amiga.

A narrativa me envolveu devagar. Como quem segura na nossa mão e leva para um mergulho profundo. E ali, na reta final, uma frase me saltou: "Não existe um certo modo de viver que nos torne imunes à tristeza. A tristeza é parte intrínseca do tecido da felicidade". Silenciei. Quantas vezes desejei uma vida sem dor? Quantas vezes tentei blindar o coração para não sofrer? Quantas vezes acreditei — e talvez você também — que felicidade era ausência de dias nublados?

Mas a verdade é que só conseguimos enxergar a beleza do mundo porque há contraste entre a luz & a sombra. A música só emociona porque houve silêncio. A leitura só é possível porque há vazios. Quantas obras nasceram da dor? Quantas músicas surgiram de um rompimento? Quantas telas foram pintadas no luto? A tristeza não é inimiga. Ela é professora. E ensina o que a alegria jamais poderia nos revelar. Ela nos leva para dentro. Nos obriga a parar, escutar, repensar. Nos apresenta a um outro lado de nós mesmas. Mais profundo, mais íntegro. Há na tristeza uma beleza preta e branca que não deve ser negada.

Da próxima vez que a tristeza te visitar, permita-se atravessar o vale com dignidade. Como propõe Viktor Frankl em seu livro *Em busca de sentido*: "Seja digna do seu sofrimento". Há propósito no silêncio. Há riqueza no vale.

✦ REGISTRE

Qual tristeza você ainda tenta apagar da sua história? O que ela pode estar tentando te ensinar? Que beleza você pode encontrar, mesmo no vale?

16 dezembro

Missão "mim": um chamado à altura da sua grandeza.

Dia 350 de 365

Há dois anos, durante uma tarde de planejamento estratégico na Multiplique, nasceu um novo horizonte para nossa missão. Sustentamos a bandeira que já pulsa em nossa alma — quanto mais mulheres ricas no mundo, melhor —, mas sentimos que era hora de refinar. De ser ainda mais intencionais. E, então, ousamos: lançamos um chamado direto, concreto, irrefutável. Queremos formar Mil Investidoras Milionárias até 2034.

Essa ideia não surgiu no vazio. Ela é filha dos dados, da análise e da esperança. Estudos do Credit Suisse projetavam o crescimento acelerado do número de milionários no Brasil. Sim, no masculino. O número de mulheres investidoras na Bolsa saltava, mas seguia restrito a menos de 30% do mercado. Ainda assim, aquelas que investiam tinham coragem de investir o dobro que os homens. Era inevitável a provocação: se temos o potencial, por que não reunir essa força? Se o ambiente nos molda — como mostram pesquisas de epigenética & economia comportamental da PUC-Campinas e da USP —, criar um ambiente de futuras milionárias é criar um novo mundo.

Pesquisas divulgadas pela UN Women também apontam amplamente que, quando uma mulher enriquece, ela não enriquece sozinha. Ela puxa outras. Abre portas. Amplia possibilidades. Transforma gerações. Por isso, hoje, faço uma convocação: se você sente o chamado para chegar ao seu primeiro milhão investido, atenda. Cerque-se de quem sonha grande, fale sobre dinheiro sem melindres, estude com disciplina, proteja sua visão. O mundo precisa de você mais rica. A sua família precisa. Você mesma precisa. Porque, quando a maré sobe, todos os barcos sobem. Que sejamos muitas. Que sejamos fortes. Que sejamos milionárias — não apenas pelo patrimônio, mas pela nova economia que estamos criando juntas.

✦ REGISTRE

Com que projeto pessoal grandioso você pode se comprometer hoje? O que vai fazer para iniciá-lo agora?

17 dezembro

Não fica mais fácil.

Dia 351 de 365

Certa vez, uma amiga muito querida — que me conhece há anos, sabe das minhas vulnerabilidades & conquistas — me perguntou: "Amiga, como é ser milionária? Como é sentir que tem dinheiro infinito? Como é não ter problemas?". Respondi com sinceridade: "Não sinto que tenho dinheiro infinito. Por isso mesmo gasto com respeito, invisto com responsabilidade. E tenho muitos problemas!".

Entendi o que ela quis dizer. Hoje não preciso me preocupar com boletos nem com o mercado ou com o custo do médico. Posso contar com uma equipe, delegar tarefas, concentrar energia no que mais me atrai. E, sim, algumas coisas ficam mais confortáveis. Mas a vida não fica necessariamente mais fácil.

O que acontece é que você cresce. Como num jogo de video game, aquilo que antes era um problemão, agora parece pequeno, porque você se tornou maior do que ele. O "chefão" da fase um, na fase cinco, já nem assusta mais! Só que aqui mora o paradoxo: se você se tornou uma mulher de tamanho dez, os problemas de tamanho dois somem. Mas surgem os de tamanho quinze, vinte... E esse é o jogo. Riqueza não é ausência de desafio. É expansão diante dele. É o que Nassim Nicholas Taleb chamaria de antifragilidade.

Não tema o problema de tamanho doze. Resistir ao crescimento adoece. Você pode achar difícil mudar, estudar, investir e transformar sua vida financeira agora. Mas difícil mesmo é viver pequena, frustrada, à margem de si. A pergunta que te deixo hoje é: se ser rica é difícil e ser pobre também é, qual "difícil" você escolhe viver?

✦ REGISTRE

Em que aspecto da sua vida você está esperando que tudo fique mais fácil? E se, em vez disso, você decidisse se tornar maior do que seus desafios, o que faria hoje?

18 dezembro

Tire o S da crise.

Dia 352 de 365

No clássico *Os segredos da mente milionária*, T. Harv Eker afirma: "Pessoas ricas veem oportunidades. Pessoas de mentalidade pobre veem obstáculos". Concordo, mas avanço: pessoas que enriquecem verdadeiramente tiram o S da crise.

Crise é apenas um pedido urgente de criação. Um convite para fazer de modo novo o que já vinha sendo feito de maneira automática. Uma crise conjugal exige recriar a relação. Uma crise econômica global exige recriar negócios, fluxos, estratégias. Ao removermos o S da palavra "crise", a resposta aparece: *crie*.

Essa percepção ficou clara para mim ainda nos tempos de Polícia Militar. Estudando gerenciamento de crises, entendi que toda divergência — da negociação mais complexa à briga pelo controle da TV — é, essencialmente, uma crise. E toda crise carrega em si o embrião da solução.

A cultura nos ensinou a temer a crise como se ela fosse um monstro desgovernado. Mas ela é apenas o anúncio: "O que te trouxe até aqui já não será suficiente pra te levar adiante". Não é sentença, é o chamado à evolução.

Por isso, na próxima vez que uma crise financeira — pessoal ou global — cruzar seu caminho, abandone o muro das lamentações. Troque a pergunta "Por que isso está acontecendo comigo?" por "Para que isso está acontecendo comigo?". A resposta é sempre: para te fazer crescer. Quem enriquece não foge da crise. Não dramatiza. Cria.

✦ REGISTRE

Qual crise atual está te convidando a criar um novo caminho?
Que solução você pode começar a gestar hoje?

19 dezembro

Solitude também enriquece.

Dia 353 de 365

Há uma beleza silenciosa na solitude que poucas pessoas têm coragem de tocar. Morar sozinha foi uma das experiências mais ricas que já vivi. Foi no convívio com o próprio silêncio que percebi que a mente — e não o mundo — era a principal origem dos meus conflitos. Ali, longe das vozes externas, descobri nuances de mim mesma que jamais teria encontrado em companhia constante.

Hoje, casada, ainda cultivo intencionalmente momentos de solitude: almoçar só, treinar só, ler só, investir só. A solitude me ensinou a pedir licença para o silêncio. E, talvez, a maior sabedoria: conviver melhor comigo e, portanto, com todos ao meu redor.

Estudos da Universidade Durham, no Reino Unido, mostram que períodos regulares de solitude elevam a clareza mental, fortalecem a autonomia emocional & aumentam a capacidade de tomada de decisão — habilidades fundamentais para a construção de uma vida próspera.

Por outro lado, me assusta ver que muitas mulheres chegam à Multiplique sem jamais terem experimentado estar consigo mesmas. Saíram da casa dos pais para o casamento, depois para os filhos, e se perderam nas rotinas alheias. Nunca foram a um banco sozinhas. Nunca almoçaram sozinhas. Nunca se ouviram de verdade.

Se esse é o seu caso, comece pequeno. Um café solitário. Uma ida ao cinema. Um passeio. Um investimento feito com as próprias mãos. A solitude é um berçário de força. Um respiro de discernimento. Um restauro da autonomia. Permita-se. Sua riqueza agradece.

✦ REGISTRE

Como você pode incluir momentos de solitude intencional na sua rotina? Que encontro consigo mesma está adiando?

20 dezembro

Nenhuma falência começa no dia em que a conta zera.

Dia 354 de 365

Outro dia, uma amiga me contou que se divorciou. Ela e o ex-marido eram meus amigos queridos, daqueles casais por cuja felicidade & prosperidade a gente torce mesmo. Eu sabia que estavam passando por dificuldades, tinham até feito um "afastamento estratégico". Mas o tempo passou, as coisas não mudaram. O fim chegou. Fiquei triste. E essa situação me lembrou de uma coisa que sempre digo: nenhuma separação começa na assinatura no cartório. Nenhuma falência começa na conta zerada. Nenhum endividamento acontece com uma única compra. O fim se instala aos poucos — nas negligências silenciosas.

A gente acha que o amor aguenta tudo. Que o corpo aguenta tudo. Que o dinheiro vai se multiplicar sozinho. Achamos que, só porque um dia foi conquistado, não precisa mais de atenção. Mas tudo que é vivo precisa de nutrição. Amor precisa de presença. Saúde precisa de cuidado. Dinheiro precisa de atenção. A ausência é corrosiva. E a rotina, quando negligente, pode ser fatal. Você diz que se ama, mas não cuida da saúde. Diz que ama seu companheiro, mas não namoram há meses. Diz que quer enriquecer, mas nem sabe para onde vai o seu dinheiro. É assim que o fim começa. No desleixo, no adiamento, na crença de que "vai ficar tudo bem". Só que não fica. E quanto mais tempo você demorar a olhar, mais cara será a conta — nem sempre apenas financeira.

Faça um exercício: projete sua vida nos próximos cinco anos fazendo exatamente o que você tem feito. Gostou do resultado? Ótimo, continue. Mas se não gostou, mude. Ainda dá tempo. Mas só se você parar de fingir que "ainda não é hora".

✦ REGISTRE

Que área da sua vida você tem deixado de lado? O que você pode fazer hoje para interromper a negligência e recuperar o que ainda pode ser próspero?

21 dezembro

Sozinhas, vamos mais rápido;
juntas, vamos mais longe.

Dia 355 de 365

Em uma pesquisa conduzida por Jackie e John Coleman, da Universidade Harvard, descobriu-se que pessoas que percorrem uma jornada em dupla — seja na academia, no aprendizado de um novo esporte ou na construção de um projeto financeiro — têm significativamente mais chances de perseverar e alcançar seus objetivos. A presença de uma parceira não apenas encoraja, mas eleva o patamar das nossas possibilidades.

Foi exatamente esse o impulso que me levou a criar a Multiplique: eu desejava ter mulheres ao meu lado, e as primeiras que convoquei foram minhas próprias amigas. Companheiras de sonho & estratégia. Ao longo da jornada, percebi que, até mesmo em grupos de negócios, eram raras as conversas honestas sobre dinheiro que ultrapassavam a superfície dos faturamentos. Queria falar de investimento, de liberdade, de patrimônio, de herança. De projeto de vida. E encontrei — criando.

Hoje, te convido a buscar também a sua parceira de jornada. Uma amiga, uma irmã, uma colega. Uma mulher que se permita conversar sobre dinheiro sem escusas, sem culpa, sem ostentação, mas com leveza, sobriedade e transparência. Leve o tema para suas rodas. Sem forçar. Sem corrigir. Apenas inspirando com a sua própria caminhada. E, se ainda não encontrar essa companhia ao seu redor, lembre-se: você sempre terá um lugar entre nós, na Multiplique. Afinal, estamos juntas construindo o mundo que desejávamos ter herdado.

✦ REGISTRE

Quem poderia ser a sua parceira de jornada? Que conversa você pode iniciar ainda esta semana para construir uma rede de prosperidade ao seu redor?

22 dezembro

Uma ode às mulheres que nos formaram.

Dia 356 de 365

Poucas vezes homenageei pessoas neste livro. Mas hoje abro espaço para uma reverência: à mulher, professora e filósofa que me formou, mesmo sem nunca termos nos encontrado. Hoje é dia de Lúcia Helena Galvão Maya, uma das maiores mestras da atualidade.

Conheci sua voz em 2014, num daqueles momentos em que tudo parecia ruir. Eu buscava me reerguer. Sair das dívidas. Entender a vida. E foi entre cliques solitários no YouTube, a 3,5 mil quilômetros de distância dos únicos amigos e familiares que eu tinha, que encontrei suas palestras. Comecei a ouvir com intenção. Filosofia viva. Filosofia prática. Filosofia que se senta ao nosso lado no meio da rotina, que enxuga nossas lágrimas, dizendo: "Levanta, tem mais vida te esperando".

Desde então, minha história mudou. Não me surpreende ver que o marco dessa virada coincide com a chegada de suas palavras em minha vida. Foram incontáveis os dias em que, tomada por angústia, busquei respostas em suas palestras. E encontrei. Troquei a terapia pela filosofia. Encontrei consolo, integração, elevação. Sua voz me centrava. Suas palavras me limpavam por dentro. Sua presença, mesmo digital, despertava em mim uma versão mais nobre, mais digna, mais serena.

Sou profundamente grata à mulher que enfrentou os "nãos", os olhares tortos, a resistência da própria mãe. Grata à mulher que há décadas entrega sua inteligência, seu tempo, sua alma a uma grande obra de reconstrução humana. Acredito que ela será lembrada nos livros de história. Lúcia Helena é patrimônio brasileiro. E me honra ser sua contemporânea. Se hoje sou quem sou, devo muito às sementes que ela lançou em mim. Sigo as plantando & regando todos os dias.

✦ REGISTRE

Quem foram — ou ainda são — suas mestras? Que mulheres ajudaram a forjar quem você é hoje? Que referência você escolhe honrar com a vida que está construindo?

23 dezembro

Parâmetro de sucesso.

Dia 357 de 365

Se você me acompanha há algum tempo, já deve ter me visto compartilhar a conquista de alguma aluna e intitular: "Parâmetro de sucesso". Em todo planejamento estratégico empresarial, definir os parâmetros de sucesso é inegociável. Curioso é que, na vida pessoal, tantas vezes nos esquecemos disso. À medida que o ano se despede, somos naturalmente conduzidas à reflexão: "O que significou sucesso para mim este ano? E o que significará no próximo?". Mas cuidado: sem parâmetros definidos, você corre o risco de medir sua vida com a régua alheia.

Recordo quando, com minha nutricionista, estabelecemos um parâmetro claro: reduzir o percentual de gordura. Não importava o peso na balança nem a circunferência na fita métrica — nossa bússola era outra. E seguimos fiéis a ela. Assim também foi na saúde mental: o parâmetro era o tempo dedicado à meditação, não a ausência de pensamentos. No relacionamento conjugal, certa época, elegi como critério a maturidade das respostas — permanecer sóbria mesmo nos dias em que o temperamento estremecia.

Porque é fácil se perder quando não se sabe o que está buscando. É fácil confundir sucesso com aprovação, conquista com aplauso, vida com vitrine. Hoje, te convido a não deixar isso ao acaso. Defina seus próprios parâmetros. Com clareza, com maturidade, com honestidade. Que o sucesso, para você, não seja apenas o que o mundo celebra, mas o que sua alma reconhece como evolução.

✦ REGISTRE

Quais serão seus verdadeiros parâmetros de sucesso para o ano que está por nascer?

24 dezembro

Que haja luz através de você.

Dia 358 de 365

Hoje, em milhares de cidades ao redor do mundo, mesmo sob o véu comercial, ainda se celebra a luz. Luz que atravessa o tempo, que ecoa nascimento, criação, coragem. Em cada história contada hoje — seja no presépio simples ou nos altares dourados —, revive-se o milagre: menina que vira mulher, mulher que se torna mãe, homem que se faz pai, ser que se reconhece filho.

Para mim, este dia é isto: o dia em que o potencial se torna potência. Em que aquilo que poderia vir a ser diz "Eu Sou". O dia em que parimos a nós mesmas & nos permitimos iluminar o mundo com nossas criações. O dia em que deixamos de ser apenas criaturas e temos a ousadia de parir projetos, ideias, sonhos que iluminam a Terra. A maternidade — literal ou simbólica — é, em essência, o ato de cocriar com o divino. É escolher dar à luz nossa melhor versão, trazer ao mundo a semente numinosa que recebemos como sopro de vida.

E onde o dinheiro entra nisso? Ele é veículo. É o meio propulsor dessas criações, expandindo a luz que carregamos dentro de nós. Em abundância, em amor, a serviço da grande obra da qual todas fazemos parte. Que hoje, inspiradas naquele casal histórico que aceitou uma missão incompreensível aos olhos da época — mas perfeitamente alinhada ao chamado da alma —, também aceitemos a nossa missão. Que sejamos veias por onde corre o bem. Que sejamos, também, mães da esperança, fiandeiras da luz, colaboradoras intencionais da riqueza divina que nutre e faz prosperar abundantemente este mundo.

✦ REGISTRE

Que projeto, sonho ou ideia você sente que é hora de trazer à luz? Qual criação sua pode ser, hoje, um farol para si mesma e para o mundo?

25 dezembro

Permita-se provar de novo.

Dia 359 de 365

Quando eu era criança, não gostava de feijão. Não sei ao certo em que momento começou esse asco, mas a aversão tornou-se parte de mim. A vida seguiu e, por décadas, repeti sem hesitar: "Eu odeio feijão". Até que, um dia, por alguma razão desconhecida, me permiti prová-lo novamente — e me apaixonei. Pensei, rindo de mim mesma: "Como pude viver tanto tempo sem isso?".

Curioso como pequenas histórias revelam grandes verdades. Muitas vezes, perpetuamos percepções cristalizadas sobre a vida, sobre nós mesmas, sem nunca as questionar. Fazemos o mesmo com o dinheiro. Em algum ponto da infância, talvez tenhamos cruzado com um professor árido, uma experiência humilhante, um ambiente onde números pareciam monstros e, sem perceber, associamos finanças ao sofrimento. O que ninguém nos contou é que dinheiro não é uma ciência exata. É uma questão de emoções, decisões, comportamentos sociais. Se fossem apenas números, bastaria uma calculadora para garantir riqueza, e sabemos que não é assim. Quantas vezes você repetiu, sem reflexão, que "dinheiro é problema"? Quantas crenças herdadas carregou, sem jamais provar o gosto real do que é ter uma vida financeira feliz & satisfatória?

É preciso coragem e humildade para revisitar o que um dia rejeitamos. Para trocar a lente da escassez pela da abundância. Para reconhecer que, talvez, o problema não fosse o feijão (ou a uva-passa) —, mas o preparo, o contexto, o paladar infantil. Assim também é com o dinheiro: talvez você só precise de uma nova referência, de um novo método, de uma voz que fale à sua alma. Permita-se se reencontrar com o dinheiro de outra forma. Talvez, como no caso do feijão, você descubra que ele é o seu novo prato preferido.

✦ REGISTRE

Que percepção antiga sobre dinheiro você está pronta para abandonar? O que você vai se permitir experimentar novamente — agora com a sabedoria da mulher que você se tornou?

26 dezembro

Você é mais rica do que costuma se lembrar.

Dia 360 de 365

Hoje, te proponho uma travessia íntima que sempre sugiro às minhas alunas: a jornada dos setênios. Separe sua história em blocos de sete anos — dos 0 aos 7, dos 8 aos 14, dos 15 aos 21... até alcançar sua idade atual. Pegue uma calculadora, se precisar. Não é prova de matemática, é um resgate de si.

Em cada ciclo, procure as memórias financeiras que te atravessaram. Lembranças boas do que o dinheiro pôde te proporcionar. Não apenas grandes conquistas, mas também as pequenas dádivas: o sorvete partilhado nas férias, a canetinha nova no início das aulas, a primeira viagem, a primeira conta paga com o próprio salário. Dois minutos por setênio e um mergulho profundo no que o dinheiro já te possibilitou viver.

Permita que a ternura te invada. Perceba: você já recebeu muito mais do que costuma registrar. Num país em que mais de 40 milhões são analfabetos funcionais, o simples fato de ler estas linhas já é uma bênção. Ter acesso a livros, tempo para refletir, tempo para celebrar são camadas invisíveis de uma riqueza que não se mede apenas em cifras.

Hoje, desejo que você se aproprie de toda essa abundância. Que reconheça quanto já gerou, já recebeu, já proporcionou. Quanto já é. A prosperidade que você busca também busca por você. Retome seu lugar de força. Retome o prumo da sua história. Lembre-se: você é herdeira de infinitas possibilidades.

✦ REGISTRE

Que memórias financeiras te atravessaram em cada setênio da sua vida? Quais bênçãos você já pode — e deve — reconhecer?

27 dezembro

Planilhas não mostram números — revelam histórias.

Dia 361 de 365

Costumo dizer às minhas alunas que planilhas são muito mais do que ferramentas de gestão financeira: são instrumentos de autoconhecimento. Cada linha preenchida, cada categoria somada, cada valor lançado é, na verdade, um registro silencioso das nossas prioridades e, muitas vezes, das nossas dores negadas.

Muito além dos saldos, uma planilha revela padrões. Mostra onde seu desejo pulsa. Onde sua ansiedade grita. Onde suas carências pedem socorro. Não se trata de conferir números diariamente, como uma carcereira do próprio orçamento. No método Multiplique de enriquecimento, ensinamos a registrar as movimentações financeiras no WhatsApp da Riqueza, um ponto de controle diário, simples & eficaz, para que apenas uma vez por semana você lance seus dados numa planilha e, aí sim, observe: "O que venho priorizando? O que venho tentando silenciar com os gastos?". Um momento íntimo de olhar para si mesma.

Não é raro que por trás de um "eu mereço" esteja escondido um "eu não aguento mais". Que por trás de cada compra impulsiva haja uma necessidade não atendida. As planilhas mostram a superfície, mas o que transforma é a permissão de mergulhar. Saúde, estética, casa, roupas, restaurantes, estudos — onde sua energia vital tem sido investida? Que emoções você vem tentando anestesiar ou amplificar? Riqueza de verdade não nasce da matemática. Nasce da auto-observação. Por isso, um bom método não é aquele que apenas soma despesas, mas aquele que te ensina a se enxergar.

✦ REGISTRE

O que seus extratos financeiros estão tentando te contar? Que nova história você gostaria de escrever sobre sua relação com o dinheiro?

28 dezembro

Nem tudo que conta pode ser contabilizado.

Dia 362 de 365

Fim de ano. A presença nas redes sociais cresce. Em meio aos votos de felicidade, às fotos ensolaradas, aos brindes de confraternização, percebo: há mais olhos vidrados e também mais corações distraídos. É natural que, com mais tempo livre, queiramos ver rostos conhecidos, compartilhar momentos de alegria. Mas é preciso cuidado: junto com as luzes do Natal, surgem as armadilhas da comparação. Medir seu sucesso pelas vitrines digitais é comparar sua história inteira com um recorte de vinte segundos editados. Cruel. Desproporcional. E, sobretudo, injusto.

Nossa mente prega peças. Redes sociais, quando mal administradas, amplificam essas armadilhas. Fazem esquecer que nem tudo o que importa pode ser fotografado. Nem todo avanço é visível. Nem toda conquista cabe em legenda. Segundo conta John C. Bogle no livro *Suficiente*, Einstein, sábio até no que expunha nas paredes, mantinha em sua sala uma placa simples: "Nem tudo que conta pode ser contabilizado". Também poderíamos dizer "fotografado"!

A verdadeira riqueza, neste fim de ano, talvez seja justamente esta: resistir ao apelo da pressa, da comparação, do olhar viciado. Viver momentos em *slow motion*. Sentir o cheiro do café fresco. Rir com alguém até perder a hora. Abraçar sem pensar no enquadramento da foto. Admirar um pôr do sol sem precisar postá-lo.

Permita-se estar inteira no que realmente importa. Nenhuma rede social jamais será capaz de registrar a saúde mental conquistada, a paciência desenvolvida ou o silêncio honroso de quem resistiu aos dias mais difíceis da vida. Permita-se viver no *off*! Honre sua jornada!

✦ REGISTRE

Em quais momentos você pode escolher viver mais no mundo real e menos no virtual? Que experiências deste fim de ano merecem ser sentidas, e não apenas registradas?

29 dezembro

Você não sabe o quanto eu caminhei.

Dia 363 de 365

Nesta época do ano, há uma música que sempre me visita como uma velha conhecida: "Você não sabe o quanto eu caminhei pra chegar até aqui". E é verdade. Ninguém jamais saberá o quanto você caminhou — nem pelos vales sombrios da alma, nem pelos sonhos que te acordavam às três da manhã, ora em êxtase, ora em angústia.

Ninguém viu as lágrimas silenciosas que você secou. Os "nãos" que engoliu. As renúncias que abraçou. Tudo aquilo que te custou, muito além do que a conta bancária pode registrar. Esse reconhecimento — o mais profundo e verdadeiro — jamais virá de fora. Virá de você. E talvez, se você crê, de Deus, pois como diz outra canção que carrego no peito, "a quem Deus prometeu, nunca faltou".

Gosto de recordar nesta travessia do ano uma história antiga. Certa vez, uma mulher, olhando para trás, se revoltou ao ver na areia apenas um par de pegadas. Deus, que lhe prometera nunca a abandonar, parece tê-la deixado sozinha. Mas então a resposta vem: "Foi nos teus momentos mais difíceis que Eu te carreguei nos braços".

Quantas vezes, cansadas, arredias, julgamos ter sido esquecidas pelas graças, sem perceber que a própria vida é prova de redenção? Se estamos aqui, é porque ainda há solução, propósito e missão reservados para nós nesta Terra. Hoje, celebre com reverência o caminho que já percorreu. Não foi em vão. As pegadas não eram suas, eram de quem sustentava o seu progresso. Confie, a cada amanhecer, novas forças serão providenciadas. Reconheça suas vitórias. Todas elas. Principalmente as que mais te desafiaram.

✦ REGISTRE

O que você conquistou este ano, seja visível ou invisível?
Hoje, pelo que sente orgulho & gratidão?

30 dezembro

Avance primeiro onde o dinheiro não toca.

Dia 364 de 365

Antes de escrever metas materiais, desenhar estratégias ou definir marcos financeiros para um novo ciclo, convido você a ousar ir além. Em todas as minhas imersões, palestras & cursos, faço a mesma provocação: "Quem você quer ser no próximo ano? E com quem você deseja caminhar?". Se a felicidade, em sua essência, é fruto da qualidade dos nossos vínculos, que nossos planejamentos comecem pelos relacionamentos. Conosco. Com quem amamos. Com quem admiramos e queremos acessar.

Quem mais influenciou o seu ano? Foi uma pessoa que te ajudou a evoluir ou que te drenou? Quem você foi, de fato, no ano que se encerra? Qual palavra poderia sintetizar sua versão deste ano? E, com honestidade, é essa mesma pessoa que você deseja levar para o próximo ano? Quando nos esquecemos dessas perguntas, corremos o risco de construir patrimônios sem propósito, conquistas sem vida, glórias vazias. Grandes fortunas não salvam relações despedaçadas. Cargos altos não curam solidões silenciosas.

Por isso, proponho uma inversão de ordem: antes dos avanços materiais, ouse planejar os avanços humanos. Escolha, intencionalmente, quem você quer se tornar. Escolha, sem culpa, quem você quer afastar. Escolha, com ousadia, com quem você deseja estreitar laços. Selecione a nova palavra que irá guiar o seu ano, inclusive norteando sua postura diante do seu dinheiro. Porque não é o saldo bancário que define uma vida rica, é a densidade dos encontros, a profundidade dos afetos, a coerência dos passos. A fortuna mais sólida nasce na intimidade do ser. Que o próximo ano seja, antes de tudo, o ano em que você se torna sua melhor obra.

✦ REGISTRE

Quem você foi neste ano que se encerra? Quem escolhe ser no que virá? Qual palavra vai conduzir sua nova caminhada?

31 dezembro

Escreva sua história.

Dia 365 de 365

A vida sempre se renova. Sempre temos novas & infinitas possibilidades. Você está diante de uma página em branco para construir sua própria mensagem, sua própria história. Deixe uma mensagem para a sua versão do futuro que chegará a esta página no próximo ano!

ARTIGOS E PESQUISAS CITADOS

ADAM, Hajo; GALINSKY, Adam D. "Enclothed Cognition". *Journal of Experimental Social Psychology*, v. 48, pp. 918-25, 2012.

ADLER, Gerhard; ANIELA, Jaffé (Orgs.). *Letters of C. G. Jung: Volume 2, 1951-1961*. Londres: Routledge, 1976.

AKERLOF, George A.; SHILLER, Robert J. *O espírito animal: Como a psicologia humana impulsiona a economia e por que isso importa para o capitalismo global*. Trad. de Afonso Celso da Cunha Serra. São Paulo: Campus, 2010.

AMERICAN PSYCHOLOGICAL ASSOCIATION. "Stress in America: Paying with our health". Washington, DC: APA, 2015. Disponível em: https://www.apa.org/news/press/releases/stress/2014/stress-report.pdf. Acesso em: 9 maio 2025.

ANBIMA. "Apenas 1% da população vai viver dos próprios recursos após os 60 anos". Disponível em: https://www.anbima.com.br/pt_br/noticias/apenas-1-da-populacao-vai-viver-dos-proprios-recursos-apos-os-60-anos.htm. Acesso em: 9 maio 2025.

_______. "Raio-x do investidor: mulheres planejam investir mais em 2025". Disponível em: https://www.anbima.com.br/pt_br/noticias/raio-x-mulheres-planejam-investir-mais-em-2025.htm. Acesso em: 10 maio 2025.

_______. "Raio-x do investidor: duas em cada dez pessoas se preparam financeiramente para a aposentadoria". Disponível em: https://www.anbima.com.br/pt_br/noticias/raio-x-do-investidor-apenas-duas-em-cada-dez-pessoas-se-preparam-financeiramente-para-a-aposentadoria.htm. Acesso em: 16 maio 2025.

ARIELY, Dan. *Previsivelmente irracional: As forças invisíveis que nos levam a tomar decisões erradas*. Trad. de Ivo Korytowski. Rio de Janeiro: Sextante, 2020.

BARRETT, Lisa Feldman. *How Emotions are Made: The Secret Life of the Brain*. Boston: Houghton Mifflin Harcourt, 2017.

BARRETT, Lisa Feldman et al. "Language and the Perception of Emotion". *Emotion*, Washington, DC, v. 6, n. 1, pp. 125-38, 2006.

CANNON, Brad et al. "Friends with Benefits: Social Capital and Household Financial Behavior". *National Bureau of Economic Research*. Working Paper n. 32186, mar. 2024. Disponível em: https://www.nber.org/papers/w32186. Acesso em: 11 maio 2025.

CHEVALIER, Gaétan et al. "Earthing: Health Implications of Reconnecting the Human Body to the Earth's Surface Electrons". *Journal of Environmental and Public Health*, v. 2012, 2012.

COLEMAN, Jackie; COLEMAN, John. "Increase the Odds of Achieving Your Goals by Setting Them with Your Spouse". *Harvard Business Review*, Boston, 3 fev. 2015. Disponível em: https://hbr.org/2015/02/increase-the-odds-of-achieving-your-goals-by-setting-them-with-your-spouse. Acesso em: 11 maio 2025.

CREDIT SUISSE. "Global Wealth Report 2022". Zurique: Credit Suisse Research Institute, 2022. Disponível em: https://api.brusselstimes.com/wp-content/uploads/2022/09/9c83b1b2-global-wealth-report-2022-en.pdf. Acesso em: 11 maio 2025.

DE BARROS, Duda Monteiro. "Descobertas mostram como o ser humano é capaz de reter imagens no cérebro". *Veja*, São Paulo, 1 abr. 2023. Disponível em: https://veja.abril.com.br/ciencia/descobertas-mostram-como-o-ser-humano-e-capaz-de-reter-imagens-no-cerebro. Acesso em: 10 maio 2025.

EMMONS, R. A.; MCCULLOUGH, M. E. "Counting Blessings Versus Burdens: An Experimental Investigation of Gratitude and Subjective Well-Being in Daily Life". *Journal of Personality and Social Psychology*, v. 84, n. 2, pp. 377-89, fev. 2003.

ESTUDO revela que acidentes com choque elétrico crescem 11,6% no Brasil de 2023 para 2024. *Equatorial Energia*, 21 jan. 2025. Disponível em: https://al.equatorialenergia.com.br/2025/01/21/estudo-revela-que-acidentes-com-choque-eletrico-crescem-116-no-brasil-de-2023-para-2024/#:~:text=Outro%20dado%20que%20tem%20causado,1205%20ocorr%C3%AAncias%20envolvendo%20situa%C3%A7%C3%B5es%20dom%C3%A9sticas. Acesso em: 16 maio 2025.

GIVING thanks can make you happier. *Harvard Health Publishing*, 14 ago. 2021. Disponível em: https://www.health.harvard.edu/healthbeat/giving-thanks-can-make-you-happier. Acesso em: 9 maio 2025.

GOOD, J. J.; WOODZICKA, J. A.; WINGFIELD, L. C. "The Effects of Gender Stereotypic and Counter-Stereotypic Textbook Images on Science Performance". *The Journal of Social Psychology*, v. 150, n. 2, pp. 132-47, 8 jun. 2010.

GROOT, Oliver de et al. "Why Global and Local Solutions of Open-Economy Models with Incomplete Markets Differ and Why it Matters". *National Bureau of Economic Research*, n. 31544, ago. 2023. Disponível em: https://www.nber.org/papers/w31544. Acesso em: 11 maio 2025.

HAGEN, Susan. The Mind's Eye. *Rochester Review*. Universidade de Rochester, Rochester, v. 74, n. 4, mar./abr. 2012. Disponível em: https://www.rochester.edu/pr/Review/V74N4/0402_brainscience.html. Acesso em: 10 maio 2025.

HAMMOUD, Ryan et al. "Smartphone-based ecological momentary assessment reveals mental health benefits of birdlife". *Scientific Reports*, v. 12, out. 2022. Disponível em: https://www.nature.com/articles/s41598-022-20207-6. Acesso em: 14 maio 2025.

HARARI, Yuval Noah. *21 lições para o século 21*. Trad. de Paulo Geiger. São Paulo: Companhia das Letras, 2018.

HILBERT, Martin; LÓPEZ, Priscila. "The World's Technological Capacity to Store, Communicate, and Compute Information". *Science*, v. 332, n. 6025, pp. 60-5, 10 fev. 2011.

HUBERMAN, Andrew. "How to Focus to Change Your Brain". *Huberman Lab Podcast*, [S.l.], 8 fev. 2021. Disponível em: https://www.hubermanlab.com/episode/how-to-focus-to-change-your-brain. Acesso em: 9 maio 2025.

IBGE. "Censo 2022: proporção da população com nível superior completo aumenta de 6,8% em 2000 para 18,4% em 2022". *Agência de Notícias IBGE*, 26 fev. 2025. Disponível em: https://agenciadenoticias.ibge.gov.br/agencia-noticias/2012-agencia-de-noticias/noticias/42742-censo-2022-proporcao-da-populacao-com-nivel-superior-completo-aumenta-de-6-8-em-2000-para-18-4-em-2022. Acesso em: 10 maio 2025.

_______. "Pretos ou pardos estão mais escolarizados, mas desigualdade em relação aos brancos permanece". *Agência de Notícias IBGE*, 13 nov. 2019. Disponível em: https://agenciadenoticias.ibge.gov.br/agencia-sala-de-imprensa/2013-agencia-de-noticias/releases/25989-pretos-ou-pardos-estao-mais-escolarizados-mas-desigualdade-em-relacao-aos-brancos-permanece. Acesso em: 11 maio 2025.

_______. *Desigualdades sociais por cor ou raça no Brasil*. Rio de Janeiro: IBGE, 2019. Disponível em: https://biblioteca.ibge.gov.br/visualizacao/livros/liv101681_informativo.pdf. Acesso em: 11 maio 2025.

INEP. "Education at a Glance 2014 – Nota sobre o Brasil". Brasília: INEP, 2014. Disponível em: https://download.inep.gov.br/acoes_internacionais/estatisticas_educacionais/ocde/education_at_a_glance/eag2014_country_note_traduzido.pdf. Acesso em: 10 maio 2025.

INSTITUTE FOR THE FUTURE FOR DELL TECHNOLOGIES. *Realizing 2030: Future of Work Report*. [S.l.]: Dell Technologies, 2019. Disponível em: https://www.delltechnologies.com/content/dam/digitalassets/active/en/unauth/industry-reports/solutions/realizing_2030_future_of_work_report_dell_technologies.pdf. Acesso em: 11 maio 2025.

INSTITUTO ETHOS. *Perfil social, racial e de gênero das 500 maiores empresas do Brasil e suas ações afirmativas*. São Paulo, 2016.

IPEA. *Atlas da Violência 2023: Infográfico*. Brasília: IPEA, 2023. Disponível em: https://www.ipea.gov.br/atlasviolencia/arquivos/artigos/6858-atlas-violencia-2023-infografico-v06-1.pdf. Acesso em: 11 maio 2025.

KAHNEMAN, Daniel. *Rápido e devagar: Duas formas de pensar*. Trad. de Cássio de Arantes Leite. Rio de Janeiro: Objetiva, 2012.

KRUNFLI, Mariana. "Mais de 3 carreiras e 10 empregos diferentes: Como a Geração Beta vai transformar o futuro do trabalho?". *Forbes*, 24 fev. 2025. Disponível em: https://forbes.com.br/carreira/2025/02/mais-de-3-carreiras-e-10-empregos-diferentes-como-a-geracao-beta-vai-transformar-o-futuro-do-trabalho. Acesso em: 11 maio 2025.

LEWGOY, Júlia; FILGUEIRAS, Isabel. "Número de mulheres investidoras cresce mais uma vez, mas ainda não alcança homens". *Valor Investe*, 8 mar. 2024. Disponível em: https://valorinveste.globo.com/objetivo/hora-de-investir/noticia/2024/03/08/numero-de-mulheres-investidoras-cresce-mais-uma-vez-mas-ainda-nao-alcanca-homens.ghtml. Acesso em: 10 maio 2025.

LYUBOMIRSKY, S.; KING, L.; DIENER, E. "The Benefits of Frequent Positive Affect: Does Happiness Lead to Success?". *Psychological Bulletin*, v. 131, n. 6, pp. 803-55, nov. 2005.

MANI, Anandi et al. "Poverty Impedes Cognitive Function". *Science*, v. 341, n. 6149, pp. 976-80, ago. 2013.

MARR, Bernard. "How much data do we create every day? The mind-blowing stats everyone should read". *Bernard Marr & Co.* Disponível em: https://bernardmarr.com/how-much-data-do-we-create-every-day-the-mind-blowing-stats-everyone-should-read. Acesso em: 9 maio 2025.

MCGREEVEY, Sue. “Meditation’s positive residual effects”. *The Harvard Gazette*, Cambridge, 13 nov. 2012. Disponível em: https://news.harvard.edu/gazette/story/2012/11/meditations-positive-residual-effects. Acesso em: 9 maio 2025.

MOURA, Bruno de Medeiros; CARVALHO, Valdemir Galvão de. *Educação financeira: Influência nas decisões de consumo, investimento e poupança de docentes*. In: USP International Conference In Accounting, 22, 2022, São Paulo. *Anais* [...]. São Paulo: FIPECAFI, 2022. Disponível em: https://congressousp.fipecafi.org/anais/22uspinternational/ArtigosDownload/3633.pdf. Acesso em: 11 maio 2025.

“MULHER se prepara mais para entrar na bolsa”, aponta superintendente da B3. *InvestNews*, 8 mar. 2024. Disponível em: https://investnews.com.br/financas/estudo-da-b3-aponta-que-mulheres-investiram-o-dobro-dos-homens-em-2023. Acesso em: 11 maio 2025.

NERDOLOGIA. *Dilúvio de dados*. [S.l.]: YouTube, 28 abr. 2016. Disponível em: https://www.youtube.com/watch?v=pNZq8BCS-Bc. Acesso em: 10 de maio de 2025.

NÚMERO de mulheres investidoras cresce e atinge recorde em 2024, diz B3. *CNN Brasil*, 8 mar. 2025 Disponível em: https://www.cnnbrasil.com.br/economia/financas/numero-de-mulheres-investidoras-cresce-e-atinge-recorde-em-2024-diz-b3. Acesso em: 11 maio 2025.

OECD. *Education at a Glance 2023: OECD Indicators*. Paris: OECD Publishing, 2023. Disponível em: https://www.oecd.org/en/publications/education-at-a-glance-2023_e13bef63-en.html. Acesso em: 10 maio 2025.

OMS. Saúde mental depende de bem-estar físico e social, diz OMS em dia mundial. Disponível em: https://brasil.un.org/pt-br/74566-sa%C3%BAde-mental-depende-de-bem-estar-f%C3%ADsico-e-social-diz-oms-em-dia-mundial. Acesso em: 14 maio 2025.

ONDJAKI. *AvóDezanove e o segredo do soviético*. São Paulo: Seguinte, 2009.

PINHEIRO, Marta. “Comportamento humano: interação entre genes e ambiente”. *Educar em Revista*, n. 10, pp 53-7, dez. 1994.

PULVERMÜLLER, F. “Words in the brain’s language”. *Behavioral and Brain Sciences*, Cambridge, v. 22, n. 2, pp. 253-79, 1999.

ROSTER, Catherine A. “The dark side of home: Assessing possession ‘clutter’ on subjective well-being”. *Journal of Environmental Psychology*, v. 46, pp. 32-41, jun. 2016.

SCHWANTES, Marcel. "Warren Buffett Says You Can Have Success by Following 1 Personal Principle He Swears By". *Inc.*, 19 jun. 2023. Disponível em: https://www.inc.com/marcel-schwantes/warren-buffett-says-you-can-have-success-by-following-1-personal-principle-he-swears-by.html. Acesso em: 16 maio 2025.

SEBRAE. *Empreendedorismo feminino no Brasil em 2022*. Brasília: Sebrae, 2023. Disponível em: https://agenciasebrae.com.br/wp-content/uploads/2023/03/Pesquisa-Emp-Feminino-2022.pdf. Acesso em: 11 maio 2025.

SIEFFERT, Kristen. "Quantas carreiras teremos no decorrer de uma vida mais longa?". *Fast Company Brasil*, 29 nov. 2022. Disponível em: https://fastcompanybrasil.com/worklife/quantas-carreiras-teremos-no-decorrer-de-uma-vida-mais-longa. Acesso em: 11 maio 2025.

SIKORSKI, Kat. "Visuals Are the Message in Effective Communications". *Minnesota Cities*, v. 108, n. 4, pp. 28-9, jul./ago. 2023.

SINHA, Rajita et al. "Stress, Adversity Take a Toll on the Brain". *Yale School of Medicine*, mar. 2012. Disponível em: https://medicine.yale.edu/news/medicineatyale/article/stress-adversity-take-a-toll-on-the-brain. Acesso em: 10 maio 2025.

STEPHENS, Zachary D. et al. "Big Data: Astronomical or Genomical?". *PLoS Biol*, v. 13, n. 7, 7 jul. 2015.

SZYF, Moshe et al. "The social environment and the epigenome". *Environmental and Molecular Mutagenesis*, v. 49, n. 1, pp. 46-60, jan. 2008.

THALER, Richard H.; SUNSTEIN, Cass R. *Nudge: O empurrão para a escolha certa*. Trad. de Marcello Lino. São Paulo: Campus, 2008.

THE "Scully Effect". 21st Century Fox, The Geena Davis Institute On Gender In Media; J. Walter Thompson Intelligence, fev. 2018. Disponível em: https://geenadavisinstitute.org/wp-content/uploads/2024/01/x-files-scully-effect-report-geena-davis-institute.pdf. Acesso em: 19 maio 2025.

TURING, A. M. "Ox computable numbers, with an application to the entscheidungsproblem". *J. of Math*, v. 58, pp. 345-63, 1938.

UN Women. *Women and the Sustainable Development Goals*. [S.l.]: UN Women, [s. d.]. Disponível em: https://www.unwomen.org/en/news/in-focus/women-and-the-sdgs. Acesso em: 11 maio 2025.

USDA. *Infant Nutrition and Feeding*. Washington, DC: USDA, Food and Nutrition Service, abr. 2019. Disponível em: https://wicworks.fns.usda.gov/sites/default/files/media/document/infant-feeding-guide.pdf. Acesso em: 9 maio 2025.

VAN BOVEN, Leaf; GILOVICH, Thomas. "To Do or to Have? That Is the Question". *Journal of Personality and Social Psychology*, v. 85, n. 6, pp. 1193-202, dez. 2003.

VASCONCELOS, T. M.; DIAS, M. F. "Psicologia positiva e o estudo do bem-estar subjetivo". *Paideia*, v. 17, n. 36, pp. 5-12, abr. 2007.

VICTORA, Cesar G. et al. "Association between breastfeeding and intelligence, educational attainment, and income at 30 years of age: a prospective birth cohort study from Brazil". *The Lancet Global Health*, v. 3, n. 4, pp. 199-205, abr. 2015.

WALDINGER, Robert; SCHULZ, Marc. *The Good Life: Lessons from the World's Longest Scientific Study of Happiness*. Nova York: Simon & Schuster, 2023.

WEINSTEIN, Netta et al. "Balance between solitude and socializing: Everyday solitude time both benefits and harms well-being". *Scientific Reports*, v. 13, n. 1, dez. 2023.

WINFREY, Oprah. Discurso de formatura na Wellesley College. Wellesley College, Wellesley, MA, 1997. Disponível em: https://www1.wellesley.edu/events/commencement/archives/1997commencement/commencementaddress. Acesso em: 14 maio 2025.

WOMEN in the Workplace 2023. *Mckinsey & Company*, 5 out. 2023. Disponível em: https://www.mckinsey.com/featured-insights/diversity-and-inclusion/women-in-the-workplace-2023. Acesso em: 11 maio 2025.

ZAJDENWEBER, André; DIAS, Pâmela. "Representatividade de mulheres no parlamento brasileiro é a segunda menor do G20, indica IBGE". *O Globo*, 9 abr. 2024. Disponível em: https://oglobo.globo.com/mundo/g20-no-brasil/noticia/2024/04/09/representatividade-de-mulheres-no-parlamento-brasileiro-e-a-segunda-menor-do-g20-indica-ibge.ghtml. Acesso em: 10 maio 2025.

ZALTMAN, Gerald. "The Subconscious Mind of the Consumer (And How To Reach It)". *HBS Working Knowledge*, 13 jan. 2003. Disponível em: https://www.library.hbs.edu/working-knowledge/the-subconscious-mind-of-the-consumer-and-how-to-reach-it. Acesso em: 16 maio 2025

FONTES Chassi, GT Alpina e Royale
PAPEL Offset 75 g/m²
IMPRESSÃO Imprensa da Fé